船舶结构有限元仿真分析

李华东　杨　坤　梅志远　陈国涛　编著
闵少松　主审

华中科技大学出版社
中国·武汉

内 容 简 介

本书介绍了船舶结构有限元仿真的基础知识和计算分析方法，重点阐述了基于大型商用有限元软件Abaqus对船舶结构强度、稳定性、固有频率、水下振动、振动响应和优化设计等常见问题进行计算分析的方法和步骤，并且给出了相应的应用实例。

本书共分为12章，主要包括有限元法概述、有限元法在船舶设计中的应用、船舶结构的模型化方法、Abaqus软件简介与操作入门、船舶局部结构的有限元分析、船舶舱段与全船结构强度有限元分析、船舶结构稳定性的有限元分析、船舶结构的振动模态计算、船舶船体的水中振动模态分析、船舶结构振动响应的有限元分析、船舶结构优化设计技术、船舶复合材料结构分析基础。

本书可作为高等院校船舶与海洋工程专业本科生和研究生的教材或教学参考书，也可供相关专业的研究人员和工程技术人员参考。

图书在版编目(CIP)数据

船舶结构有限元仿真分析 / 李华东等编著. -- 武汉 ：华中科技大学出版社，2025. 7. -- ISBN 978-7-5772-1868-7

Ⅰ. U663

中国国家版本馆 CIP 数据核字第 2025KW1729 号

船舶结构有限元仿真分析

Chuanbo Jiegou Youxianyuan Fangzhen Fenxi

李华东　杨　坤　梅志远　陈国涛　编著

策划编辑：张少奇
责任编辑：李梦阳
封面设计：廖亚萍
责任校对：刘小雨
责任监印：朱　玢

出版发行：华中科技大学出版社(中国·武汉)　电话：(027)81321913
武汉市东湖新技术开发区华工科技园　邮编：430223

录　　排：武汉三月禾文化传播有限公司
印　　刷：武汉市洪林印务有限公司
开　　本：787mm×1092mm　1/16
印　　张：13.25
字　　数：345千字
版　　次：2025年7月第1版第1次印刷
定　　价：49.80元

前　言

当前，随着计算机科学和数值计算学科的发展，尤其是新型结构形式和新材料在船舶与海洋工程领域的应用日益广泛，有限元仿真技术已成为船舶结构设计的重要方法，在船舶结构强度、稳定性和振动问题分析中的应用越来越多。结构有限元分析已经成为船舶工程专业技术人员必备的技能。对于船舶与海洋工程专业的学生来说，掌握船舶结构有限元仿真分析的基础理论知识，并且熟练运用有限元软件分析常见结构力学问题是十分必要的。因此，从满足学生技能的现实需求和学科专业长远发展的需要出发，我们有针对性地编写了本书，它主要适用于船舶与海洋工程专业本科生以及船舶与海洋结构物设计制造专业硕士研究生的课程教学。

本书首先阐述了有限元法的基本概念以及船舶结构有限元计算的基本原则、方法和流程。在此基础上，基于有限元软件 Abaqus，按照“力学问题”和“结构形式”这两条主线来开展本书的编写工作。按照有限元方法分析的常见结构力学问题进行章节编排，逐一阐述采取有限元方法求解各类力学问题的总体思路和基本方法。内容涵盖了结构弯曲、稳定性、固有频率、水下振动、振动响应和优化设计等多个方面，并在各章中编写了典型实例，详述了各类力学问题有限元计算分析过程。同时，各章节典型实例中有限元模型由简至繁，系统性强，包括杆、梁、板、板架、船舶舱段、潜艇环肋圆柱壳和复合材料结构等典型船舶结构。本书具有较强的实践指导性，通俗易懂、易于自学，可作为船舶与海洋工程专业的教材，也可供船舶工程技术人员参考。

由于编者水平有限，书中难免有不妥之处，恳请读者批评和指正。

编　者

2025 年 3 月

目　　录

第1章　有限元法概述

本章知识要点

① 有限元法的基本概念与原理

② 有限元法与杆系矩阵法的区别

③ 线弹性有限元法与非线性有限元法

④ 非线性有限元问题的分类

⑤ 有限元法分析的过程

⑥ 有限元法的优缺点

1.1　有限元法的发展历史

有限元法(finite element method,FEM)是解决工程、数学和物理问题的一种数值方法,又称有限单元法,是由应用数学、力学与现代计算机科学相互交叉、综合利用的产物,是现代科学和工程计算方面的重大成就之一。

有限元法,从物理本质上讲,是用有限个离散单元的组合替代连续体,变无限自由度问题为有限自由度问题,即采用一定的形函数将具有无限自由度的连续结构离散为具有有限自由度的单元网格;从数学本质上讲,是将连续结构场函数的控制微分方程离散为有限个参数的线性方程组,并采用矩阵理论,借助计算机进行求解,得到离散单元的节点位移,进而计算结构的各种应力。

有限元法是一种高效能、常用的计算方法,可以求解许多过去用解析法无法求解的问题。同时,对于边界条件和结构形状不规则的复杂问题,有限元法也是一种行之有效的现代分析方法。随着计算机科技的发展,有限元法不断发展完善,逐渐成为现代结构力学分析的重要手段之一。

公元3世纪,我国古代数学家刘徽提出了用割圆术求圆周长的方法,即用有限个正多边形逐渐逼近圆周,边数越多,周长与直径的比值就越接近一个常数。如图1-1所示,分别用边数$n=4$、6、8和20的正多边形逼近半径为R的圆周,相应的周长与直径的比值分别为2.82、3.01、3.0和3.13,逐渐逼近$\pi=3.1415926$。以上过程体现了离散逼近的思想,可以认为是有限元思想的萌芽。

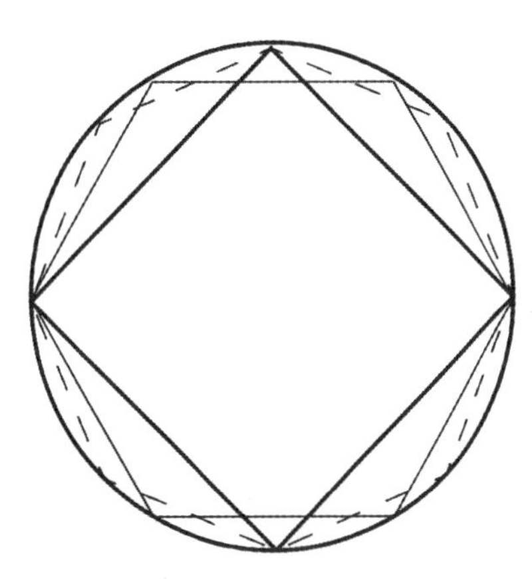

图1-1　用正多边形逼近圆周

经典结构力学计算中的刚架位移法,将连续的刚架看成在刚架节点处相互连接的有限个杆件的组合体,将复杂的杆系结构力学问题转变为多个简单杆件力学问题,这种“化整为零,集零为整”的方法就是有限元法的基本思路。

20 世纪 30 年代至 50 年代，工程技术人员在计算、分析复杂的飞机结构力学问题时，将矩阵表达式引入钢架、蒙皮、骨架的计算过程中，即引入矩阵代数数学工具，使杆系位移法的计算更加规范，形成了杆系矩阵法。20 世纪 40 年代，由于计算机技术的进步，现代有限元法得到了快速的发展。1956 年，美国波音公司 Turner 等人将求解杆件结构的杆系矩阵法推广应用到连续体力学问题，将连续弹性平面区域离散成有限的、简单的几何形状（三角形或四边形）单元，这是有限元法的第一次成功尝试。1960 年，美国加州大学伯克利分校的 Clough 第一次使用“有限元”这一名词。自此以后，有限元法以其超过传统求解方法的优越性，迅速在弹性静力学领域得到广泛应用，使得弹性结构静力学的理论研究和工程应用达到了一个全新的高度。1964 年，包括美籍华裔科学家卞学璜在内的一批科学家，发现有限元法的实质是弹性力学变分原理中瑞利-里茨方法的另一种表达形式，即现代变分方法，这奠定了有限元法的数学基础。20 世纪 60 年代中期以后，有限元法的应用已从小应变、小位移、弹性材料的静力学问题，逐步拓展到大变形、热分析、材料非线性和杆件屈曲问题，以及黏弹性力学、动力学问题，并渗透到热传导、电磁场等非力学领域，甚至生物力学领域。

有限元法的发展始于结构力学问题求解中的矩阵位移法（杆系矩阵法），相比而言，有限元法具有更深刻的数学和物理基础。以杆系结构为例，单个杆件是一个单元，杆件两个端点就是单元的节点；而复杂弹性体是由无限个质点组成的连续体，具有无限个自由度。有限元法将连续体划分为有限数量单元的集合体，单元与单元之间在有限个节点、交线或表面连接，载荷作用于节点，连续体的无限自由度通过离散转化为有限自由度，离散的思想是有限元法的核心，也是连续体有限元法与传统结构矩阵位移法的重要区别之一。另外，矩阵位移法中杆件的受力与变形关系是明确的，通过杆端力和位移可计算推导出杆件内部的受力和位移；而有限元法需在单元局部范围内用简单函数描述单元内部各点的位移变化，形成节点位移和单元内部各点位移关系的位移形函数，这是有限元法的精髓所在。

1.2 有限元法的分类

有限元法可分为线弹性有限元法和非线性有限元法两大类，其中，线弹性有限元法是非线性有限元法的基础，二者在分析方法和研究步骤上有相似性，后者常常要引用前者的某些研究成果。

1.2.1 线弹性有限元法

线弹性有限元法以理想弹性体为研究对象，采用小变形理论假设。在结构小变形力学问题中，材料应力和应变成线性关系，满足广义胡克定律；应变和位移也成线性关系。线弹性有限元问题最终可归结为数学上的线性方程组问题进行求解，只需要较短的计算时间。若采用更为高效的代数方程组求解方法，可进一步缩短计算时间。

线弹性有限元法一般涉及线弹性静力分析与线弹性动力分析两类问题。掌握这两类问题的求解方法要求具备材料力学、弹性力学、结构力学、数值方法、矩阵代数、算法语言、振动力学、弹性动力学等多方面的专业知识。

1.2.2　非线性有限元法

非线性有限元问题求解与线弹性有限元问题求解存在很大差异，体现在以下几个方面：

(1) 方程是非线性的，一般需要迭代求解；

(2) 非线性问题不能使用叠加原理；

(3) 非线性问题不总有一致解，有时甚至没有解。

上述因素使非线性问题求解过程比线性问题更加复杂、费用更高，并具有不可预知性。当前，有限元法求解的非线性问题主要分为三类：材料非线性问题、几何非线性问题和边界条件非线性问题(接触问题)。

(1) 材料非线性问题。

材料本身的应力-应变关系呈非线性，由于应变和位移均很微小，两者成线性关系，这类问题属于材料非线性问题。由于理论上还不能提供普遍被接受的材料本构关系，一般来说，材料应力和应变之间的非线性关系均基于试验数据得到，有时材料的线性特性可用数学模型进行拟合模拟，但仍然存在一定的局限性。工程实际中，较为重要的材料非线性问题包括非线性弹性(包括分段线弹性)、弹塑性、黏塑性及蠕变等问题。

(2) 几何非线性问题。

几何非线性是指结构位移和应变之间存在非线性关系，当结构位移较大时，应变和位移成非线性关系，这意味着结构本身产生大位移或角位移，结构内部应变却可大可小。在对这类问题进行研究时，一般假定材料应力和应变成线性关系，通常这类问题包括大位移大应变问题和大位移小应变问题，例如，结构弹性屈曲问题属于大位移小应变问题，橡胶部件成型过程则属于大位移大应变问题。

(3) 边界条件非线性问题(接触问题)。

在结构加工、塑封、撞击等问题中，接触和摩擦现象不可忽略，边界接触问题属于高度非线性边界力学问题，如齿轮传动、冲压成型、轧制成型、紧配合部件装配等，当一个结构与另一个结构或外部边界相接触时，通常需要考虑边界的非线性。

实际力学分析可能同时具有上述两种或三种非线性问题。

1.3　有限元法求解过程及其相关概念

1.3.1　有限元法求解过程

有限元法求解问题大体可分为前处理、有限元分析和后处理等步骤。

(1) 前处理。

前处理是指对实际连续体进行离散化，建立有限元分析模型。具体是：构造计算对象的几何模型，离散形成有限元网格，生成有限元分析的输入数据。前处理是结构力学问题有限元分析的基础。

(2) 有限元分析。

有限元分析包括单元分析、整体分析、载荷移置、引入约束、求解约束方程等过程，是有限元法求解问题的核心部分，有限元理论主要体现在这一过程。有限元法包括有限元位移法、有限元力法、有限元混合法三类。其中，有限元位移法选择节点位移作为基本未知量，有限元力法选择节点力作为基本未知量，有限元混合法选择节点位移作为一部分基本未知量、节点力作为另一部分基本未知量。有限元位移法计算过程具有较强的系统性、规律性，其构建的方程特别适合通过编程求解。通常，除壳板结构力学问题求解应用一定量的有限元混合法外，其他结构力学问题大多采用有限元位移法。若不做特别声明，本书中的有限元法特指有限元位移法。

(3) 后处理。

后处理主要包括计算结果的加工处理、编辑组织和图形表示三个方面，其将有限元分析结果进一步转换为工程设计人员可直观感知或工程需要的信息，并进行显示，如应力分布状况、结构变形状态等，从而帮助设计人员迅速地评价和校核设计方案。

1.3.2 有限元法的位移函数

有限元分析结果高度依赖于假定的单元位移函数或位移模式，只有位移场假定逼近弹性体的真实位移时，才能得到较为满意的分析结果。单元位移场假定与弹性体真实位移场完全一致，有限元法求解结果便是精确解，例如，桁架和刚架有限元法求解结果与弹性杆件理论求解结果完全相同。在连续体弹性力学问题有限元法求解过程中，一般很难找到真实的位移场，只能得到近似的解答。

单元位移函数一般以包含若干待定参数的多项式作为近似函数，又称为位移多项式，位移函数有限项多项式选取的原则应考虑以下几点。

(1) 待定参数由节点场变量确定，其个数应与单元自由度数相同。

(2) 应变由位移场的一阶导数确定，因而位移函数多项式中应分别明确反映单元刚体位移的常数项和反映常应变的一次项；同时，若当节点位移由某个刚体位移引起时，弹性体内不应该有应变，以上特性在选择位移函数多项式时应予以体现。同理，对于应变由位移二阶导数定义的场问题，其常数项、一次项和二次项必须同时完备。

(3) 多项式的选取应遵循低阶到高阶的原则，尽量选取阶数高的完整多项式，以提高单元精度(称为单元完备性)，若由于多项式项数限制不能选取完整多项式时，选取的多项式应尽可能具有坐标的对称性(称为几何不变性)。

1.3.3 有限元法收敛性及其条件

有限元法实质是一种数值方法，存在求解的收敛性问题。其收敛性是指当网格逐渐加密时，求解结果序列收敛逼近精确解，或者当单元格尺寸固定时，随着单元自由度数的增加，求解结果趋近精确解。为保证有限元法求解结果的收敛性，单元位移函数应满足以下条件。

(1) 在单元内，位移函数必须连续。

多项式是单值连续函数，作为位移函数可保证单元内位移的连续性。

(2) 在单元内，位移函数必须包括常应变项。

单元的应变状态可分解为不依赖于单元内各点位置的常应变和由各点位置决定的变量应变，当单元尺寸足够小时，单元内各点应变趋于相等，单元变形比较均匀，常应变就成为单元应变的主要部分，为反映单元应变状态，位移函数必须包括常应变项。

(3) 在单元内,位移函数必须包括刚体的位移项。

一般情况下,单元内任意一点的位移包括形变位移和刚体位移两部分。形变位移与物体形状及体积的改变相联系,并产生应变;刚体位移只改变物体位置,不改变物体形状和体积,不产生单元变形。空间物体位移包括三个平动位移和三个转动位移,共六个刚体位移分量,由于一个单元连接另一些单元,其他单元变形势必带动这个单元产生刚体位移。

(4) 位移函数在相邻单元公共边界上必须协调。

对于一般单元,协调性是指相邻单元不出现脱离、开裂和侵入重叠,要求位移函数在单元边界上由公共节点的函数值唯一确定。对于一般单元,协调性保证了相邻单元边界位移的连续性。在板壳相邻单元之间,还要求位移的一阶导数连续,只有这样才能保证结构的应变是有界量。

以上四个条件,前三个条件叫作完备性要求,满足完备性要求的单元叫作完备单元;第四个条件叫作协调性要求,满足协调性要求的单元叫作协调单元,否则称为非协调单元。完备性要求是问题求解收敛的必要条件,若四个条件全部满足,则构成收敛的充分必要条件。

在实际运用过程中,选择的位移函数同时满足完备性和协调性要求非常困难,某些情况下,可适当放松对协调性的要求。特殊情况下,非协调单元比对应的协调单元还要好,这取决于近似解的性质。上述特殊情况可以这样去理解:若假定的位移函数相当于对单元施加了约束条件,离散单元近似的结构会比真实结构更“刚”一些,但由于这种近似结构允许单元分离、重叠,使单元变“软”或形成“铰”连接(板单元之间挠度连续、转角不连续时,刚节点变成铰节点),这种位移函数本身导致的“刚”和边界不协调的“软”就有误差相抵消的可能,采用非协调单元也会得到很好的结果。

1.3.4　有限元位移解的下限性质

采用有限元位移法求解结构弹性力学问题时,需要利用最小势能原理求取位移近似解,结果都小于精确解,通常称这种位移近似解为下限解,这种有限元位移解的下限性质可以解释如下:离散单元原是连续结构的一部分,具有无限多个自由度,假定单元位移函数后,自由度就限制为以节点位移表示的有限自由度,位移函数对单元变形施加了一定程度的约束限制,导致单元刚度较连续结构增加,进而使得连续结构离散单元整体刚度随之增加,使得位移近似解总体小于精确解。

1.4　有限元法的优缺点

1.4.1　有限元法的优点

有限元法从 20 世纪 50 年代出现,发展至今,在人类社会众多领域得到了广泛应用,因其具有以下优点。

(1) 整个系统被离散成有限个单元,将描述系统问题的微分方程转换为一组线性联立方程组,进而可采用多种方法进行求解。

(2) 单个单元的方程中不需要考虑边界条件,而是在得到整体代数方程后再引入边界条件,使得内部和边界上的单元都能够采用相同的场变量模型。另外,当边界条件改变时,内部场变量模型不需要改变。

(3) 有限元法考虑了物体的多维连续性，在离散过程中已经把物体视为连续体，不需要再分别插值把近似解反映到连续体的每一点。

(4) 有限元法不需要适用于整个结构的插值函数，只需对各子域或单元采用各自的插值函数，这种处理方式也适应复杂形状的结构。

(5) 有限元法能够很容易求解非均匀连续介质问题。

(6) 有限元法适用于求解线性或非线性问题。

(7) 有限元法能够根据不同受众的特点进行阐释。对于具备较深数学知识的人，完全可用数学语言进行严格描述和推理；而对于一般工科学生，则可以只从物理层面进行理解。

1.4.2 有限元法的缺点

(1) 人为因素对求解精度影响较大。

有限元法作为一种数值解法，不可避免地带有一定的误差。如何估计误差大小、评估模型及其解的可靠性，如何在给定误差范围内简化模型、选择好的求解策略等，一直是工程界十分关心的重要问题。

采用有限元法对船舶与海洋结构物进行力学问题求解时，存在两类不确定性因素：随机因素和建模过程。

分析者在模型构建、计算过程操作、结果阐述等方面，都存在着较大不确定性，由于理解的不同，对同一结构进行力学问题分析时，不同分析者在模型简化、边界假定、材料本构、载荷模拟等方面的处理方式不同，结果可能会相差很大。有限元分析结果正确与否在设计之初体现得并不明显，其不良后果可能在结构全寿命使用中后期才会显现，从而造成严重的损失。因此，如何建立一套科学有效的方法来评估结构有限元分析结果的质量，已成为一个重要的研究方向。

(2) 对非线性等复杂问题进行有限元计算，所需的计算资源(包括计算时间、内存和磁盘空间)相当惊人。

(3) 对于无限域问题，有限元法还不能很好地处理。

(4) 商用有限元软件提供自动化分网格技术，但具体问题应该采用什么类型的单元、多大的网格密度等才合适，完全依赖分析者的工作经验。

(5) 有限元分析结果并不是计算机辅助工程的全部，一个完整的机械设计不能单独借助有限元工具完成，必须结合其他分析手段和工程实践。

思　考　题

1. 请简述有限元法的基本概念与原理。
2. 有限元法与杆系矩阵法的区别是什么?
3. 线弹性有限元法与非线性有限元法的区别是什么?
4. 请简述非线性有限元问题的分类。
5. 请简述有限元法求解过程。
6. 请简述有限元法的优点和缺点。

第 2 章　有限元法在船舶设计中的应用

本章知识要点

① 有限元法可求解的船舶结构问题

② 船舶结构有限元分析的结构对象类型

③ 船舶结构有限元分析的基本步骤

2.1　概　　述

船舶作为一种大型平台装备，其设计是一项技术含量高的复杂工程，需投入大量人力和物力资源，设计周期较长。同步提高设计质量并缩短设计周期是现代船舶设计的一项重要任务。随着计算机技术不断发展，各种计算机辅助设计（computer-aided design，CAD）技术蓬勃发展，大大提高了社会生产效率。在船舶工程领域，应用 CAD 技术也是船舶设计的必然趋势。结构设计是船舶设计中较为复杂也是极为重要的一部分。当前，船舶结构设计通常采用规范计算法和直接计算法，规范计算法一般贯穿结构设计全过程，直接计算法则在技术或详细设计阶段对一些特殊的结构力学问题进行计算或校核。

常规船舶结构构件尺寸一般可按船级社规范或者相关标准的经验公式进行设计，经验公式虽然简便，但无法详细反映构件应力分布特征。对于超出规范规定的复杂结构或超出尺寸适用范围的大型/超大型、特殊类型的船舶结构，采用经验公式的规范计算法已不能适用，需要采用直接计算法，比如有限元法。

2.1.1　规范计算法

规范计算法是根据船舶主尺度、结构形式和载荷，依据相关设计与建造规范确定构件的布置和具体尺寸，并进行总纵强度、局部强度、结构稳定性和振动响应计算等。若计算结果不满足规范许用要求，则对原方案进行局部加强并重新校核，直到满足要求。

世界范围内各种船级社均具有相应的船舶设计规范，且各自形成了 CAD 系统，并逐步将直接计算法融入设计规范。例如，考虑舰船军事应用特殊要求，国内开发了军用舰船 CAD 系统，并将其用于型号产品设计。该 CAD 系统主要包括水面舰艇计算机辅助设计分系统（SSCADS）、潜艇计算机辅助设计分系统（SUCADS）和共性技术研究分系统。

SSCADS 中结构设计计算模块包括总纵强度计算、甲板稳定性计算、局部（包括各层甲板、主横舱壁、艏部、上层建筑等）强度计算、总振动计算和局部振动计算（艉部结构及机舱），如图 2-1 所示。

SUCADS 中结构设计计算模块包括非耐压结构计算、一类耐压结构计算、二类耐压结构计算、屏蔽结构计算、艉端结构振动计算等，如图 2-2 所示。

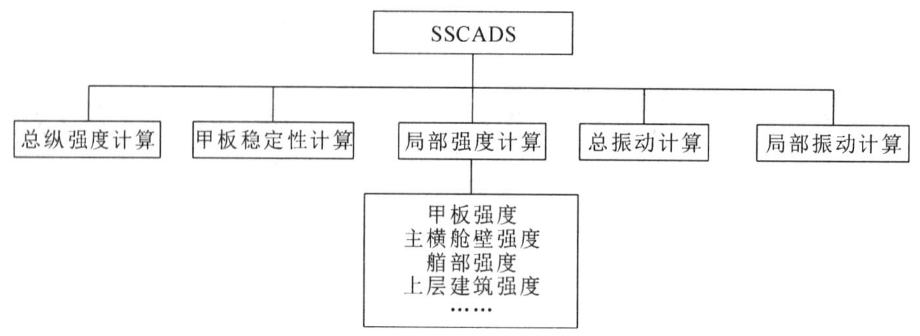

图 2-1　SSCADS 中结构设计计算模块

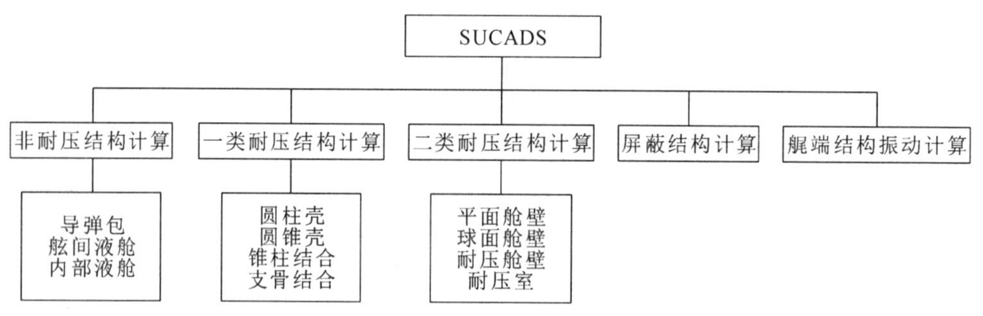

图 2-2　SUCADS 中结构设计计算模块

2.1.2　直接计算法

由于规范计算法中简化的经验公式不能覆盖所有船舶结构对象和力学分析类型，也不能充分反映结构的详细应力分布、边界条件或布置形式，为了进一步优化结构尺寸，以及提高船舶的有效负载，特别是实现船舶总体对结构振动、噪声及冲击控制的要求，一些特殊结构采用直接计算法设计。

直接计算法基于结构力学的知识，根据结构布置和尺寸、受力(静力和动力)情况和边界条件，构建适度简化的力学计算模型，采用数值法、半解析半数值法计算结构应力分布特征，校核承载能力。船舶结构设计中直接计算法主要采用有限元法、迁移矩阵法等方法。目前，随着计算机辅助设计计算技术的不断发展，成熟的商用有限元程序不断涌现，包括 Abaqus、ANSYS、NASTRAN、MARC、ALGOR、LS-DYNA、SYSNOISE、AUTOSEA 等，相关软件具备完成线性、非线性有限元分析的能力，可适用于各种船舶及海洋工程的结构强度分析。同时，针对船舶结构特点，主要船级社基于有限元计算理论，各自开发了适应于船舶结构设计的有限元分析程序，如中国船级社(CCS)的 CCSS 和 COMPASS、挪威船级社(DNV)的 SESAM、美国船级社(ABS)的 SAFEHULL、法国船级社(BV)的 VERISTAR、德国劳氏船级社(GL)的 POSEIDON 等。上述船级社有限元分析程序嵌入了各自规范中对有限元分析模型、载荷、边界条件和应力衡准等的要求，非常方便船体结构设计人员使用。

有限元法使得船舶结构传统计算方法发生了革命性的转变，突出表现在以下两个方面：一是改变了规范计算法中对总横向强度、总纵强度和局部强度进行独立研究的现状，转变为对船舶结构整体进行计算分析；二是拓展了研究范围，对于规范计算法看似不可解决的问题，采用有限元法可方便、快捷地得出结论。

2.2　有限元法在船舶结构设计中的应用

有限元法应用于船舶结构领域始于 20 世纪 60 年代，在此之前，船舶结构力学学科研究者基于经典固体力学理论，结合船舶结构多为梁系、板材和加筋板的特点，针对性发展出了适合船舶与海洋结构物的船舶结构力学，建立了一系列力学问题计算方法和公式。设计师完全依靠手工计算的方法来确定结构内部的应力，由于计算能力有限，计算对象限制在某一局部结构，还需对局部真实结构依据计算方法进行简化，计算范围有限、计算结果精度不高。

从 20 世纪 60 年代中期起，随着计算机技术和有限元理论的不断发展，有限元法逐渐成为船舶与海洋结构物设计制造领域结构强度设计中广为流行的一种数值分析方法。1969 年，在国际船舶结构会议上，Roren 就做了“有限元法对船舶结构设计的影响”的论述。1974 年，苏联学者巴斯诺夫系统地阐述了有限元法在求解船舶结构领域的弹性理论平面问题（如平板的应力集中、双层板架的弯曲），平板的弯曲、稳定性、振动问题，以及动力学、流体力学和水弹性问题中的应用。

目前，各船级社针对不同船型，根据结构形式特点和尺度大小，明确规定采用有限元法进行分析。例如，国际船级社协会（International Association of Classification Societies，IACS）规定，船长大于或等于 150 m 的 CSR（common structural rules，共同结构规范）散货船，应基于三维有限元分析对船舶主要支撑构件开展直接强度评估，并规定了分析步骤（整体舱段（货舱结构）有限元强度分析、详细应力评估（用细化网格评估高应力区域）、热点应力分析）。CSR 散货船的直接强度评估有限元分析典型流程如图 2-3 所示。

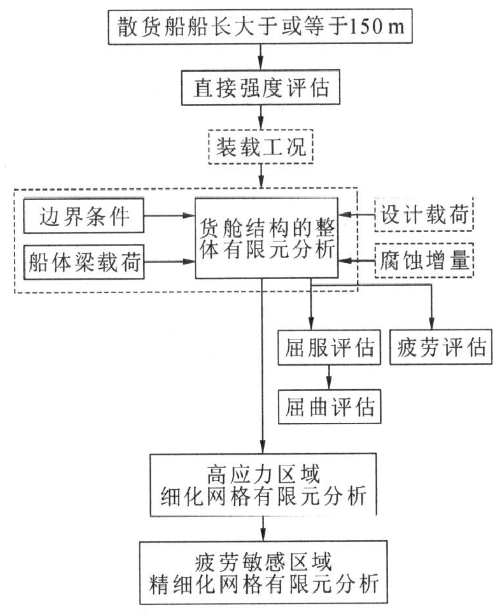

图 2-3　CSR 散货船的直接强度评估有限元分析典型流程

在我国的造船界，有限元技术的发展始于 20 世纪 70 年代。经过多年的开发，一些中小型专用程序被广泛应用在船舶结构分析中，但我国大型综合性有限元计算分析程序研制工作起步较晚，至今未形成具有国际竞争力的规模性分析软件，主要采用引进的大型通用有限元结构分析软件。

2.2.1 有限元法求解的船舶结构问题

无论是大型通用有限元程序，还是自行编制的专用有限元程序，所求解的船舶结构问题都可以归结为以下几大类。

1. 静力学响应问题

在船舶结构设计过程中，根据结构所受静力载荷的特点，计算和分析结构的应力和变形响应，并对结构刚度和强度进行校核评估，是必须开展的重要工作之一。结构静力学问题的研究逐步从线性问题发展到非线性(包括几何分析非线性和材料非线性)问题，从小变形问题发展到大变形问题。

2. 动力学响应问题

相比船舶结构静力学问题分析，船舶结构动力学问题分析更难。以在波浪中航行的船舶结构动力学问题强度校核为例，传统静力学计算方法将船体简化为一根等值梁，静置在“标准波浪”上，计算等值梁在波浪中重力和浮力作用下的纵向弯矩和垂向剪力，校核船舶结构各部位应力。显然，该方法不符合船舶在海浪中航行时结构受力的真实情况，没有充分考虑波浪的变化特征、与船体耦合作用效应。船舶结构有限元计算程序的出现，结合水弹性理论和流固耦合理论的研究，使得船舶结构流固耦合、波浪砰击等动力问题的响应分析成为可能。此外，船舶碰撞、抗冲击等问题也可得到很好的解决。

3. 模态分析和振动预报

为错开船舶结构固有频率与激励频率，掌握结构固有模态振型，在船舶设计阶段，需对船舶结构进行模态分析，包括固有频率计算和振型分析，分析对象包括机舱板架、柴油机机架、上层建筑、雷达或导弹发射架等典型结构，还包括结构相互耦合模态问题分析；为掌握并控制船舶结构在水动力、机械或推进器激励下的振动响应，降低舱室空气噪声、军用船舶对外的辐射噪声，需对结构振动响应进行预报分析。

4. 稳定性和极限强度

随着船舶吨位的不断增加，为降低能耗、节省成本，在满足结构强度的前提下，尽量降低船舶结构重量占比成为设计者采用的技术途径之一。为此，船舶结构多采用高强度钢，这使得构件剖面尺寸相对减小、结构刚度相对降低，进而导致结构稳定性问题显得更为突出。由加筋板格构成的板架结构是船体中应用最为广泛的结构单元，其稳定性问题和极限强度分析一直是工程设计人员十分关注的。关于规则板架和加筋板格的稳定性问题，当前已形成较为完善的计算方法和试验分析方法。有限元法也被广泛应用于研究板架和加筋板格的稳定性问题，特别适合用于求解非规则结构形式的问题。

5. 应力集中和疲劳寿命

大多数船舶海损事故由船体甲板结构舱口角隅处应力集中引起，角隅处产生的裂纹延伸到甲板甚至舷侧，严重的会导致整船折断。船体应力集中容易出现在结构不连续位置，除了舱口角隅处以外，还有上层建筑端部、舷侧门、开孔等位置。如何降低应力集中位置的应力水平是船舶结构强度分析的一个重要问题。船舶在海浪中航行，船舶构件承受随机交变载荷的作用，容易出现强度下降、损坏等问题，影响疲劳寿命，为此，船体结构疲劳强度也一直受到船舶结构设计者的关注。此外，焊缝不对中也会诱发弯曲应力，这种应力集中会对板的极限强度和焊缝疲劳寿命产生影响。

2.2.2 船体结构的有限元分析对象

与船体结构分析对象范围相同，船体结构的有限元分析对象可分为三大类：全船结构、舱段结构和局部结构。

1. 全船结构的有限元分析

对于新船型和对结构有特殊要求的船舶，需进行全船结构分析，内容包括总强度分析、特殊部位结构应力分析、全船模态分析、振动冲击响应或水下辐射噪声分析等。作用于船体上的载荷包括表面波浪载荷、各种静（动）力载荷。由于船舶在水中运动，因此在做动态分析时，水的作用是不可忽视的。

在进行全船结构有限元分析时，应注意以下几点。

（1）船舶结构模型的外载荷必须构成一个平衡力系，考虑波浪载荷时，须考虑相应的运动惯性力，以实现平衡。

（2）为限制船体刚体运动，应在不影响船体相对变形的前提下，引进一定的假设约束，但要避免计算结果错误。

（3）进行模态分析时，舷外水可采用附加质量的方式计入；进行动态响应分析时，舷外水的影响可采用流固耦合技术直接进行分析，但这会导致计算量大幅增加。

（4）为得到更为准确的计算结果，同时控制计算规模，可采用子模型技术，将船舶结构划分为几个独立的子模型，将整体模型中所有的自由度归结为子模型相互连接边界上的少数几个自由度进行计算，进而利用边界节点的响应对子模型响应进行计算。

除直接计算得到的结果外，全船结构分析往往取较稀疏的网格，为后面提及的舱段结构的有限元分析或局部结构的有限元分析提供边界条件，使舱段结构的有限元分析或局部结构的有限元分析更加准确、合理。

2. 舱段结构的有限元分析

在船舶结构设计中，要求对特殊舱段和结构（如机舱、导弹发射舱、艏端结构、艉端结构、上层建筑等）进行计算，校核在各种静、动载荷作用下的结构强度、稳定性或振动水平。一般做法如下：

（1）取完整的舱段或结构，将结构沿船舶纵向适当进行延伸和建模，以消除边界条件的不利影响；

（2）对比分析不同边界节点的约束形式对计算结果的影响，以确定合理的边界条件；

（3）采用稀疏网格划分全船模型计算结果作为精细网格划分舱段模型的计算输入。

3. 局部结构的有限元分析

局部结构的有限元分析在船舶结构设计中应用广泛，主要用于研究从整体结构中分离出的单独构件或局部结构的强度和稳定性问题。例如，梁结构、刚架结构、板架结构或板梁组合结构（如甲板、舱壁等）在局部载荷作用下的变形问题。计算模型的边界条件可根据计算对象与周边构件的相对刚度或作用关系来确定。常见的边界条件包括刚性固定、弹性固定、简支固定，或施加已知的边界力或位移。

在计算过程中，为使局部计算有相对较为准确的边界条件（或者说消除任意给定边界条件的影响）、比较真实的载荷分布，可以对多个舱段进行分析，从而进一步确定局部结构的响应。

2.2.3 船舶结构有限元分析的基本步骤与注意问题

船舶结构有限元分析的主要内容和步骤如下。

(1) 建立结构模型:利用选定的单元对结构进行网格划分。

(2) 计算单元的各种矩阵:计算刚度矩阵、质量矩阵、几何矩阵、阻尼矩阵等。

(3) 单元矩阵向结构总矩阵装配:形成总刚度阵、总质量阵、总几何阵、总阻尼阵等。

(4) 约束处理:对总刚度阵中的自由度进行约束处理。

(5) 求解矩阵:计算节点位移。

(6) 计算单元各种参数:计算应变、应力等。

(7) 分析、显示计算结果。

使用商业有限元软件求解问题时,计算者的工作重点是结构模型建立和计算结果分析,即前处理和后处理环节,其余工作均由有限元程序本身完成。前处理环节包括以下主要内容:

(1) 构造结构几何模型;

(2) 选择单元、定义特性、划分网格;

(3) 施加边界条件和计算载荷。

船舶结构的主要结构形式为板架,进行局部结构网格精细划分时,通常选用板壳单元、梁单元和杆单元,也可能用到实体单元。建立模型时,应注意以下几点。

(1) 利用结构和载荷的对称性,减小计算规模,但振动模态、动态响应或屈曲问题分析则例外,须建立整个结构模型。

(2) 主要构件之间的交线应作为有限元的网格线。

(3) 壳单元一般采用四边形单元,尽可能保持正方形,对于不规则面及过渡区一般采用三角形单元,尽可能保持等边。

(4) 网格划分疏密根据求解问题的类型而定。进行模态分析时,网格可稀疏一些;进行应力分析时,在关心的部位网格应密一些,在其他部位网格可稀疏一些。

(5) 船舶结构主要是板架结构,骨架采用梁单元,由于节点往往建立在板单元的中面,梁单元一般采用两种处理办法:一是直接采用偏心梁单元;二是不采用偏心梁单元,但单元剖面模数及惯性矩应计及带板。当构件布置较密且均匀时,可直接将板架结构简化为正交各向异性板。

(6) 对于高腹板的大型组合肋骨,其腹板可直接采用板单元,而面板采用杆单元。

建立船舶结构模型是一项十分复杂的工作,需要一定的有限元知识、船舶结构力学知识和力学问题分析经验,才能得到较为准确的计算结果。模型建立的重要性并不亚于新单元、新方法开发的重要性。

2.3 通用有限元分析软件在船舶设计领域的应用

2.3.1 概述

近年来,随着计算机技术的迅速发展,有限元法在工程分析中的作用已从分析、校核扩展到优化、设计,并和计算机辅助设计技术相结合,正在逐步实现其性能的最佳化。另外,在现代力学、计算数学等学科的促进下，有限元法已经成为一个具有巩固理论基础和应用广泛的数值分析工具，在国民经济建设和科学技术进步中发挥着巨大作用。

有限元软件与有限元法是同时诞生的，并且随着有限元法和计算机技术的发展而迅速发展。有限元法与工程应用密切结合，直接为工程设计服务，因此各种有限元结构分析程序（有限元软件）将有限元法转化为推动社会发展和科技进步的直接生产力，产生了巨大的社会和经济效益。有限元软件本身已经成为 CAD/CAM 系统中不可分割的一部分。同时，依托有限元软件的力学学科——计算力学，异军突起，将力学理论应用于工程实践，使古老的力学科学在 20 世纪末仍然焕发出强大的生命力。有限元软件的应用极大地提高了力学学科解决自然科学和工程中力学问题的能力，成为力学工作者通向工程实践以及邻近科学领域的桥梁。它的一个重要特点是与工程应用直接联系，解决了许多传统的理论和方法无法解决的工程问题，促进了力学学科的发展以及提高了力学为工程服务的能力。

有限元软件就是有限元法的计算机程序或程序系统，有通用和专用两种。通用有限元软件通常是商业软件，优点是通用性强，格式规范，输入方法简单，用户无须特殊记忆也不需要太多专业知识和计算机技能，解决问题领域宽，因而适用范围广；缺点是程序通常很大，因而开发成本高。专用有限元软件的优点是程序相对小，开发价格低，版本升级相对容易，解决专门问题更有效。

近 30 多年来，CAE 领域不断发展，大型通用结构分析有限元软件也经历了不断的分化和兼并。最终，以美国 MSC、Dassault 和 ANSYS 几大公司为代表的 CAE 软件提供商脱颖而出。这些公司具有雄厚的技术实力和强劲的发展势头，占据了全球有限元市场 60%～70%的份额。除此之外，世界各地的研究机构和大学也开发了一批规模较小但使用灵活、价格较低的专用或通用有限元分析软件，主要有德国的 ASKA、英国的 PAFEC 等产品。

我国自主结构有限元软件的发展主要集中在航空航天、机械以及土木建筑等工程领域，早期开发的大型通用计算力学软件，如大连理工大学的 JIGFEX、DDDU 和 DDJ/W，航空工业界的 HAJIF，邓达华等人开发的 MAC 有限元软件，在机械工业领域内有相当大的影响。近年来，我国开发的软件，如北京大学袁明武等人开发的 SAP84、大连理工大学顾元宪等人开发的 MCADS，后处理和图形功能不断增强，并和土木建筑、机械、航空航天和船舶等行业设计的结合日益紧密。近年来，我国建成了大量复杂的民用建筑和航空航天工程结构，它们的设计都应用了计算力学提供的软件工具。这应该说是我国计算力学研究开发的重大成就，也是我国计算力学为国家经济建设和社会发展作出的重大贡献。

下面主要针对目前在船舶领域运用较多的大型通用软件的基本情况进行介绍。

2.3.2　主要有限元软件介绍

1. Abaqus（通用有限元系统）

Abaqus 软件是国际上先进的大型通用非线性有限元软件之一。它由世界知名的有限元分析软件公司 HKS 于 1978 年开发，而后被法国著名的达索公司（三维建模软件 CATIA 的开发者）于 2005 年收购，两年后正式更名为 SIMULIA。

Abaqus 以其优异的对复杂工程力学问题的分析能力、对庞大求解规模的驾驭能力以及对高度非线性问题的求解能力享誉业界，在许多国家得到了广泛的应用，应用范围涉及机械、土木、水利、航空航天、船舶、电气、汽车等工程领域。一直以来，Abaqus 能够根据用户反馈的信息不断解决新的技术难题并及时进行软件更新，逐步完善。我国的 Abaqus 用户也迅速增加，使得 Abaqus 在大量高科技产品的研发过程中发挥了巨大的作用。

Abaqus 被广泛认为是功能强大的非线性有限元分析软件之一，不但可以用于单一零件的力学和多物理场的分析，如有效的静态和准静态分析、模态分析、瞬态分析、弹塑性分析、接触分析、碰撞和冲击分析、爆炸分析、断裂分析、屈服分析、疲劳和耐久性分析等结构和热分析；而且可以进行流固耦合分析、压电和热电耦合分析、声场和声固耦合分析、热固耦合分析、质量扩散分析等；还能够进行系统级的分析和研究，特别是能够出色实现机器复杂和庞大的系统性问题和高度非线性问题的模拟仿真和计算。

Abaqus 单元库包含诸多类型的单元，可以用来模拟各种复杂的几何形状。Abaqus 还拥有非常丰富的本构模型库，可用来模拟绝大多数常见的工程材料，如金属、复合材料、橡胶、可压缩性泡沫、钢筋混凝土以及各种地质材料等。此外，Abaqus 还具有强大的二次开发功能，主要体现在两个方面：一是自定义本构关系；二是自定义单元。

此外，Abaqus 软件使用非常方便，可以较为便捷地建立复杂问题的模型，对于大多数数值模拟，用户只需提供结构的几何形状、边界条件、材料性质、载荷等工程数据。对于非线性问题的分析，Abaqus 软件能自动选择合适的载荷增量和收敛准则，在分析过程中对这些参数进行调整，保证结构的精确性。

2. ANSYS（通用有限元程序）

ANSYS 软件是美国 ANSYS 公司研制的大型通用有限元分析软件，是世界范围内用户数量增长最快的计算机辅助工程（CAE）软件，能与多数 CAD 软件，如 Creo、AutoCAD 等实现数据的共享和交换。ANSYS 软件集结构、流体、电场、磁场、声场分析等多功能于一体，在核工业、铁道、石油化工、航空航天、机械制造、能源、汽车交通、国防军工、电子、土木工程、造船、生物医学、轻工、地矿、水利、日用家电等领域有着广泛的应用。ANSYS 软件功能强大，操作简单方便，现在已成为国际上流行的有限元分析软件之一，在历年的 FEA 评比中都名列第一。目前，中国有 100 多所理工院校采用 ANSYS 软件进行有限元分析或者作为标准教学软件。

ANSYS 软件主要包括三个部分：前处理模块、分析计算模块和后处理模块。前处理模块提供了一个强大的实体建模及网格划分工具，用户可以方便地构造有限元模型；分析计算模块包括结构分析（包括线性分析、非线性分析和高度非线性分析）、流体动力学分析、电磁场分析、声场分析、压电分析以及多物理场的耦合分析，可模拟多种物理介质的相互作用，具有灵敏度分析及优化分析能力；后处理模块可将计算结果以多种图形方式显示，如彩色等值线显示、梯度显示、矢量显示、粒子流迹显示、立体切片显示、透明及半透明显示（可看到结构内部），也可将计算结果以图表、曲线形式显示或输出。

3. MSC（结构有限元分析程序）

MSC. Software 公司创建于 1963 年，总部设在美国洛杉矶，在世界 CAE 市场拥有较高的份额。该公司拥有多种用于结构有限元分析的大型通用软件，如 MSC/PATRAN、MSC/NASTRAN、MSC/DYTRAN、MSC/MARC 以及 MSC/FATIGUE 等。

MSC/NASTRAN 是为了满足美国国家航空航天局（NASA）对结构分析的迫切需求，自 1963 年起开发的。在航空行业，MSC/NASTRAN 被美国联邦航空管理局（FAA）认证为获取飞行器适航证的指定验证软件。MSC/NASTRAN 是一种高度可靠的结构有限元分析软件，其分析功能覆盖了绝大多数工程应用领域。在船舶行业，MSC/NASTRAN 的模块化功能选项包括：船体结构强度分析、屈曲分析、热应力与热传导模块分析、动力学分析、非线性分析、设计灵敏度分析及优化、超单元分析等。MSC/NASTRAN 软件是中国船级社指定的船舶分析验证软件(CCS. CC(1997)118)。国际船级社协会的 10 个成员(世界十大船级社)中有 8 家采用 MSC/NASTRAN 软件作为船舶分析的验证软件,包括美国船级社(ABS)、英国劳氏船级社(LR)、日本船级社(NK)、挪威船级社(DNV)、韩国船级社(KR)、法国船级社(BV)、德国劳氏船级社(GL)和中国船级社(CCS)。

4. ADINA 软件

ADINA 软件于 1975 年由 K. J. Bathe 博士及其研究小组共同开发。ADINA 是"Automatic Dynamic Incremental Nonlinear Analysis"(自动动力增量非线性分析)的首字母缩写,这体现了软件开发者的最初目标,即 ADINA 软件除了求解线性问题外,还要具备分析非线性问题的强大功能——求解结构以及设计结构场之外的多场耦合问题。在 1984 年以前,ADINA 是全球最流行的有限元分析程序。1986 年,K. J. Bathe 博士在美国马萨诸塞州沃特敦(Watertown)成立了 ADINA R&D 公司,开始了其商业化发展之路。到 ADINA 84 版本时,软件已经具备了基本功能框架。ADINA 公司成立的目标是使其产品——ADINA 这一大型商业有限元求解软件专注于求解结构、流体、流体与结构耦合等复杂非线性问题,并力求在求解能力、可靠性和求解效率方面达到全球领先水平。

经过 40 余年的持续发展,ADINA 逐步开发了 CFD 流体动力学求解模块、电磁场(EM)求解模块、耦合求解模块等,已经成为近年来发展最快的有限元软件及全球最重要的非线性求解软件,被广泛用于各个行业的工程仿真分析。

2.3.3 船舶结构设计对有限元分析软件的功能需求

船舶的结构设计复杂,且其运行环境经常面临高速、强水流、强气流等条件,所以要用可靠的软件来计算在复杂载荷条件下结构的静力/动力响应、损伤破坏和系统的寿命。要达到这一要求,分析软件不但必须具有一般的静动强度分析功能和结构动力学分析功能,而且应能在非线性静力/动力、断裂破坏、各种非线性材料(包括复合材料)以及高度复杂的非线性问题求解方面提供良好的解决方案。由于船舶的运行环境十分复杂,设计软件还要能够模拟复杂的载荷和边界条件。另外,分析软件还应具有很强的数值运算能力、高效的求解技术、快速生成网格的技术、便捷的前后处理技术以及良好的开放性特征。综上所述,船舶复杂的结构形式、载荷条件和力学问题,对有限元分析软件在有限元建模、复杂问题的计算功能以及前后处理技术方面提出了较高的要求。

在前述软件中,Abaqus 软件被广泛认为是功能较强的有限元分析软件之一,可以分析复杂的固体力学和结构力学系统,尤其擅长处理非常庞大和复杂的问题,以及模拟高度非线性问题。Abaqus 软件不仅可以做单一零件的力学和多物理场的分析,还可以做复杂系统级的分析。Abaqus 软件由于在系统分析以及复杂系统模拟方面具有独特的优势,因此在全球的同行业以及研究机构中得到了广泛应用,其应用领域涵盖汽车、船舶、电子、航空航天、军工、国防、建筑、机械、材料、能源以及民用工业等多个行业,已成为国际上先进的大型通用非线性有限元力学分析软件之一。

本书以 Abaqus 软件为对象,介绍大型通用有限元分析软件在船舶结构设计中的相关计算和分析过程。虽然其他软件的操作与 Abaqus 软件有所不同,但基本计算原理相似,在学习过程中可参考对照。

思　考　题

1. 有限元法可以求解哪些船舶结构问题？与常规理论求解相比有什么优势？
2. 船体结构有限元分析的结构对象类型有哪些？
3. 船舶结构有限元分析的基本步骤是什么？
4. 常用的有限元分析软件有哪些？
5. 船舶结构设计对有限元分析软件有哪些功能需求？如何选择合适的有限元分析软件？

第3章　船舶结构的模型化方法

本章知识要点

① 船舶结构模型化的概念与基本原则

② 船舶结构模型离散化的基本原则

③ 船舶结构有限元分析的载荷与边界条件处理

3.1　概　　述

当前，新型船舶的建造和船舶的大型化，新结构、新材料在船舶结构中的不断应用，以及船舶结构屈曲、弹塑性破坏、疲劳和断裂等课题的提出，迫使船舶工程技术人员寻找新的有效的船舶结构分析方法。而随着计算机软硬件技术的发展，船舶局部结构甚至整船的有限元分析成为可能，船舶结构强度分析从此有了革命性的突破。其基本思想是通过大规模有限元分析求解，将整个船舶结构离散为能精确模拟其承载模式和变形状态的单元网格。对于各主要结构部件，按其结构形式和受力状况，分别以膜、杆、板、壳和梁等单元来表达，可详尽地表述船舶结构的微观细节，真实地表达出各个构件间的协调关系与变化情况，还可以求出各个关心构件或区域的实际变形与应力。这种方法是目前船舶结构强度分析最准确、最完善的方法，也是在“理性”结构设计中，最能精确预报结构对载荷响应的结构分析方法。

船舶结构有限元计算是一个较为复杂的过程，一般先从待分析的问题着手，即明确分析目的，正确描述结构的几何形状，选定合适的外载荷和结构的位移约束条件。明确分析目的是确定结构计算要解决什么问题，达到怎样的精度；描述结构的几何形状是确定计入计算模型的构件及其尺度；选定合适的外载荷是确定计算时作用在结构上的载荷类型和形式；选定结构的位移约束条件是确定结构边界条件，它常与计入计算模型的构件尺度有关，具有相当的灵活性。

船舶结构的有限元建模过程，或称模型化过程，是一个由所分析问题的类型、外载荷和边界条件等综合因素影响的过程。从事有限元计算的人员需要具有一定的理论基础和经验，才能建立合适的分析模型，得出可信的结果。

本章主要对船舶结构的模型化方法，包括结构模型化、有限元网格划分、载荷与边界条件处理等基本方法进行讲解。

3.2　船舶结构模型化的基本原则

对船体进行有限元分析，必须先建立结构有限元模型。它是由技术人员根据船舶的结构形式、受力情况、精度要求和计算目的，运用结构力学和有限元知识，对实际结构进行简化，选用适当类型的单元加以模拟而得出的模型。结构几何模型的建立与所分析问题的类型、选取的单元、边界条件等因素是密切相关的。

船舶结构的复杂性决定了其三维有限元模型的建立是一项非常繁重而艰巨的工作，因此充分地利用有限元分析软件的建模工具是十分必要的。其中，特别值得一提的是在超大型结构的建模过程中运用的子结构技术，其将船体划分成若干子结构来处理，通常按照船舶结构的自然分段来划分子结构，然后通过平移、镜像等手段将其组装起来。这样可以将各个子结构的建模工作交给不同的人同时来处理，有效地、充分地利用计算机资源，从而大大加快工作进度。

船舶结构的有限元模型化必须建立在对船舶结构的承载模式、载荷传递和相应的变形特征进行正确分析的基础上，合理地布置单元网格线和简化纵骨等小构件，运用杆单元、梁单元、膜单元和板壳单元等结构单元的适当组合，既保证了计算结构的真实、有效、可信，又控制了模型的规模。在模型化过程中，主要遵循以下原则。

(1) 进行舱段分析，即仅对船体的某些舱段建立有限元模型，进行计算分析。目前，各船级社基于各自的考虑，对建模范围的规定并不完全相同，主要包括两种：一种是中间舱向前后各延伸一个舱共三个舱，即“三舱段模型”(以下简称大模型)，如 ABS 采用的就是大模型；另一种则是船中的一个舱段向前后各延伸半个舱，即“二舱段模型”(以下简称小模型)，如 DNV、LR、GL 及 CCS 采用的就是小模型。无论是大模型还是小模型，模型的垂向范围都为船体的型深。

(2) 对于具有两道纵舱壁或无纵舱壁的船舶，当主要构件和载荷关于中纵剖面对称时，可以仅模型化船体的右舷(或左舷)结构。一般情况下，对于非对称载荷，可将其分解为关于中纵剖面对称的和反对称的载荷来处理。如果载荷无法通过上述分解方法进行简化处理，或者载荷分布非常复杂，那么就需要采用全宽模型。对于具有一道纵舱壁的船舶，采用全宽模型。

例如，对于图 3-1 所示的对称的船体舱段结构，可沿中纵剖面切开，只计算一半。在对称面 xOz 上的节点施加约束条件 $u_y=0$ 和 $\theta_x=0$。对称面上的中内龙骨(或中底桁)、甲板纵桁等构件的惯性矩和断面面积应取一半进行计算。

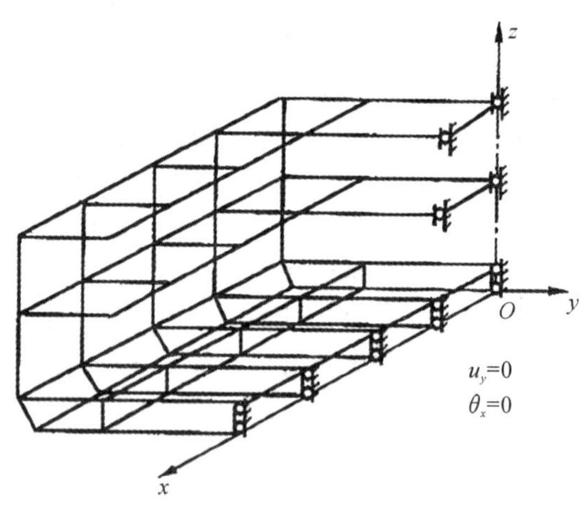

图 3-1　半个舱段结构

(3) 对于主要的结构构件，如肋板，舷侧肋骨，甲板横梁、纵骨、纵桁，中底桁，旁底桁等，要合理地进行模型化。

(4) 有限元网格的划分应根据计算目标和精度的要求进行。网格划分得过细会给建模和计算工作带来困难；网格划分得过粗又会使计算结构不能表达细部的变形和应力。主要有两种做法：一种是粗网格(如 ABS)，即根据主要结构构件来布置单元网格线；另一种是细网格，即根据骨材的间距来划分单元。目前，DNV、LR、BV 和 CCS 等采用细网格模型。

(5) 粗网格的有限元模型在分析船舶结构的总纵弯曲和局部弯曲时是合适的，但其对加强筋和板格的弯曲描述不完备。鉴于此，粗网格模型通常采用膜单元和杆单元来模拟船舶结构。由于梁单元与膜单元的贴合连接处存在单元间变形不相容的问题，因此一般不采用梁单元。但在某些情况下，为了提高结构的弯曲刚度，梁单元被用来支撑膜单元，以承受横向载荷。例如，双层底上的纵骨通常采用杆单元，但在横舱壁的支墩附近，将其处理为梁单元。

(6) 细网格模型的板构件(主要为结构构件)选用板壳单元，加强筋选用梁单元。在主要构件之间布置梁单元，以承受压力载荷并把它们传递给主要构件。对于仅在板的一侧布置的加强筋，应采用偏心梁单元，否则梁的弯曲刚度应该计入有效带板的影响。另外，对于较薄的板构件，考虑到它的承载状态，可以用平面应力单元来代替板壳单元。

(7) 单元主要采用 4 种类型：杆单元、梁单元、膜单元及板壳单元。通常只采用简单单元，即仅在角点处布置节点，一般没有必要采用高阶单元。

(8) 一般来讲，船体的外板结构、强框架、纵桁、平面舱壁的桁材、肋骨等的高腹板，以及槽型舱壁和壁凳，采用四节点板壳单元进行模拟。在高应力区和应力变化较大的区域尽可能避免使用三角形单元，如减轻孔、人孔、舱壁与壁凳连接处，以及邻近肘板或结构不连续处，尽量少用三角形单元。

(9) 承受水压力和货物压力的各类板上的加强筋应用梁单元进行模拟，并考虑偏心的影响。纵桁、肋板上的加强筋、肋骨和肘板等主要构件的面板和加强筋可用杆单元进行模拟。若考虑到网格的布置和划分难度，部分区域可以用一个线单元来模拟一根或多根梁/杆单元。船底纵桁和肋板在垂直方向上应布置不少于三个板单元。舱壁最底部的单元一般情况下应尽量划分为正方形单元。

(10) 槽型舱壁和壁凳：每一个翼板和腹板应至少划分为一个板单元；在槽型舱壁下端接近壁凳处的板单元和凳板的邻近单元的长宽比系数应接近 1.0。主要构件的减轻孔、人孔，特别是双层底邻近舱壁处桁材和邻近肘板、肋板的开孔，可以采用等效板厚的板单元来代替这些开孔的影响。

(11) 将板厚有突变的地方作为单元的边界。如果单元跨越板厚突变处，则应相应地调整单元数据以得到等效刚度。板单元应位于相应板构件的中面上，但在整体强度分析中，板单元可以近似置于外部轮廓的平面内。

(12) 由于船体结构的复杂性，在保证不会对结构产生不利影响的前提下，在模型化时可对船舶结构做必要的简化。在整体分析中，最常见的简化方式是将几个次要构件(如加强筋等)合并，合并的构件应位于相关构件的几何中心，还要具有相同的刚度。甚至一些贡献较小的次要构件可以不计入模型，如为防止板边屈曲而设置的小加强筋及小的开孔。大的开孔必须计入模型。

(13) 进行舱段模型分析时，在舱段前后端面处的中和轴与中纵剖面相交处应各建立一个独立点，并保证端面各纵向构件节点自由度 δ_x、δ_z、θ_y、θ_z 与独立点相关(x 向为船长方向，y 向为船宽方向，z 向为垂向)。

(14) 结构尺寸采用船舶建造厚度。板单元许用应力标准采用的是膜应力，即弯曲板单元的中面应力。梁单元采用的是轴向应力。

3.3　结构有限元网格划分方法

网格划分，是建立有限元模型的一个重要环节，考虑的问题较多，工作量较大。有限元模型的计算效率、精度与单元的类型、形状、长宽比和网格划分的方式等密切相关。船舶结构主要是由平板、壳和骨材等构成，所以船舶结构有限元模型主要由板单元、壳单元、梁（杆）单元等组成。关于单元的划分，主要是根据船舶结构的形式和受力特点，力求以最少的工作量达到最令人满意的结果。为建立正确、有效的有限元模型，本节主要介绍结构模型划分网格时应考虑的一些基本原则与方法。

3.3.1 单元类型选择

根据结构几何和受力特点选取单元类型。一维结构用杆单元和梁单元；对于二维结构，平面受力用膜单元，垂直受力用板壳单元；三维结构用三维块元；组合结构需采用多种类型单元。尽可能用简单单元来分析，即能用杆单元的不用梁单元，能用膜单元的不用板单元。

现以箱形结构的有限元分析为例来说明单元选择问题。箱形结构是一种常见的结构，如船体、起重机的转臂、吊车、汽车底架等。很多人习惯采用板壳单元来分析，这是因为他们看到箱形结构发生弯曲，有时还伴随着扭转变形，就会想到是有弯矩和扭矩产生。用板壳单元计算箱形结构是可以的，但要保证足够精度，就需将网格划分得很细才行，而且板壳单元每个节点有 6 个自由度，规模很大，计算时间会很长。

下面以箱形悬臂梁（见图 3-2）为例进行计算，并将结果与精确解进行比较。

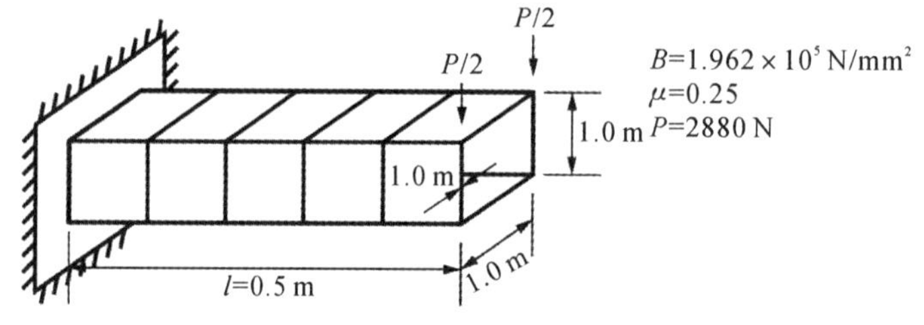

图 3-2 箱形悬臂梁

例 3-1 将箱形悬臂梁划分为 20 个单元，上、下翼板和腹板各划分为 5 个单元。采用 4 种不同的单元方案进行计算：

（1）全部用板壳单元；

（2）全部用膜单元；

（3）翼板用板壳单元，腹板用膜单元；

（4）翼板用膜单元，腹板用板壳单元。

计算结果列于表 3-1。

表 3-1 箱形悬臂梁的计算结果

计算方案	材料力学精确解	有限元解			
		（1）	（2）	（3）	（4）
自由端挠度	0.1000	0.0849	0.0993	0.0989	0.0852
误差	—	15.1%	0.7%	1.1%	14.8%

从 4 种方案的结果来看，问题出在腹板采用了板壳单元，因为此时腹板处于平面应力状

态,不存在弯矩,所以采用膜单元是合理的。目前所用的板壳单元由平面应力单元与板弯曲应力单元组合而成,其中平面应力单元的位移模式为常应变三角形单元的位移模式,它的精度比较低,所以不建议采用板壳单元。如果希望计算误差在5%以下,例3-1中的结构需要划分成80个板壳单元,这对于复杂的箱形结构是不合算的。

应当指出,箱形结构往往用加强筋来加强,它们主要用于强化局部抗弯能力,对整体的刚度和强度贡献不大,在整体计算时可去掉它们,这样做是合理的。

3.3.2 网格粗细与计算精度估计

1. 网格粗细对计算精度的影响

以舱段有限元分析为例,其网格划分方式有两种:一种是舱段模型用细网格划分,即将整个舱段模型都划分为比较密的网格,且一步到位;另一种就是整体用粗网格,子模型用细网格,即根据肋板和纵桁等主要承载构件来布置单元格子线,完成粗网格划分,然后在粗网格的基础上对需要的部分进行网格细化。粗网格可以用于分析与屈曲有关的变形和应力分布,用粗网格得到的变形作为细网格模型的边界条件可进行结构应力水平的详细计算分析。细网格的模型精度要高于粗网格模型。

单元大小的选择,要根据货物压力、海水压力、压载水压力在构件上的分布,以便于把分布力转化成节点力为原则;还要考虑计算的效率,网格不能过细,也不能很粗糙,以保证足够的计算精度。单元类型的选取也很重要,应多采用四边形单元,少用三角形单元。三角形单元多用在开孔周围以及墩和舱壁的连接处。CCS规定,在舱壁和墩的连接处,允许调整顶、底墩的单元网格,采用三角形单元进行过渡,以保持槽型舱壁单元的原有几何形状。从计算机容量和计算速度的角度来看,可将舱段的有限元网格划分得足够细,从而得到比较精确的应力分布。

图3-3所示为一油轮的肋骨框架。图3-3(b)中的网格较均匀,在水平撑杆处网格稍大一些;图3-3(a)是在图3-3(b)的基础上将网格加密一倍,水平撑杆处加密更多,形成非常均匀的小网格,显然,图3-3(a)的数据量要比图3-3(b)大很多。但图3-3(a)和图3-3(b)的网格计算结果(舷侧最大垂直位移)仅差10.2%。图3-3(c)在角隅处加密网格,而其他部位用粗网格,数据量比图3-3(b)稍大一些,但比图3-3(a)小得多。图3-3(c)和图3-3(a)的计算结果仅差6.5%。图3-3(d)在角隅处采用粗网格,其他部位用细网格,其数据量比图3-3(b)和图3-3(c)都大,但结果误差很大,这是由网格划分粗细不当所致。

如何判断所划分的网格能使计算结果达到足够的精度,是有限元计算中非常重要的问题。如果都像图3-3那样进行比较计算,对大型结构显然是非常困难的。在划分大型结构网格前最好用同类型的简化模型(它具备大型结构同样的力学特征)进行可行性和可靠性试验。例如,计算图3-4所示结构时,可先用模型(见图3-4(a))计算,再简化为悬臂梁(见图3-4(b))来计算。因为悬臂梁有解析解,可供比较,如果图3-4(b)的网格方案是可靠的,那么把实际结构进行同样剖分,所得结果也是可靠的。

2. 先粗后细二次解析

对于大型结构物,为了得到局部应力集中区的应力状态,需要将网格划分得很细,使节点数目增大,数据准备将十分困难,甚至会因规模超过计算机容量而使计算不能进行。如果先用粗网格进行分析,得到总体的应力和节点位移,然后取出要分析的局部区域用细网格剖分,并且以粗网格划分得到的节点力或节点位移作为边界条件进行再解析,则可使计算量大为减小,

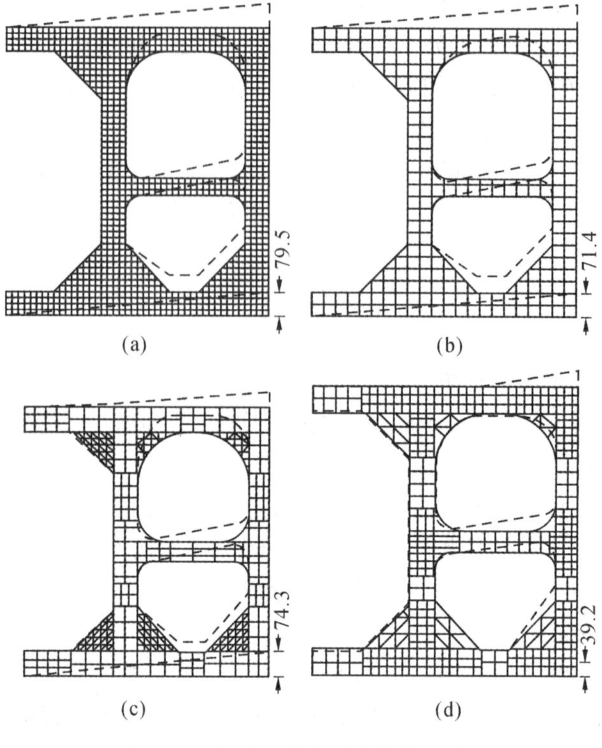

图 3-3　几种网格计算结果的比较

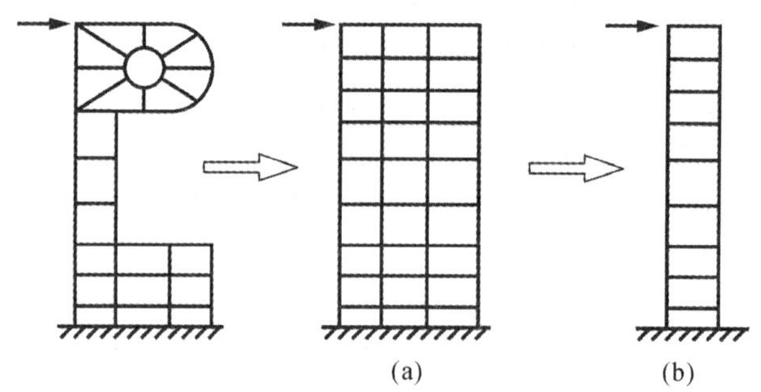

图 3-4　结构模型

这称为二次解析法,是一种经济的分析方法。

二次解析法的原理可用图 3-5 来说明。为了更加精确,还可以进行第三次解析。

二次解析法计算出来的应力的可靠程度与前一阶段的网格粗细和切出的局部范围大小有关,而且可能产生误差累积,所以应用二次解析法时整体计算的网格选定是十分重要的。另外,下一阶段分析的边界条件应用节点力还是节点位移,也需要考虑。将节点力作为边界上的已知外力,应用不太方便,需要用户把第一次解析输出的单元应力化成等效节点力。应用节点位移作为边界条件比较容易处理,只要在已知位移的节点上加上刚度很大的弹簧单元即可,并输入已知位移。一般用节点力所得应力值偏大,用节点位移所得应力值偏小。所以,从偏于安全方面考虑,用节点力比较合适。

例 3-2　受剪力作用的横框架结构与横撑杆交叉处的应力状态如图 3-6 所示。各计算阶段的应力值如表 3-2 所示。

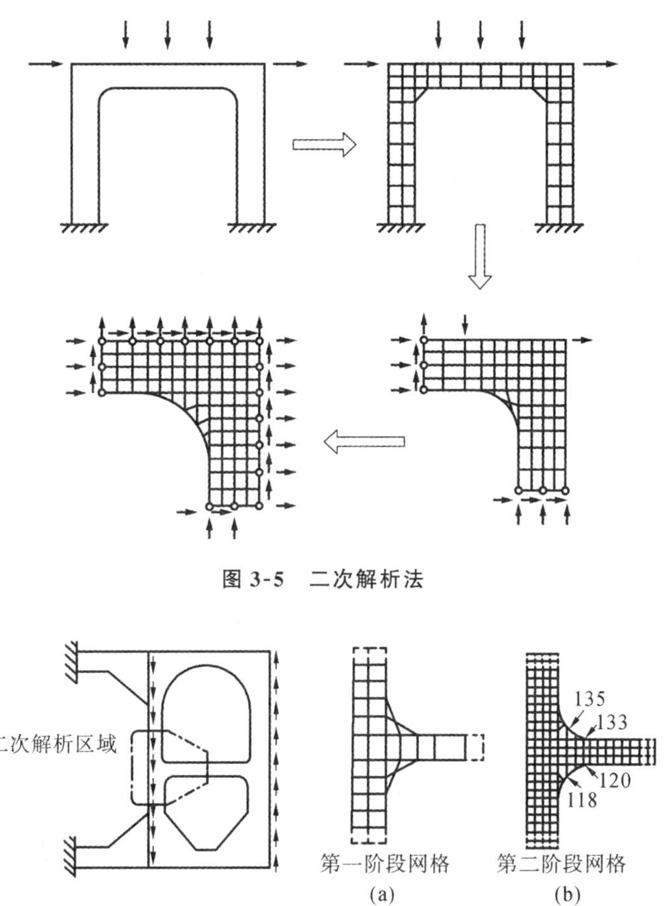

图 3-5　二次解析法

图 3-6　横框架结构与横撑杆交叉处的二次解析法网格划分

表 3-2　各情况下的应力值　　单位：MPa

节点号	图 3-6(a)取实线范围计算	图 3-6(b)取实线范围计算		图 3-6(b)取扩大范围(虚线)计算		力和位移在中间节点上分配计算	
		边界节点力	边界节点位移	边界节点力	边界节点位移	边界节点力	边界节点位移
118	13.93	15.38	11.07	15.38	16.62	15.30	12.03
120	22.18	23.96	19.19	23.95	19.71	23.95	19.64
133	−23.34	−25.00	−19.90	−24.99	−20.51	−25.00	−20.45
135	−19.29	−20.44	−15.94	−20.42	−16.95	−20.51	−16.48

由表 3-2 可得出下列结论。

(1) 用节点力做二次解析所得结果比整个结构用细网格计算的应力值大，用节点位移计算所得应力值较小，但前者更接近正确值。

(2) 将计算网格稍微加大，或将节点力/节点位移在中间节点上分配，都能改善以节点位移为边界条件的计算结果，但对用节点力计算的结果没有改善。

3.3.3 网格划分的参数及其对结果的影响分析

1. 网格数目

网格数目将影响计算结果的精度和计算规模。一般来讲,网格数目增加,计算精度会有所提高,但同时计算规模也会增加,所以确定网格数目时应权衡两个因素,综合考虑。

图 3-7 中的曲线 1 表示结构中的位移精度随网格数目收敛的一般曲线,曲线 2 代表计算时间随网格数目的变化曲线。可以看出,网格较少时增加网格可以使计算精度明显上升,而计算时间不会有大的增幅。当网格增加到一定程度,再继续增加网格时计算精度上升甚微,而计算时间却大幅增加。所以应留意增加网格的经济性。实际应用时可以比较两种网格划分的计算结果,假如两次计算结果相差较大,可以继续增加网格,相反则停止增加网格。

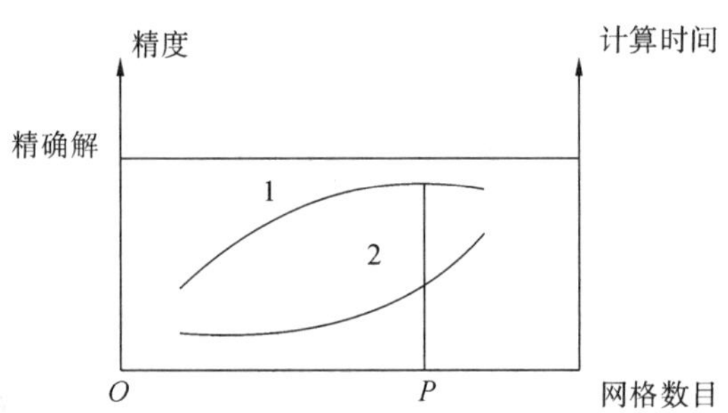

图 3-7　位移精度和计算时间随网格数目的变化

在决定网格数目时应考虑分析数据的类型。在进行静力分析时,假如仅计算结构的变形,网格可以少一些。假如需要计算应力,在精度要求相同的情况下,则应取相对较多的网格。在计算结构固有动力特性时,若仅计算少数低阶模态,可以选择较少的网格;假如计算的模态阶次较高,则应选择较多的网格。在热分析中,结构内部的温度梯度不大,不需要大量的内部单元,这时可划分较少的网格。

2. 网格疏密

网格疏密是指在结构不同部位采用大小不同的网格,这是为了适应计算数据的分布特点。在计算数据变化梯度较大的部位(如应力集中处),为了较好地反映数据变化规律,需要采用比较密集的网格。而在计算数据变化梯度较小的部位,为减小模型规模,应划分相对稀疏的网格。这样,整个结构表现出疏密不同的网格划分形式。

图 3-8 所示为带孔方板的四分之一模型,其反映了疏密不同的网格划分原则。小圆孔四周存在应力集中,采用了比较密的网格。板的四周应力梯度较小,网格划分得较稀。其中,图 3-8(a)中网格疏密相差更大,它比图 3-8(b)中的网格少 60 个,但计算出的孔缘最大应力相差 1%,而计算时间却减少了 36%。由此可见,采用疏密不同的网格划分原则,既可以保持相当的计算精度,又可使网格数目减小。因此,网格应增加到结构的关键部位,而在次要部位增加网格是不必要的,也是不经济的。

划分疏密不同的网格主要用于应力(包括静应力和动应力)分析,而计算固有特性时则趋于采用较均匀的网格形式。这是由于固有频率和振型主要取决于结构质量分布和刚度分布,不存在类似应力集中的现象,采用均匀网格可使结构刚度矩阵和质量矩阵的元素不致相差太大,可减小数值计算误差。同样,在结构温度场计算中也趋于采用均匀网格。

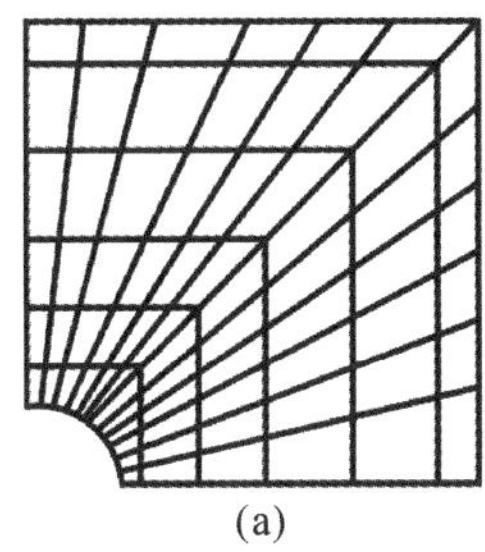
(a)

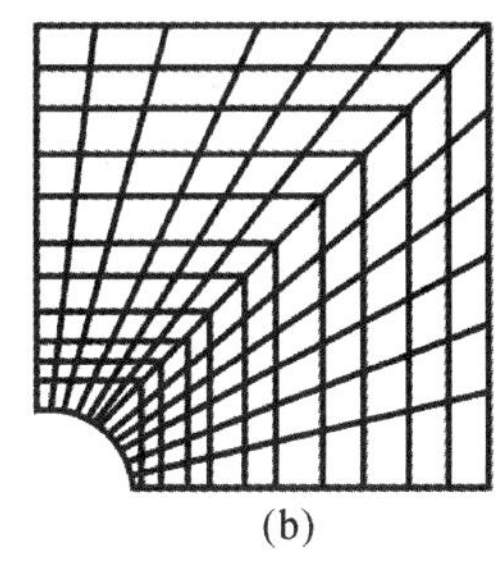
(b)

图 3-8　带孔方板的四分之一模型

3. 单元阶次

很多单元都具有线性、二次和三次等形式，其中二次和三次形式的单元称为高阶单元。选用高阶单元可提高计算精度，由于高阶单元的曲线或曲面边界能够更好地逼近结构的曲线和曲面边界，且高次插值函数可更高精度地逼近复杂场函数，因此当结构外形不规则、应力分布或变形很复杂时可以选用高阶单元。但高阶单元的节点较多，在网格数目相同的情况下由高阶单元组成的模型规模要大得多，因此在使用时应权衡计算精度和时间。

图 3-9 展示了分别用线性和二次三角形单元离散时，一悬臂梁顶端位移随网格数目的收敛情况。可以看出，当网格数目较小时，两种单元的计算精度相差很大，这时采用高阶单元较为合适；当网格数目较大时，两种单元的精度相差不是很大，这时采用低阶单元较好。例如，在离散细节时，由于细节尺寸的限制，要求细节四周的网格划分得很密，这时采用线性单元更合适。

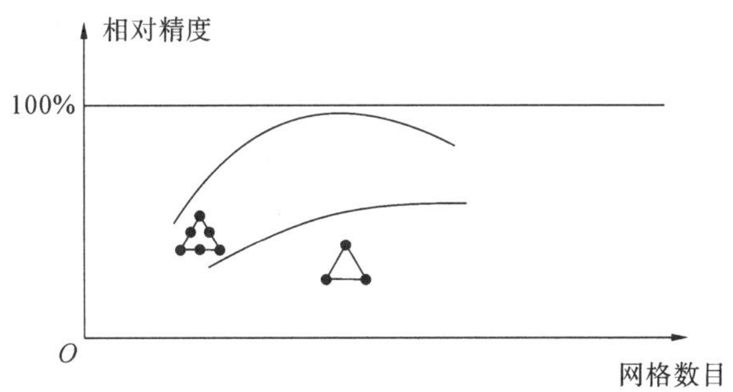

图 3-9　不同阶次单元的收敛情况

增大网格数目和单元阶次都可以提高计算精度。因此在计算精度一定的情况下，用高阶单元离散结构时应选择适当的网格数目，太多的网格并不能明显提高计算精度，反而会使计算时间大大增加。为了兼顾计算精度和计算量，同一结构采用不同阶次的单元，即计算精度要求高的重要部位用高阶单元，计算精度要求低的次要部位用低阶单元。不同阶次单元之间或采用特殊的过渡单元连接，或采用多点约束等式连接。

4. 网格质量

网格质量是指网格几何外形的合理性。网格质量影响计算精度，质量太差的网格甚至会中止计算。直观上看，网格各边或各个内角相差不大、网格面不过分扭曲、边节点位于边界等分点四周的网格质量较好。网格质量可用细长比、锥度比、内角、翘曲量、拉伸值、边节点位置偏差等指标度量。

划分网格时一般要求网格质量能达到某些指标要求。在重点研究的结构关键部位，应保证高质量网格划分,即使是个别质量很差的网格也会引起很大的局部误差。而在结构次要部位,网格质量可适当降低。当模型中存在质量很差的网格(称为畸形网格)时,计算过程将无法进行。图 3-10 所示为三种常见的畸形网格。其中,图 3-10(a)中单元的节点交叉编号,图 3-10(b)中单元的内角大于 180°,图 3-10(c)中单元的两对节点重合,网格面积为零。

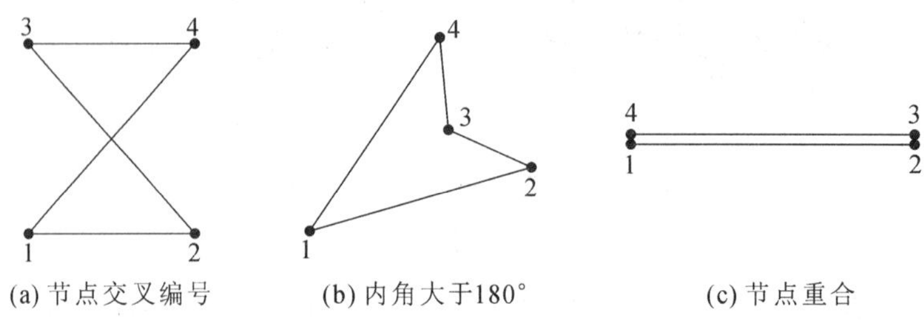

图 3-10　三种常见的畸形网格

5. 网格分界面和分界点

结构中的一些特殊界面和特殊点应划分为网格边界或节点,以便定义材料特性、物理特性、载荷和位移约束条件,即应使网格形式满足边界条件特点,而不应让边界条件来适应网格。常见的特殊界面和特殊点有材料分界面、几何尺寸突变面、分布载荷分界线(点)、集中载荷作用点和位移约束作用点等。图 3-11 所示为上述几种界面的结构及其网格划分形式。

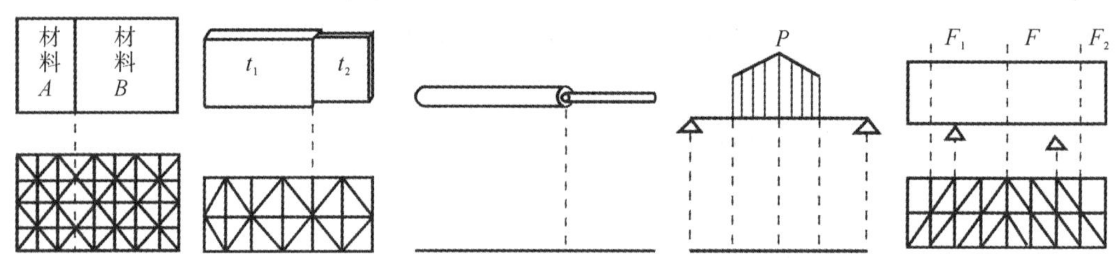

图 3-11　特殊界面和特殊点网格划分

3.3.4　船级社对有限元网格划分的要求

在模型网格的划分方面,几大主要船级社的规定如下。

1. CCS(中国船级社)的规定

船舶结构有限元网格沿船体纵向按肋骨间距或半个肋骨间距大小划分,沿船体横向按纵骨间距划分,舷侧也参照该尺寸划分,原则是网格形状尽量接近正方形。一般来讲,船体的各类板、壳结构、强框架、纵桁、平面舱壁的桁材、肋骨等的高腹板以及舱壁和壁墩,采用四节点板壳单元进行模拟,尽量减少三角形单元的使用。对于承受水压力和货物压力的甲板、内外壳板、内外底板、顶底边舱斜板上的纵骨、舱壁上的扶强材等用梁单元来模拟,并考虑偏心的影响。主要构件的面板和加强筋用杆单元来模拟,如纵桁、肋板、横框架、肋骨、肘板以及平面舱壁桁材上的面板和加强筋等。船底纵桁和肋板在垂直方向上应布置不少于 3 个板单元;对于在槽型舱壁下端接近墩处的板单元和墩板的邻近单元,其长宽系数比应接近 1。可能的话,在高应力变化区尽量避免使用三角形单元,如减轻孔、人孔、舱壁和墩连接处、邻近肘板或结构不连续处。

2. DNV(挪威船级社)的规定

单元的大小应以能够正确表示纵横骨材之间的半格为原则，以便可以从有限元计算的结果中直接获取可用于分析强度和屈曲的应力值，而不需要进行内插或外插。船舶结构有限元网格沿船体纵向按肋骨间距或半格肋骨间距大小划分，舷侧也参照该尺寸划分，原则是网格形状尽量接近正方形。

这主要是因为三节点的板单元或膜单元是常应变单元，所以通常尽量少用三角形单元。但是在有些情况下，为了避免过渡区域内单元的形状调差，可以用少量的三角形单元。

对于承受水压力和货物压力的甲板、内外壳板、内外底板、顶底边舱斜板上的纵骨、舱壁的扶强材等用梁单元来模拟，并考虑偏心的影响。主要构件的面板和加强筋用杆单元进行模拟，如纵桁、肋板、横框架、肋骨和肘板以及平面舱壁桁材上的面板和加强筋等。船底纵桁和肋板在垂直方向上应布置不少于 3 个板单元。通常尽量根据桁材上扶强材的间距来确定单元的大小。

槽型舱壁的每一个翼板和腹板至少应该划分为一个单元，以便较好地反映槽型舱壁上的应力水平；舱壁最底部的单元一般情况下应尽量取为正方形单元，即在槽型舱壁下端接近底墩处的板单元和墩板的邻近单元，其长宽系数比应接近 1。

对于横向骨架之间的板，在划分网格时要考虑网格尺寸与主肋骨的间距相匹配，这样做可能会将计算模型中一些局部扶强材弯折。纵骨之间采用一层单元，可以实现将载荷正确地从纵向骨材传递到横向框架之上。

对于模型中的纵骨和其他连续的扶强材，应该用两节点的偏心梁单元来表示。将梁单元与板单元的一个节点相连时，应该特别注意：由于计算中梁单元的端部节点假定为铰接，因此此时可能会影响载荷的分布，为消除此影响，可将梁单元与板单元在板单元的边界上“重叠”。腹板的筋材、桁材的面板可以用两节点的梁单元或杆单元进行模拟。曲折的面板在模型中应尽量按实际情况考虑。顶、底墩内部的扶强材一般用梁单元表示，也可以采用板单元来模拟。

3. LR(英国劳氏船级社)的规定

板单元的大小和类型应该能够正确描述船舶结构范围内真实的应力和变形的分布。通常板单元网格按照纵向加强构件的间距、肋骨间距或肋板间距的一半进行划分。对于双层底板上的纵桁和肋板，划分单元时，沿着这些构件的高度方向要划分 3 个以上的单元。舷侧板上的肋骨可以用板单元或杆单元进行模拟。

槽型舱壁和壁墩沿槽深方向至少要用一个单元，槽型舱壁接近底墩处的板单元的边长比应该接近 1。在局部高应力区域，应该对该处进行网格细化。通常，所有的板都使用板(壳)单元来模拟，加强构件通常用梁单元或杆单元进行模拟。梁单元具有抗弯和轴向抗拉压力的属性，杆单元仅具有轴向抗拉压的属性。一般，应最低限度地使用三角形板单元。在高应力区域、应力梯度很大的区域以及槽型舱壁和壁墩相交处，应避免使用三角形板单元。槽型舱壁要使用具有膜属性和抗弯属性的板单元来模拟。减轻孔、人孔等，在主要构件中应该用有效面积来表示，如双层底纵桁邻近横舱壁处。而且要对这些开孔做进一步的网格细化。除了前面所说的开孔以外，其他地方的开孔，可以通过删掉适当的单元来表示。主要构件的面板以及扶强材，可以用具有横剖面积的一维线单元来模拟。

4. GL(德国劳氏船级社)的规定

进行船舶结构强度计算时使用如下类型单元：杆单元(一维单元，具有轴向抗拉和抗压强度，没有抗弯强度）、梁单元（一维单元，具有轴向强度、抗剪切、抗弯、抗扭强度）、平面应力单元（二维单元，具有平面内表面强度，不具有对平面内任何轴线的抗弯强度）、板壳单元（二维单元，具有表面、抗弯、抗扭强度）、体单元（三维单元）、边界弹簧单元。

选用的单元类型必须能够反映所分析的载况或载荷特征值下的变形和应力，或者能反映已确定极限载荷强度时的结构失效。一些情况下，选择合适的单元能消除某些次要的影响。一般，在强度分析中必须确定抗弯构件的考虑方式，以及抗弯构件的考虑程度。在纯弯曲情况下根据板梁理论，对于加强筋、双层底框架和腹板框架，包括整个船体梁，选用梁单元和板单元就足够了。局部模型中，所有的加强构件都是很重要的，即使这些加强构件是次要构件，因此，使用板、壳或体单元最合适。

网格粗细的选择要考虑单元的特性，根据能够精确地模拟结构刚度条件以及所分析的应力类型和实效行为来考虑单元特性。单元类型和网格粗细的选择对局部应力峰值和极限载荷的计算有特别大的影响。网格划分不够精细常常导致低估局部应力峰值和过高估计极限载荷。船体梁或局部三维模型通常构建得比较粗糙，选择主要构件的间距作为单元的尺寸。假如所选的单元足以精确地反映主要构件的抗弯性能，则在总体强度分析中上面的做法是允许的。

考虑单元特性的同时，也应关注单元形状，以保证结构刚度、变形和应力计算结果的可靠性。通常，单元的边长比不应超过 3。结构模型要将所有的主要结构件、所有的框架以及所有的加强构件都考虑进去。在横向和垂向，网格的粗细要以纵向间距为依据。

3.4　载荷模型化

几乎在所有情况下，船体模块至少具有横向的对称性，即左右舷对称。本节将集中讨论当载荷不对称时如何充分利用结构的对称性这个特点来简化计算模型，从而节省计算工作量，而不讨论相反的情况。因为若结构连横向的对称性都不具备，就谈不上节省计算工作量的可靠性，在这种情况下，即使载荷是对称的，也必须将整个结构模型化。

在整个结构（船体梁）层次上的重要响应是垂向弯曲和扭转。水平弯曲与垂向弯曲相似，因而，除非作为扭转分析的一部分，一般很少详尽地考察它，船体模块除了具有横向对称性以外，还常常具有纵向对称性，即关于跨中横向剖面的对称性。即使结构不是纵向对称的，也可以近似地做这种简化。另一方面，有许多例子，其中船体模块确实不是纵向对称的，因此本节将讨论结构纵向对称和不对称两种情况。除了结构对称情况以外，还有载荷对称情况。这方面的对称性也有两种类型，即横向对称和纵向对称。表 3-3 归纳了各种可能的组合，下面讨论每种特定的组合。

一般，必须对几种货物装载情况和其他载荷的组合进行船体模块分析。在下面的讨论中，将每一种组合叫作一种“装载情况”（或称为工况）。由于事先并不知道哪一种装载情况最为危险，因此原则上，应研究所有的装载情况。在实践中，常常可以结合各个装载情况的最不利特性，将两种或两种以上的装载情况综合为一种人工复合的装载情况，若这些不同的最不利特性发生在船体模块的不同部位，并且已知它们几乎都是独立的，这种综合就减小了装载情况的数目，因而也减小了计算工作量。

表 3-3　船体模块分析的结构模型化

载荷对称情况	结构对称情况	
	A. 纵向与横向均对称(用半长计算模型)	B. 仅横向对称(用全长计算模型)
Ⅰ.纵向与横向均对称	每种装载情况只有一个载荷矢量,边界条件如图 3-12 所示	每种装载情况只有一个载荷矢量,边界条件如图 3-13 所示
Ⅱ.仅横向对称	将载荷分解成两个载荷矢量,如图 3-12 所示,并计算两种响应: R_s　对应于双重对称载荷矢量,边界条件见图 3-12; R_a　对应于纵向反对称载荷矢量	同上
Ⅲ.纵向与横向均不对称	将载荷分解成四个载荷矢量,并计算四种响应: R_{ss}　对应于双重对称载荷矢量,边界条件见图 3-12; R_{as}　对应于纵向反对称、横向对称载荷矢量; R_{sa}　对应于纵向对称、横向反对称载荷矢量; R_{aa}　对应于双重反对称载荷矢量	将载荷分解成两个载荷矢量: R_s　对应于横向对称载荷矢量,边界条件见图 3-13; R_a　对应于横向反对称载荷矢量

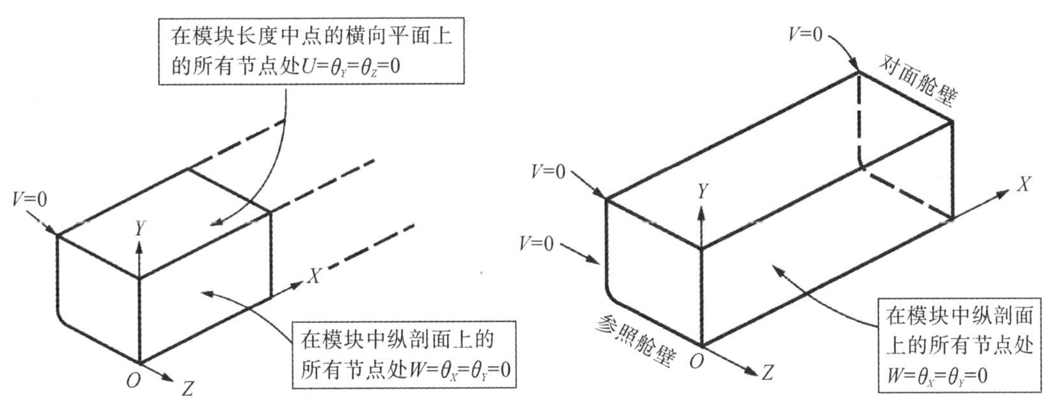

图 3-12　双重对称的船体模块的边界约束　　图 3-13　仅横向对称装载时的边界条件

3.4.1　载荷为纵向对称和横向对称

1. 结构为纵向对称和横向对称

在有限元分析中,求平衡方程组的解是整个分析中最艰巨的任务。有限元分析所要求的存储量与 N 成正比,而所需要的计算工作量则与 $N\omega_b^2$ 成正比,这里 N 是总的自由度数,而 ω_b 是半带宽,因此,尽可能地利用对称性是非常重要的。若载荷和结构双重对称,则仅需将船体模块的 1/4 模型化。这样,N 的值仅为全结构的 1/4,而 ω_b 的值约为全结构的 1/2,因而,同全结构相比,只需要 1/4 的存储量和大约 1/16 的计算工作量。在双重对称情况下,只需取结构的 1/4 进行分析，这时，作为这部分的约束的边界条件如图 3-12 所示。对应于两个对称面，有以下两组边界条件。

在跨中横剖面上的全部节点处：

$$U = \theta_Y = \theta_Z = 0 \tag{3-1}$$

在中纵剖面上的全部节点处：

$$W = \theta_X = \theta_Y = 0 \tag{3-2}$$

此外，还需阻止整个结构的刚体运动。上述约束消除了除竖向平移以外的全部刚体运动，因此必须在某处(例如在船侧板的顶部)施加进一步的约束 $V=0$。

2. 结构仅为横向对称

若结构不存在纵向对称性，则在结构计算模型中必须取船体模块的全长，并且不能利用载荷的纵向对称性，计算模型及其边界上的约束如图 3-13 所示。在中纵剖面上的约束与前面列出的相同。还应加上几个附加约束，以阻止在 X 方向上和 Y 方向上的刚体平移和平行于 XOY 平面的刚体转动。所选择的这几个约束均位于船侧板上，即在最靠近中和轴的节点处 $V=0$，在两端 $V=0$。

希望 $V=0$ 的两个点离得远些，以避免出现大的平衡力，这种力会使计算模型产生不真实的翘曲。在一个全长的计算模型中，为了区分两端的横舱壁，确立某种系统是有好处的。我们将采用图 3-13 中的术语：包含原点的舱壁称为“参照舱壁”，而另一个横舱壁则称为“对面舱壁”。

3.4.2 载荷仅为横向对称

1. 结构为双重对称

通常结构具有某种类型的对称性，而载荷则不然，那么利用结构的对称性时，需要将载荷分成两部分，即一个对称的部分和一个反对称的部分。图 3-14 说明以下所属情况的分析过程，即结构纵向对称，而载荷不对称。由于结构的对称性，宜引入第二坐标系(x,y,z)，坐标原点取在船体模块的跨中，如图 3-14 所示。这个坐标系几乎与(X,Y,Z)坐标系相同，唯一的不同是 $x=X-L/2$，式中 L 是模块的长度。

一种典型的载荷情况可描述为：在船体两端的两个不同的剪力值和弯矩值，以及一个沿纵向分布不对称的竖向载荷 $\boldsymbol{f}(x)$。上述所有载荷已在船体梁分析中求得。为了利用载荷分解技术，分布载荷只能由集中载荷、均布载荷或沿模块长度方向成线性变化的载荷构成。但是这个限制并不严格，因为 $\boldsymbol{f}(x)$是浮力和重力两种纵向分布载荷之差，而 $\boldsymbol{f}(x)$几乎总可以用这三种类型的载荷的某种组合满意地表达出来。在横舱壁处，船体梁剪力和弯矩的边界载荷实际上是分布力，这些分布力是沿纵向和剖面的肋骨围长方向作用的，并以等效节点力的形式作用到舱壁上的每个节点上。为简单起见，在图 3-14 中，在参照舱壁处用 $\boldsymbol{F}_{Y1}$ 和 $\boldsymbol{M}_{Z1}$ 表示上述节点力的总值，而在对面舱壁处，用 $\boldsymbol{F}_{Y2}$ 和 $\boldsymbol{M}_{Z2}$ 表示节点力的总值。另外，还需要用模块中点处的剪力和弯矩，考虑作为外力作用在半个模型上，这两个量的值分别用 $\boldsymbol{F}_{Y0}$ 和 $\boldsymbol{M}_{Z0}$ 表示。在实际的有限元解中，总的力 $\boldsymbol{F}_Y$ 和弯矩 $\boldsymbol{M}_Z$ 是载荷矢量，由各个离散的节点力组成。同样，分布载荷 $\boldsymbol{f}(x)$事实上也是节点力的一个集成。而三组载荷——$\boldsymbol{F}_Y$、$\boldsymbol{M}_Z$ 和 $\boldsymbol{f}(x)$一起构成整个载荷矢量 $\boldsymbol{P}$。在下面将要进行的工作中，$\boldsymbol{P}(x)$表示在那些节点上的全部载荷(节点力)，上述节点位于距原点 x 的横向平面内。因而，例如 $\boldsymbol{P}(-L/2)$表示参照舱壁中各节点上的全部节点力，它们将

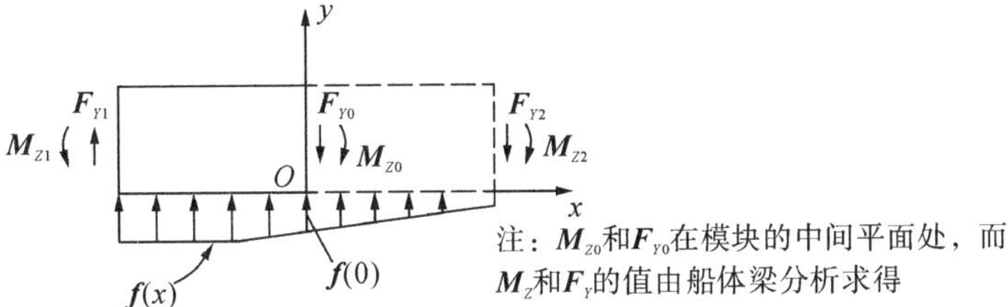

等于一组对称载荷P_s加上一组反对称载荷P_a

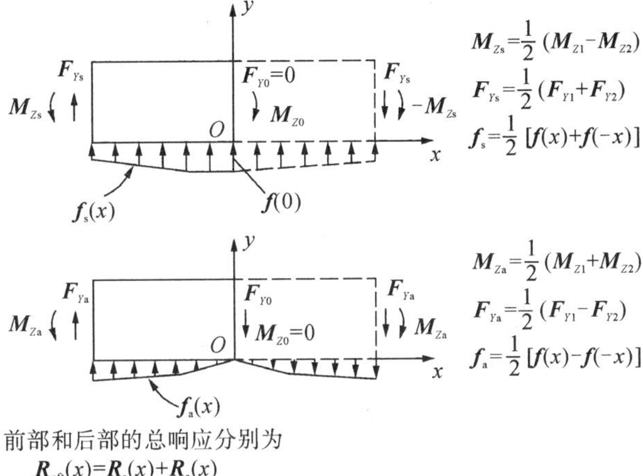

前部和后部的总响应分别为

$\boldsymbol{R}_{\mathrm{qft}}(x)=\boldsymbol{R}_{\mathrm{s}}(x)+\boldsymbol{R}_{\mathrm{a}}(x)$

$\boldsymbol{R}_{\mathrm{ford}}(x)=\boldsymbol{R}_{\mathrm{s}}(-x)-\boldsymbol{R}_{\mathrm{a}}(-x)$

图 3-14　将一种纵向不对称的载荷分解成对称的和反对称的分量

包含构成 $\boldsymbol{M}_{Z1}$ 的全部 x 方向的力，构成 $\boldsymbol{F}_{Y1}$ 的全部 y 方向的力和 z 方向的力，再加上由分布载荷 $\boldsymbol{f}(x)$ 引起的作用在参照舱壁各节点上在 y 方向或 z 方向的所有其他的节点力（z 方向的节点力由剪力和船侧的静水压力引起，我们假设这些力是横向对称的）。下面叙述的基于所有这些力和力矩的全部计算，实际上按所有的力是作用在节点上的节点力进行的。图 3-14 中的符号法则是：弯矩 $\boldsymbol{M}_Z$ 的方向为逆时针时，其值为正，因为 z 轴的方向是从纸面指向外。

在定义了上述各量之后，我们现在可着手证明，当纵向不对称的载荷作用在一个纵向对称的船体模块上时，总载荷矢量 $\boldsymbol{P}$ 可用下面两个载荷矢量代替。

(1) 一个对称的载荷矢量 $\boldsymbol{P}_{\mathrm{s}}$。它由将模块前后两部分上的载荷加以平均而得出，即

$$\boldsymbol{P}_{\mathrm{s}}=\frac{1}{2}[\boldsymbol{P}(x)+\boldsymbol{P}(-x)] \tag{3-3}$$

(2) 一个反对称的载荷矢量 $\boldsymbol{P}_{\mathrm{a}}$。它即原载荷 $\boldsymbol{P}$ 与 $\boldsymbol{P}_{\mathrm{s}}$ 之差。因为 $\boldsymbol{P}_{\mathrm{s}}$ 和 $\boldsymbol{P}_{\mathrm{a}}$ 的组合或叠加与原来的载荷 $\boldsymbol{P}$ 等效，所以得到

$$\begin{aligned}\boldsymbol{P}_{\mathrm{a}}&=\boldsymbol{P}-\boldsymbol{P}_{\mathrm{s}}=\boldsymbol{P}(x)-\frac{1}{2}[\boldsymbol{P}(x)+\boldsymbol{P}(-x)]\\&=\frac{1}{2}[\boldsymbol{P}(x)-\boldsymbol{P}(-x)]\end{aligned} \tag{3-4}$$

式(3-4)表明，$\boldsymbol{P}_{\mathrm{a}}$ 恰好是反对称的。即若用 $-x$ 代替 x，式(3-4)等号右边的合成载荷具有相同的值，但符号相反。

上述 $\boldsymbol{P}_{\mathrm{s}}$ 和 $\boldsymbol{P}_{\mathrm{a}}$ 的定义适用于分布载荷 $\boldsymbol{f}(x)$ 或船体梁弯矩 $\mathbf{BM}(x)$ 等，它们均为 x 的连续函数。特定的端部力 $\boldsymbol{F}_{Y1,2}$ 和端部力矩 $\boldsymbol{M}_{Z1,2}$ 需要专门的定义，因此完整的对称力集合定义如下：

$$(\boldsymbol{F}_{Ys})_{1,2} = \frac{1}{2}(\boldsymbol{F}_{Y1} + \boldsymbol{F}_{Y2}) \tag{3-5}$$

$$(\boldsymbol{M}_{Zs})_{1} = \frac{1}{2}(\boldsymbol{M}_{Z1} - \boldsymbol{M}_{Z2}) \tag{3-6}$$

$$(\boldsymbol{M}_{Zs})_{2} = -\frac{1}{2}(\boldsymbol{M}_{Z1} - \boldsymbol{M}_{Z2}) \tag{3-7}$$

$$\boldsymbol{f}_{s}(x) = \frac{1}{2}[\boldsymbol{f}(x) + \boldsymbol{f}(-x)] \tag{3-8}$$

两个 $\boldsymbol{M}_{Zs}$需要分开定义是因为将船体梁弯矩 **BM**(x)在模块两端的值取平均值，而船体梁弯矩 **BM**(x)与 $\boldsymbol{M}_{Zs}$这样的力矩有着不同的符号规定，即中垂时船体梁弯矩为正值，反时针转动时力矩为正值。对应于一个给定的弯矩的一组节点力将有相反的方向，这取决于它作用在参照舱壁上还是作用在对面舱壁上。

现在考虑的情况：结构为双重对称，而载荷 $\boldsymbol{P}$ 仅为横向对称。同纵向对称载荷矢量 $\boldsymbol{P}_s$ 一起考虑，我们得到双重对称性。因此，仅需要取船体模块的 1/4 作为计算模型。边界约束条件就是在图 3-12 中表明的对双重对称情况导出的那些条件。跨中平面上的约束 $U=0$ 将提供该处的反力 $\boldsymbol{F}_X$，而这些力的合成力矩就是反力矩，它将等于该点上的原来的弯矩 $\boldsymbol{M}_{Z0}$；这种关系可作为求解后的平衡检验的一部分。因为载荷是对称的，在跨中平面上剪力为零。所以在这个边界上，不需要以任何节点力来表示剪力。但是，对称分布的载荷 $\boldsymbol{f}_s(x)$在这个平面上将有一个值，由式(3-8)可见，这个值等于该处的实际分布载荷值，即 $\boldsymbol{f}_x(0)=\boldsymbol{f}(0)$，这已在图 3-14 中阐明。因而，需要施加在跨中平面上仅有的节点力是相应于 $\boldsymbol{f}(0)$的静力等效力。现在转而讨论反对称载荷 $\boldsymbol{P}_a$。写出载荷矢量的各个部分的表达式，以扩充前面所给出的定义：

$$(\boldsymbol{F}_{Ya})_{1} = \frac{1}{2}(\boldsymbol{F}_{Y1} - \boldsymbol{F}_{Y2}) \tag{3-9}$$

$$(\boldsymbol{F}_{Ya})_{2} = -\frac{1}{2}(\boldsymbol{F}_{Y1} - \boldsymbol{F}_{Y2}) \tag{3-10}$$

$$(\boldsymbol{M}_{Za})_{1,2} = \frac{1}{2}(\boldsymbol{M}_{Z1} + \boldsymbol{M}_{Z2}) \tag{3-11}$$

$$\boldsymbol{f}_{a}(x) = \frac{1}{2}[\boldsymbol{f}(x) - \boldsymbol{f}(-x)] \tag{3-12}$$

因为 $\boldsymbol{F}_{Ya}$不是 x 的连续函数，所以对$(\boldsymbol{F}_{Ya})_2$ 要用一个单独的表达式，以便得到所要求的反对称性。此外，由前面的讨论可知，按照 $\boldsymbol{M}_Z$ 的符号规定，在式(3-11)中要采用正号。

由式(3-12)可见，在反对称载荷情况下，跨中横向平面上的分布载荷为零。同样地，反对称变矩 $\mathbf{BM}_a(x)$的一般表达式为

$$\mathbf{BM}_a(x) = \frac{1}{2}[\mathbf{BM}(x) - \mathbf{BM}(-x)] \tag{3-13}$$

在 $x=0$ 处，式(3-13)方括号中的两项是相同的，因而其总值为零。所以，在反对称载荷情况下，跨中平面上不存在船体梁弯矩，即不需要用任何节点力来表示这种载荷。另一方面，由于在结构的左右两半中，全部竖向力都是相等而又相反的力，跨中平面上的剪力不等于零。可以证明，它的数值等于在该平面上的剪力的实际值 $\boldsymbol{F}_{Y0}$，即与在原来的载荷 $\boldsymbol{P}$ 上的剪力值相同。

2. 结构和载荷均为横向对称

若结构不存在纵向对称性，则必须对全长的船体模块进行模型化。实际上，这种情况下的结构模型化和边界约束正好与 3.4.1 节情况相同，因为虽然 3.4.1 节情况下载荷具有双重对称性，但不能利用其纵向对称性。

3.4.3　无对称性的载荷

现在考虑最一般的情况，在这种情况下，载荷既不是纵向对称的，也不是横向对称的。横向不对称载荷可由货物放置不对称或不规则波浪引起。但是，即使在各种最不利情况的组合下，除了非常规船型（例如大型起重船）以外，通常，载荷的不对称程度相对于载荷的量级来说是很小的。但值得注意的是，载荷的不对称性将在船体上产生扭矩，当船体的扭转刚度较小（例如集装箱船）时，则必须研究这类载荷的影响。但当载荷纵向对称时，则不产生扭矩。所以纵向对称而横向不对称的载荷在工程中不具有实际意义，同时，其可通过忽略纵向对称性，而作为无对称性载荷进行处理。

3.5　边界条件处理

3.5.1　位移约束的基本形式

由于结构在构造上的要求，有些部件刚度很大，它们会对其他部件形成刚性约束，使某些节点的位移受到限制；有些结构部件间的连接不是完全固接的，或节点位移不是相互独立的。如何处理这些约束就成为结构模型化的重要内容。

由于有限元位移法是以节点位移为未知数的，因此讨论的节点约束是针对位移的限制。一般结构中，一个节点最多有六个自由度（薄壁梁除外），即三个线位移和三个角位移：

$$\boldsymbol{\delta} = [u_{xi} \quad u_{yi} \quad u_{zi} \quad \theta_{xi} \quad \theta_{yi} \quad \theta_{zi}]^{\mathrm{T}}$$

下面我们分别讨论各种约束情况的处理方法。

(1) 刚性约束。

不允许发生位移的约束包括固定铰支座和固定刚性支座。其中，固定铰支座的线位移为零（见图 3-15(a)、(f)），而固定刚性支座的线位移和角位移均为零（见图 3-15(d)）。

应指出，对于平面内变形的结构，在垂直于该平面的方向上没有载荷作用，如图 3-15(a)～(d)中 xOz 平面，则该平面称为零载荷平面。在零载荷平面内，节点不会发生位移，所以 xOz 平面可作为刚性约束。又如，二维问题中，节点只有平动自由度，而没有转动自由度，如图3-15(e)中 xOz 平面，它为零刚度平面，该平面内的所有自由度均为约束。

(2) 弹性约束。

反力与位移成正比的约束称为弹性支座，反力矩与转角成正比的约束称为弹性固定端，如图 3-16 所示。这种约束用弹簧单元来处理，需要确定弹簧单元的方向并输入弹簧约束的刚度。弹簧单元可与其他单元一组进行组集和求解。

(3) 指定位移约束。

如果节点在某一方向的位移被给定，则可在该方向加一个刚度很大的弹簧单元来处理。

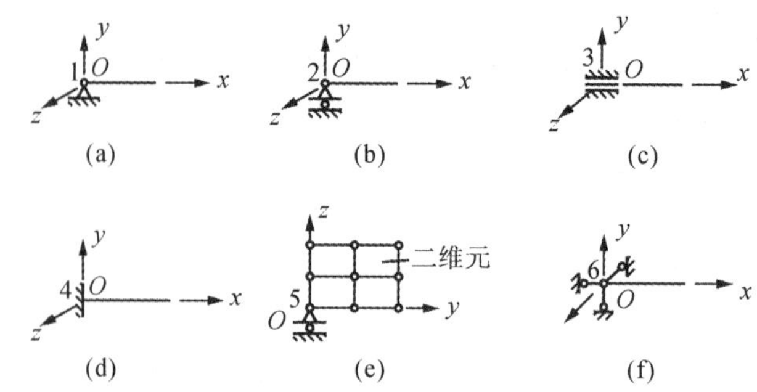

图 3-15　几种约束情况

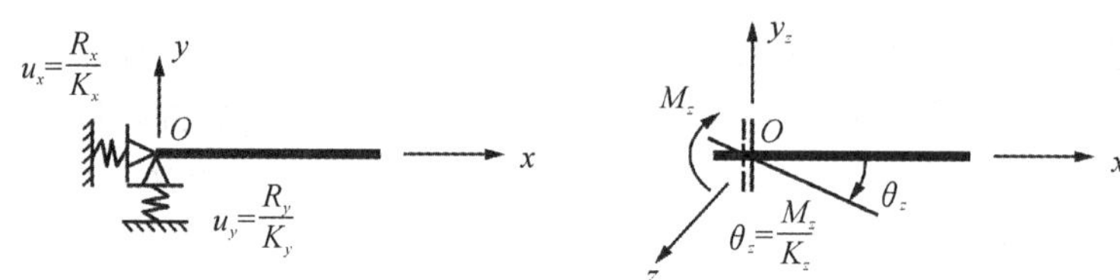

图 3-16　弹性约束

输入给定的位移值以作为弹簧单元的单元载荷。

(4) 斜约束。

约束方向与总体坐标系的轴方向不一致的约束，称为斜约束，如图 3-17 所示。可以应用弹簧单元来处理，需要输入一个很大的刚度。实际上，只要刚度比其他周围单元对本节点贡献的刚度大几个数量级就能保证弹簧单元的位移等于零了，同时这还可以避免总刚度方程出现病态。

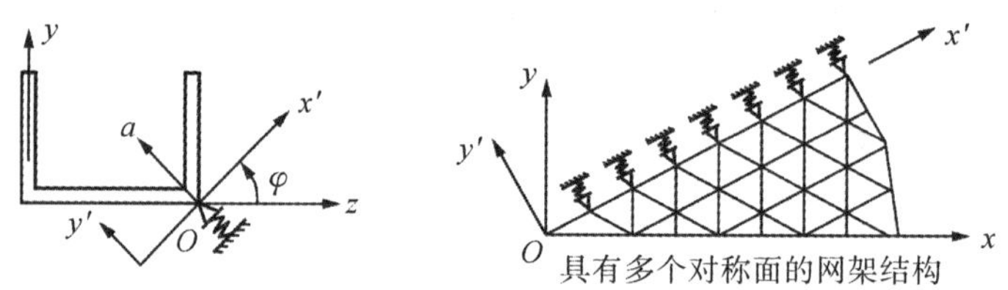

图 3-17　斜约束

3.5.2　有限元模型奇异性的处理

1. 总体奇异性

有限元分析最终归结为求解平衡方程组 $\boldsymbol{K}\delta=\boldsymbol{Q}$，如果结构因未受到足够的约束而产生刚体位移，或结构为几何可变体系(形成机构)，则总刚度矩阵 $\boldsymbol{K}$ 成为奇异矩阵，导致平衡方程组无法确定唯一解。这种由整体模型造成的奇异性称为总体奇异性。如图 3-18 所示的结构，由于存在总体奇异性，通常无法进行有限元计算。

图 3-18(a)中肋骨框架的约束不足，可产生刚体转动。

图 3-18(b)中刚架虽然在外力作用下处于平衡状态，看似无刚体位移，但实际上因为结构没有约束，总刚度矩阵是奇异矩阵。

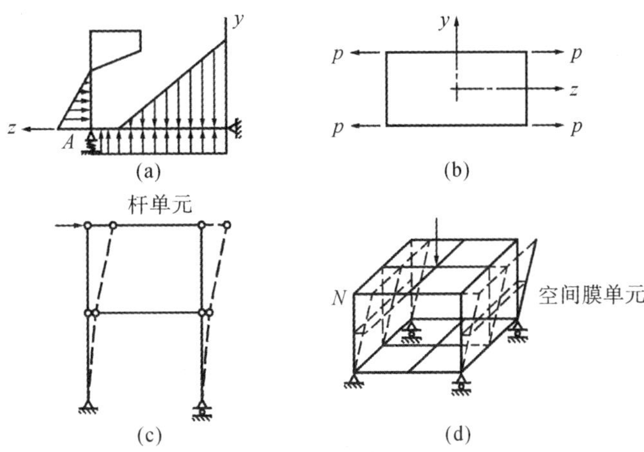

图 3-18　总体奇异结构

图 3-18(c)所示结构为一机构，不能承受水平力作用。任何微小的水平力都将使结构失去原来的形状，此时节点位移与节点力不存在一一对应的关系，平衡方程出现不定解。

图 3-18(d)所示结构是由空间膜单元组成的箱形结构(节点连接如同球铰链)。即使结构没有受到任何水平力，但是由于数字计算中的舍入误差，N 点的水平力分量不为零，从而引起微小搅动，导致结构丧失安定性，使计算失败。

为消除刚体位移，应遵循下列原则。

(1) 使结构在静力上是平衡的。对于平面问题，至少要有三个独立约束；对于空间问题，至少要有六个独立约束，以使结构不发生移动和转动。所加约束不应该影响结构变形状态。

(2) 对于静力平衡的自由体，所有支反力都应该为零，所以约束可加在任意一点上。

(3) 对于具有对称性的结构，可利用对称性特点施加约束。

例如，为限制图 3-18(a)中肋骨框架的刚体转动，可将节点 A 处的滚动支座改为不滚动支座。

为消除结构不安定性，可应用下述方法。

(1) 适当地增加对节点位移的约束或增加虚拟构件。

在不影响结构变形状态的前提下增加对节点位移的约束或增加虚拟构件，如图 3-19 所示，可以消除箱形结构的不安定性。

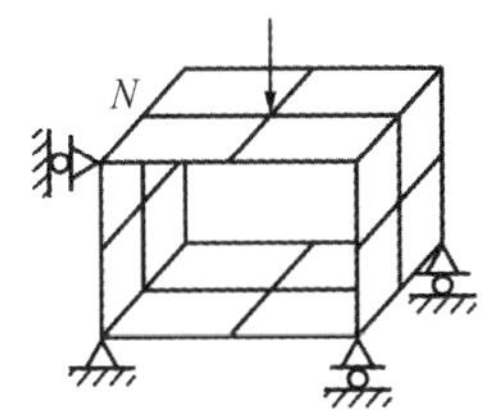

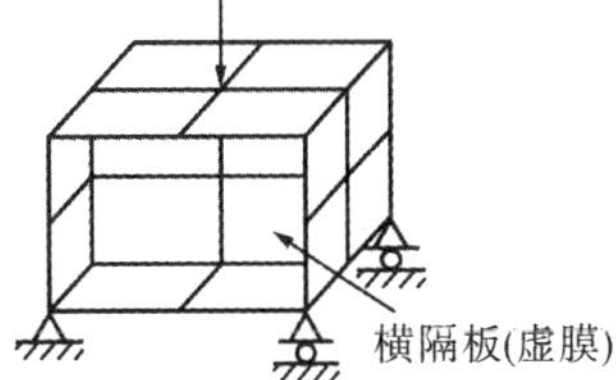

图 3-19　增加位移约束和虚拟构件的箱形结构

应该指出，对于图 3-18(c)所示结构，如果原设计采用铰接节点，则属于几何可动结构，无法进行计算，这种结构设计是不合理的；如果采用刚性节点，由于梁尺寸很小，杆件主要承受拉压作用，模型化时将其作为杆单元进行处理会造成几何不安定，这则是模型化带来的问题。该结构应按刚架而不能当作桁架进行计算。

又如,采用空间膜单元计算工字梁时,翼板也会不安定,变形结构如图 3-20(a)所示。可以采用加虚拟杆单元或虚拟膜单元的办法来处理,如图 3-20(b)所示。虚拟构件的刚度要很小(比结构小 3～4 个数量级),以避免因虚拟构件的加入而使结构整体刚度增大。通常,实现上述目标的方法是令虚拟单元的弹性模量很小或厚度很小。

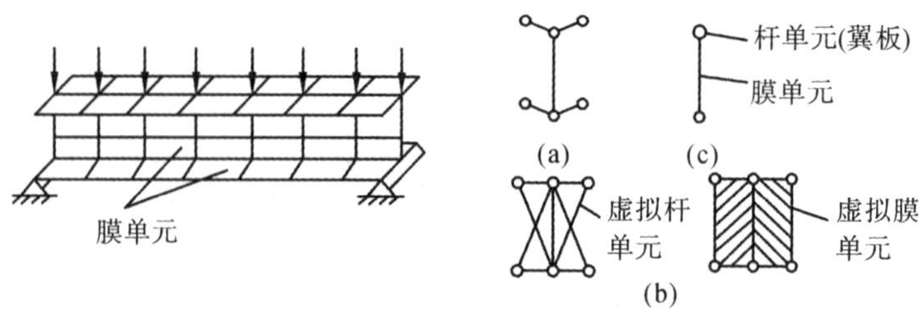

图 3-20　工字梁

(2) 合理地选用单元。

对于图 3-20 所示工字梁,将上、下翼板用杆单元代替,如图 3-20(c)所示,不改变它的变形状态。这不但可以解决不安定问题,而且简化了计算,比增加虚拟单元的方案更佳。

没有横隔壁的船体舱段,若采用膜单元(船体板)和杆单元(骨架)计算则是一个不安定结构,如图 3-21(a)所示;若采用骨架梁单元,则是一个安定结构,如图 3-21(b)所示,因为梁端是刚接的,可以承受弯矩。如果将骨架简化为杆单元,必须加虚拟单元来消除不安定性。

薄壳结构,若采用空间膜单元计算则是不安定结构,如图 3-22(a)所示;若采用板壳单元计算则是安定结构,如图 3-22(b)所示。

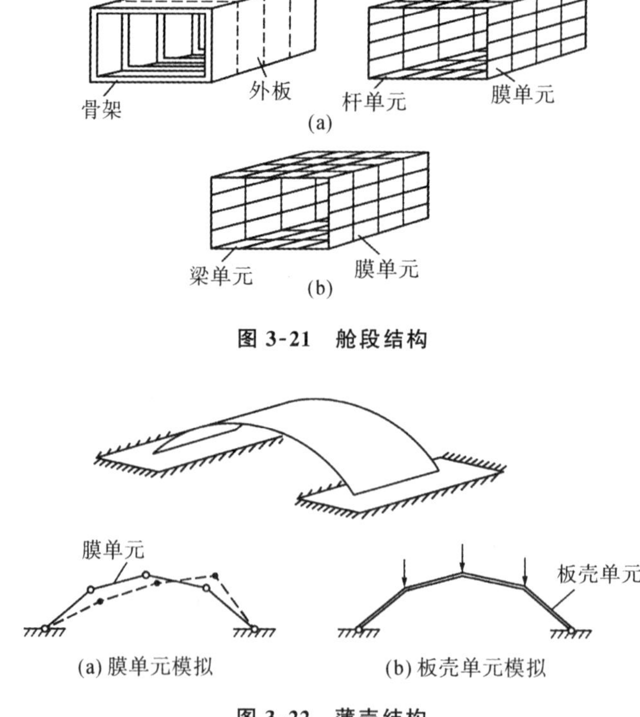

图 3-21　舱段结构

图 3-22　薄壳结构

2. 局部奇异性

当多个单元交汇于同一平面内的某个节点时，该节点称为共面节点。如果交汇于该节点的所有单元在法线方向都没有刚度贡献，则会导致总刚度矩阵出现奇异性，虽然整体结构并无刚体位移，但方程组无法求解。这就是结构局部奇异性，此共面节点称为奇点。

如图 3-23(a)所示，A 节点的法线方向与总体坐标系某一轴方向相同，由于交汇于 A 点的所有单元在这个方向都没有刚度贡献，因此总刚度矩阵中对应于该自由度的一行元素全为零，总刚度矩阵变成奇异矩阵。又如图 3-23(b)中 B 节点，初看起来似乎交汇于 B 点的单元在总体坐标系各轴方向均有刚度贡献，总刚度矩阵中不会出现全部为零的行，但是这些刚度是 B 点面内刚度按一定比例分配的结果，因此总刚度矩阵中将出现有两行元素线性相关的情况，总刚度矩阵仍是奇异的。这种相关性在方程组求解过程中因出现零除数而造成计算中断，因此必须预先消除奇点才能确保方程组的可解性。

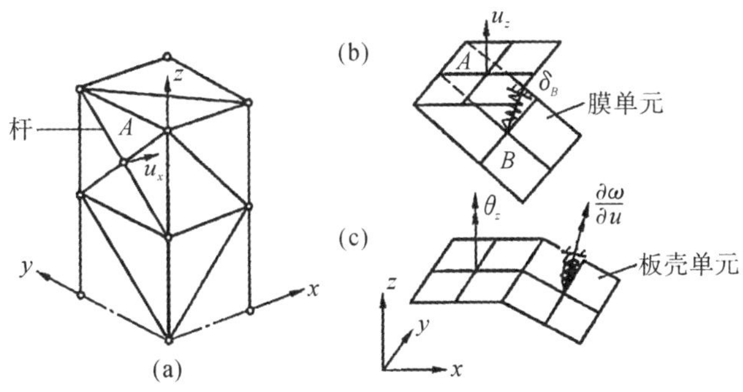

图 3-23　局部奇异结构

消除局部奇异性的方法是给奇点增加一维刚度。例如，对于杆单元或膜单元的奇点，需增加一个拉压弹簧单元，以贡献法向刚度；对于板壳单元的奇点，需加一个扭转弹簧单元，以在第六自由度方向贡献刚度。由于弹簧单元在法线方向上发挥作用，因此不会影响平面内位移和面内力的计算。弹簧单元的刚度可以任意选取。应该指出，加弹簧单元后，奇异方向的位移分量的计算值不是实际数值，但对面内力的计算是没有影响的，所以不影响应力分析结果，也不影响其他位移参数的正确计算。

对于图 3-23(a)中 A 点的情形，奇异方向正好是总体坐标系的一个轴的方向，亦可更简单地用一个刚性活动支座代替弹簧支座，这相当于在节点约束代码中约束这一方向的位移，所以用户不需要再进行消除奇点的处理了。

思　考　题

1. 什么是船舶结构的模型化？
2. 船舶结构模型化的基本原则有哪些？
3. 船舶结构模型离散化的基本原则有哪些？在实际仿真过程中应注意什么问题？
4. 如何处理船舶结构有限元分析的载荷与边界条件？

第 4 章　Abaqus 软件简介与操作入门

本章知识要点

① Abaqus 软件的基本组成模块

② Abaqus 软件的计算流程与基本操作

③ 简单超静定桁架的静力分析过程

4.1　Abaqus 软件在船舶设计领域的应用

4.1.1　Abaqus 在船舶结构总体特性分析中的应用

1. 船体总强度分析

船体总强度校核计算是船舶结构设计过程中需要考虑的首要问题，同时，船舶在航行过程中抵抗风浪载荷的能力，也是其结构设计过程中需要考虑的重要因素之一。由于船舶结构复杂、构件组成多，其总强度仿真计算过程中的建模工作量大、仿真计算难度大。Abaqus 软件具有强大的建模、计算和分析技术，可有效解决船舶结构强度的计算分析问题，受到了世界各著名船舶制造企业的青睐，如纽波特纽斯(Newport News)造船厂、通用动力电船(Electric Boat)公司、三星重工等。

挪威船级社(DNV)作为国际知名船舶评级机构之一，也是船舶行业著名的咨询服务提供商，其早期就引入有限元进行船舶设计与性能分析，以保证船舶结构的安全性和可靠性。其中，Abaqus 是其进行结构分析和模拟仿真的主要工具之一。如图 4-1 所示，DNV 采用 Abaqus 对某型护卫舰进行了总强度的仿真分析，在设计阶段识别缺陷、优化设计方案，使得设计周期缩短 3 个月。

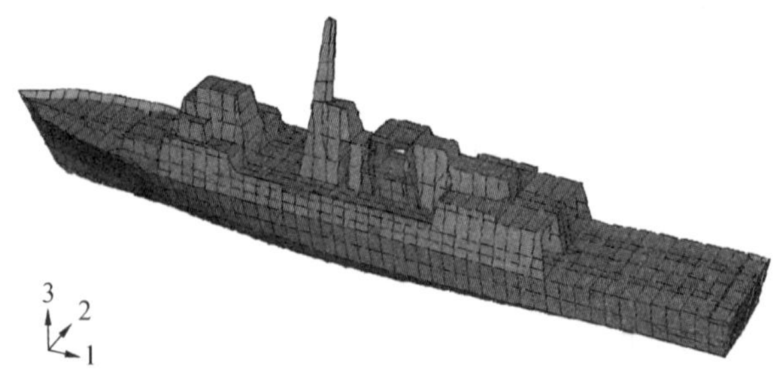

图 4-1　DNV 的某型护卫舰模型

2. 船舶固有振动特性分析

船舶固有振动特性(固有频率、振动模态)分析在船舶设计过程中也占据着重要的位置，船船设计频率应该避开船舶行驶环境中常遇到的风浪载荷频率。进行船舶频率分析时，存在两个难点：一是船舶结构复杂，有限元模型的计算单元数量大、种类多，计算资源需求大；二是水的作用会使船舶实际振动频率相对理想无水相互作用时的频率有所偏移，因此湿态工况下船舶的模态分析，即湿模态分析，十分重要。

针对上述两个难点，Abaqus 推出了 AMS(automated multilevel substructure)求解器，提供了大模型模态提取问题的解决方案。美国海军水下作战中心(NUWC)就曾采用 AMS 技术对某型舰艇的固有频率进行了计算，其模型有 2.1×10^6 个自由度，通过计算得出了该船前 2720 阶模态，在 IBM Power4 1.45 GHz 计算机上仅用时约 12 h。

在船舶湿模态问题计算方面，传统的方法是利用附连水质量的方式来考虑水的作用，即在船体模型上以附加质量点的形式模拟水的影响。该方法需人工逐个将附连水质量按照船舶分段进行添加，这进一步增大了建模工作量，且无法考虑船体湿表面与水的黏性作用。针对此问题，Abaqus 提供了“声-固耦合”方案，以简化这一问题的仿真建模过程，即采用声学单元模拟船舶周围水的重量、压力以及附连水的黏性作用。国内某研究机构曾使用 Abaqus 对某型船舶进行了湿模态分析，计算结果与实船测试结果具有较高的吻合度。

此外，相较于单一结构部件级的振动模态有限元仿真计算，大型船舶的板材、梁等构件众多，且部件之间存在接触、摩擦、过盈配合等问题，这些因素会对固有模态计算结果产生一定的影响，使得其模拟过程非常复杂且难度较大。Abaqus 具有优异的接触求解和非线性分析能力，可实现大型复杂结构固有模态的仿真分析，同时，其 Step-by-Step 功能允许工程设计人员先进行结构装配和接触分析，再进行结构固有振动模态计算，并可同时考虑几何非线性的影响。

3. 舰船水下爆炸分析

军用舰船设计过程中，需要充分考虑船舶结构和船载设备在水下爆炸载荷作用下的生存能力。目前，针对舰船在爆炸载荷作用下的船舶结构损伤问题的研究很多。实际海战中，相较于空中非接触爆炸，水下非接触爆炸的威力更大，其导致舰船破坏的概率和毁伤程度更高。此外，实船水下爆炸试验耗资巨大、耗时长，且作为瞬态载荷试验，对试验数据采集要求极高，很难全方位、全过程跟踪试验现象。采用数值计算方法可有效克服以上工程难点。应美国海军的要求，Abaqus 增加了基于连续介质力学的水下爆炸分析模块(UNDEX，Underwater Explosion)，如图 4-2 所示。

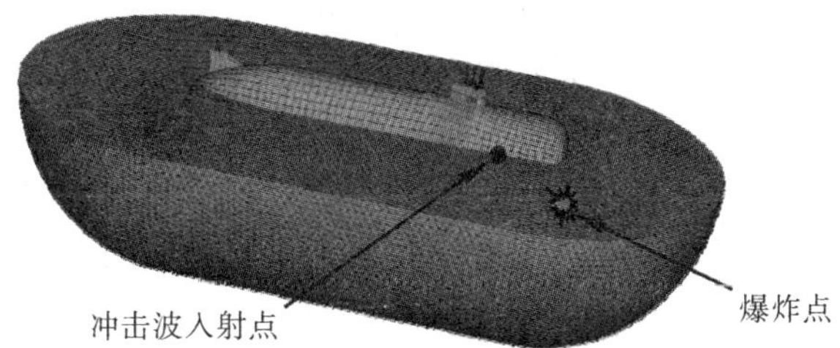

图 4-2　UNDEX 分析示意图

4. 船舶结构搁浅局部结构损伤分析

船舶在航行过程中有可能发生搁浅事故，通过开展船舶结构在搁浅条件下的船体强度仿真分析，可得出搁浅条件下船舶结构的损伤部位和程度。Abaqus 显式动力学分析模块可实现对搁浅现象的模拟，采用板单元模拟船体外壳，采用梁单元模拟骨架、梁和桁条等，采用刚体模型模拟锥形或者钝头水底岩石，通过 Abaqus 接触对功能模块可有效模拟岩石与船体外表面的接触关系。挪威船级社曾使用 Abaqus 软件对某型船舶进行了搁浅问题分析，如图 4-3 所示，通过对比分析，船舶结构变形模拟计算结果和实际搁浅破坏情况吻合较好。

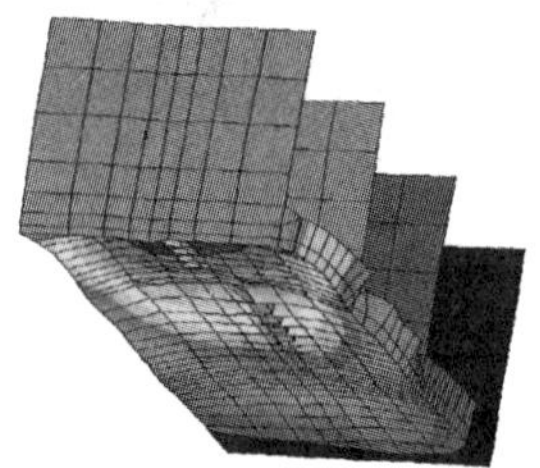

图 4-3 船舶搁浅分析

4.1.2 Abaqus 在船舶装置系统性能分析中的应用

船载设备的设计和安装通常需要考虑船舶结构的承载特性，对于军用舰船而言，还要考虑设备在战斗状态下的可靠性和生存能力。Abaqus 软件提供了设备在承受力学或环境载荷等极限载荷条件下的功能性与完整性分析功能，可为设备及其安装基座的设计提供指导性意见，以缩短设计周期、降低设计成本。

1. 动力系统与传动系统

Abaqus 为动力系统提供了较为完善的解决方案。例如：针对曲柄连杆机构可进行连杆强度、曲轴孔扭曲、连杆系统机构等分析；针对进排气系统可进行排气歧管裂纹、复合材料进气歧管强度、消声器的声固耦合等分析；针对机体系统可进行机体模态、发动机缸盖热变形、缸体缸盖热变形、缸体及轴承盖装配体应力、缸盖的噪声、发动机的密封等分析。Abaqus 软件的相关功能模块，能够较好地覆盖当前动力系统常见的工程设计问题。

在传动系统仿真分析方面，需要同时分析机构运动和机构部件变形。传统的分析方法通常需要将机构运动分析和结构有限元分析分开独立进行，先进行机构运动分析，得到传动机构组成部件的边界作用力和力矩，再将这些载荷加载到部件上进行结构力学分析。Abaqus 软件具有强大的接触分析能力和柔性机构运动分析能力，可在同一模型中进行机构运动和部件强度分析，可以得到传动机构部件变形和应力随运动位置的变化关系，便于找到极限工况。目前，Abaqus 在轴承、齿轮等传力部件的接触问题分析中得到了较为广泛的应用。

2. 雷达

雷达作为船舶重要的探测和通信设备，在实际服役过程中，常需要承受风载荷、冰雹和鸟撞击载荷、船舶横摇或纵摇的惯性载荷，这些载荷复杂多样。因而，进行雷达动力学有限元模拟仿真分析是雷达及其安装基座设计的重要保障。Abaqus 的通用求解器和显式积分求解器，可对雷达的整体装配、静/动力学载荷作用下的响应、固有模态等问题进行分析。此外，基于 Step-by-Step 功能，将两个求解器联合使用，可求解更为复杂的问题，如具有装配预应力的雷达在遭受鸟撞击时的力学问题。

3. 电子设备的热分析

Abaqus 软件具有强大的热分析能力，可对船上电子设备的热相关问题进行仿真分析，包括稳态热传导分析、瞬态热传导分析、对流散热分析、热辐射分析、热应力分析、绝热分析、热接触分析、摩擦生热分析、热疲劳分析、完全热-固耦合分析、顺序热-固耦合分析、热-电耦合分析等。

4. 鱼雷相关问题分析

鱼雷作为海战中的重要武器,其性能设计与分析也是当前的研究热点,采用计算机进行辅助设计已成为鱼雷设计领域的一个重要发展趋势。例如,泰斯比亚研究发展有限责任公司对线导鱼雷的导线沿潜艇外壳的运动进行了分析,研究了鱼雷发射后在由潜艇运动引起的流场中的运动。在这一分析过程中,该公司使用了 Abaqus 多项非线性分析功能,如杂交梁单元、大变形分析、非线性动态响应直接积分、撞击硬表面等。而 NUWC 则利用 Abaqus/Standard 对某型鱼雷进行了运动噪声仿真分析,得到了该型鱼雷的声场信息。

4.2　Abaqus 软件功能模块简介

Abaqus 有限元软件主要包括四个分析模块: Abaqus/Standard、Abaqus/Explicit、Abaqus/CFD(6.11 以后版本)与 Abaqus/Electromagnetic(6.14 以后版本)。Abaqus/Standard 提供了 Abaqus/Aqua、Abaqus/Design 与 Abaqus/Foundation 三个模块。此外,Abaqus 还提供了 MOLDFLOW 和 ADAMS 接口。

Abaqus/CAE(Complete Abaqus Environment)是 Abaqus 的集成工作环境,具备模型建立、交互式任务提交、运算过程监控及结果评估等功能。

4.2.1　Abaqus/Standard

Abaqus/Standard 为隐式分析求解器,是进行各种工程模拟的有效工具,能精确可靠地求解从简单的线弹性问题到复杂的多步骤非线性问题。Abaqus/Standard 拥有丰富的单元类型和材料模型,并能非常方便地配合使用。Abaqus/Standard 具有动态载荷平衡的并行稀疏矩阵求解器、基于域分解的并行迭代求解器以及并行的 Lanczos 求解器,能进行一般的过程分析和线性摄动过程分析。Abaqus 能实现多个处理器的并行运算,从而大大缩短分析时间。此外,Abaqus 具有良好的可扩展性,可以通过用户子程序增强问题的处理能力。

4.2.2　Abaqus/Explicit

Abaqus/Explicit 为显式分析求解器,是进行瞬态动力学分析的有效工具,特别适合求解冲击和其他高度不连续问题;其处理接触问题的能力也很强大,能够自动找出模型中各部件之间的接触对,高效模拟它们之间复杂的接触关系,并能求解可磨损体之间的接触问题。Abaqus/Explicit 也拥有丰富的单元类型和材料模型,但其单元库是 Abaqus/Standard 的单元库的子集。Abaqus/Explicit 可实现基于域分解的并行计算,但仅能进行一般过程分析。此外,Abaqus/Explicit 不仅支持应力/位移分析,也支持瞬态温度-位移耦合、声-固耦合等问题的分析。

综上所述,Abaqus/Explicit 和 Abaqus/Standard 具有各自的特点和适用范围,两者的相互配合使 Abaqus 的分析功能更加强大和灵活。例如,对于一些工程问题,需要将两个求解器配合使用,Abaqus 能够以一种求解器开始分析,并在分析结束后将其结果作为另一种求解器进行继续分析的初始条件。

4.2.3 Abaqus/CFD

Abaqus/CFD 是 Abaqus 6.11 以后版本新增加的流体仿真模块，从而使 Abaqus 能够模拟层流、湍流等流体流动问题以及自然对流、热传导等流体传热问题。基于此模块，可在 Abaqus/CAE 中完成流体材料特性、流体边界、载荷以及流体网络等流体相关的前处理定义，还可以输出等值面、流速矢量图等多种流体相关的后处理结果。

Abaqus/CFD 使得 Abaqus 在处理流-固耦合问题时表现得更为出色。配合使用 Abaqus/Standard 和 Abaqus/Explicit，使得 Abaqus 的功能更加灵活和强大。

4.2.4 Abaqus/CAE

Abaqus/CAE 是一个能够进行前后处理和任务管理的人机交互环境，为 Abaqus 求解器提供了全面的支持。Abaqus/CAE 将各种功能集成在不同的功能模块中，能够通过操作简便的界面进行建模、分析、任务管理和结果评价。Abaqus/CAE 是唯一采用基于特征的参数化建模方法的有限元前处理程序，能够导入和编辑基于各种商业的 CAD 软件建立的几何体，具备强大的建模功能，能够有效地创建用户所需的模型。在 Abaqus/CAE 中，用户能方便地根据分析目的设置与 Abaqus/Standard 或 Abaqus/Explicit 对应的单元类型和材料模型，并进行网格划分。Abaqus 也能很方便地定义部件之间的接触、耦合、绑定等相互作用。在完成有限元模型建立、载荷和边界条件施加后，Abaqus/CAE 能够快速有效地创建、提交和监控分析作业。

Abaqus/Viewer 是 Abaqus/CAE 的可视化模块，模型的结果后处理都在该模块中进行。关于 Abaqus 其他模块的介绍，可参考相关书籍和资料，本书不再赘述。

4.3 Abaqus 基本操作入门

4.3.1 Abaqus 的启动

在 Windows 操作系统中，单击“开始”→“程序”→“Abaqus”→“Abaqus/CAE”，即可打开 Abaqus/CAE 的启动界面，如图 4-4 所示。在启动界面上共有 4 个选项。

(1) **Create Model Database**(创建模型数据库)：创建 Abaqus/CAE 环境下的模型数据库，开始新的分析。

(2) **Open Database**(打开数据库)：打开已经存在的模型数据库文件(*.cae)或输出数据库文件(*.odb)。

(3) **Run Script**(打开手稿)：运行用 Python 脚本语言编写的包含 Abaqus/CAE 命令的文件(*.py 或 *.pyc)。

(4) **Start Tutorial**(开始指南)：启动在线帮助指南。

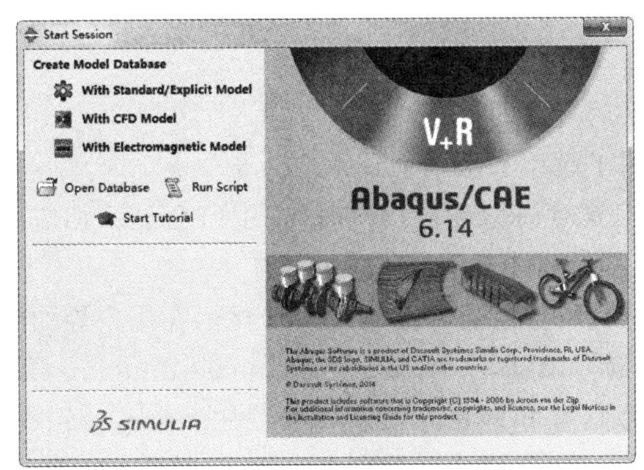

图 4-4　启动界面

4.3.2　Abaqus 的主窗口

启动 Abaqus/CAE 后，进入 Abaqus/CAE 的用户界面，即 Abaqus 的主窗口。该界面包括 10 个部分，如图 4-5 所示，分别介绍如下。

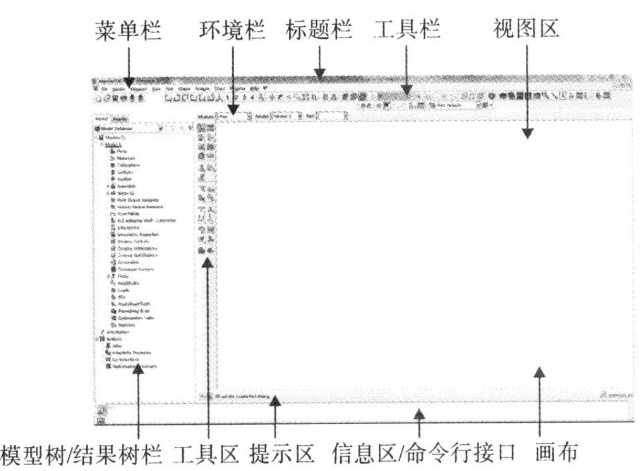

图 4-5　主窗口的各个组成部分

(1) **标题栏**：标题栏显示当前 Abaqus/CAE 的版本及模型数据库的路径和名称。

(2) **菜单栏**：菜单栏与当前功能模块相对应，包含该功能模块中所有可用的功能。

(3) **工具栏**：工具栏主要列出了菜单栏内的一些常用工具，以方便用户调用，在各功能模块切换过程中变化不大。

(4) **环境栏**：环境栏中包含 2 个或 3 个列表。模块(Module)列表用于切换各功能模块；其他列表与当前的功能模块相对应，分别用于切换模型(Model)、部件(Part)、分析步(Step)、结果文件(ODB)和草图(Sketch)。

(5) **模型树/结果树栏**：模型树中包含该数据库的所有模型和分析作业，分类列出了所有功能模块(Visualization 模块除外)及其重要工具，可以实现菜单栏中的大多数功能。结果树中列出已调用的所有结果文件及可视化(Visualization)模块中的许多工具，可以实现结果显示的大多数功能。

(6) **工具区**:工具区列出与各功能模块相对应的工具,这些工具与菜单栏中的大多数功能对应,方便用户选择使用。

(7) **画布**:画布用于摆放视图。

(8) **视图区**:视图区用于模型和结果的显示。

(9) **提示区**:当选择工具对模型进行操作时,提示区会显示相应的提示,用户可以根据提示在视图区进行操作或在提示区中输入相关数据。

(10) **信息区/命令行接口**:信息区和命令行接口显示在用户界面的下部区域,通过其左侧的信息区(Message Area)选项和命令行接口(Command Line Interface)选项进行切换。信息区为默认设置,显示状态信息和警告。用户可以使用 Abaqus/CAE 内置的 Python 编译器在命令行接口中输入 Python 命令和计算表达式。

4.3.3 Abaqus 的功能模块(Module)

如图 4-6 所示,Abaqus 的功能模块主要有 11 个。主要模块功能如图 4-7 所示。

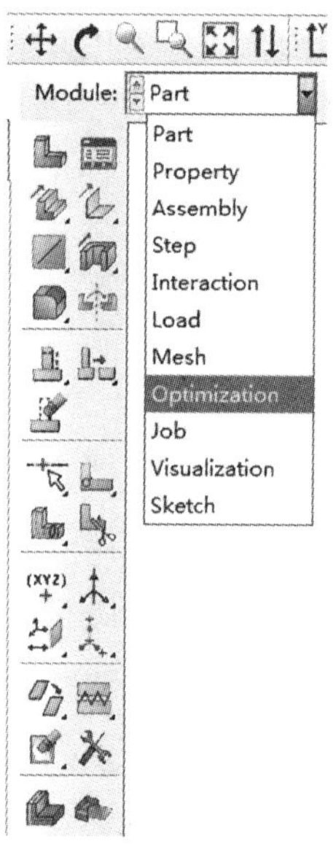

图 4-6　Abaqus 的功能模块

Part	Property	Assembly
· 创建部件的几何模型	· 定义材料 · 定义截面属性 · 分配截面属性	· 根据初始构型定位部件
Step	**Interaction**	**Load**
· 定义分析步和输出需求	· 定义接触或其他形式的相互作用,并指定相应的分析步	· 定义载荷、边界条件或场,并指定相应的分析步
Mesh	**Job**	**Visualization**
· 定义网格参数 · 划分有限元网格	· 提交、管理、监控分析任务	· 可视化显示计算结果 · 分析与输出计算结果

图 4-7　Abaqus 的主要模块功能

4.4 入门实例——超静定桁架的静力分析

本节主要通过超静定桁架的静力分析，介绍使用 Abaqus 进行分析的过程。

4.4.1 问题的描述

本实例采用国际单位制：长度(毫米，mm)、力(毫牛，mN)、应力(千帕，kPa)。模型的几何尺寸如图 4-8 所示。桁架的横截面积为 2500 mm^2；桁架的材料为低碳钢，杨氏模量为 200 GPa，泊松比为 0.3；集中载荷的大小为 1×10^6 N。

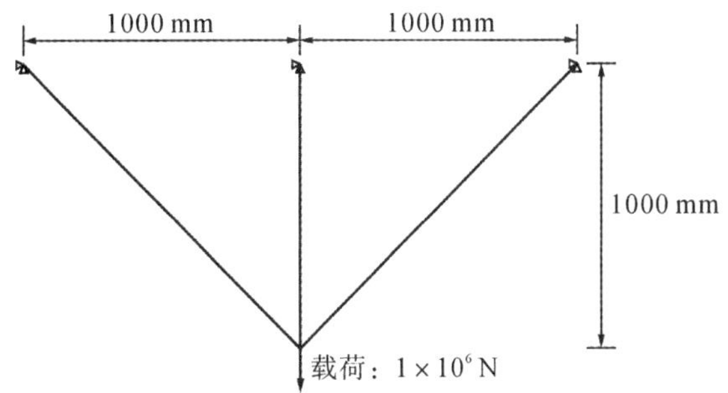

图 4-8 超静定桁架的力学模型

4.4.2 创建模型数据库

按照 4.3 节的介绍打开 Abaqus/CAE 的启动界面，单击选择"Create Model Database"，即创建一个 Abaqus/CAE 的模型数据库。

视图区默认为黑色背景，用户可以根据需要修改背景颜色，本书采用白色背景。方法为：在主菜单中单击"View"→"Graphics Options"，单击对话框中"Solid"后的色标，在弹出的"Select Color"对话框中选择白色，单击"OK"选项，返回"Graphics Options"对话框，单击"OK"选项，视图区的背景颜色即修改为白色。

4.4.3 创建部件

进入 Abaqus/CAE 后，环境栏的 Module(模块)列表中出现"Part"，即当前激活的是 Part(部件)功能模块。Part 模块用于创建分析模型的所有部件。本实例中，用户需要在 Part 模块中建立桁架的几何模型。

1. 创建部件

单击工具区中的 Create Part(创建部件)工具，弹出"Create Part"对话框。在"Name"栏内输入该部件的名称 truss；在"Modeling Space"栏内选择"2D Planar"(二维平面模型)；在"Type"栏内选择"Deformable"(可变形体)；在"Base Feature"栏内选择"Wire"(线)；在"Approximate size"(部件的大致尺寸)栏内输入"5000"，如图 4-9 所示。单击"Continue…"选项，进入草图绘制界面。

2. 绘制草图

单击工具区中的 Create Lines(创建线)工具，在提示区输入“0,0”,按回车键;在提示区继续输入“0,－1000”,按回车键;再在提示区输入“－1000,0”,单击鼠标中键,完成桁架左侧、中间杆件的草图绘制。在视图区单击桁架的下端点,再在提示区输入“1000,0”,单击鼠标中键两次,完成桁架右侧杆件的草图绘制。图 4-10 所示为整个桁架的草图。单击视图区中的“Done”选项,退出草图绘制界面,视图区显示该桁架部件。

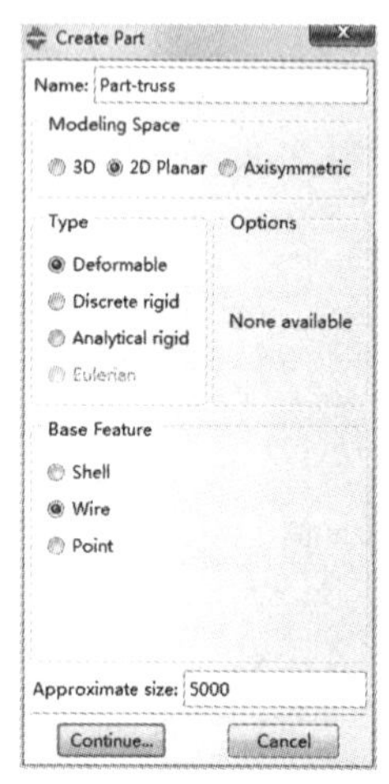

图 4-9 创建部件

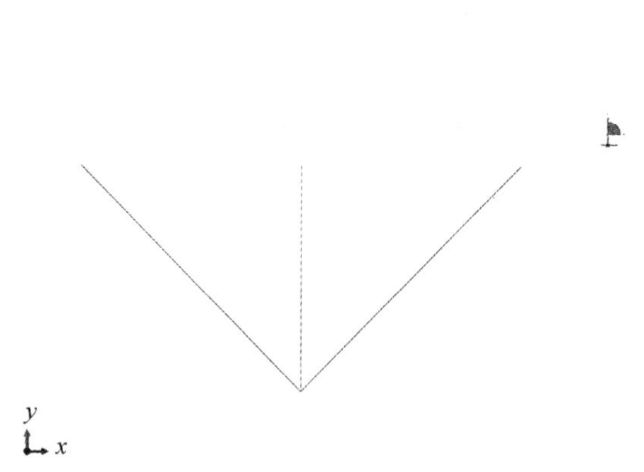

图 4-10 桁架模型的草图

3. 保存模型数据库

此时已完成桁架部件的创建,用户可以将该模型保存到模型数据库中。单击工具栏的 Save Model Database(保存模型数据库)选项，弹出“Save Model Database As”对话框,用户可以选择路径和文件名(本实例中为 truss)进行模型数据库文件的保存。

4.4.4 设置材料和截面特性

在环境栏的 Module(模块)列表中选择 Property(特性)功能模块。本实例中,用户需要在该模块中设置材料和截面特性。

1. 定义材料属性

单击工具区中的 Create Material(创建材料)工具,弹出“Edit Material”(编辑材料)对话框。在“Name”栏内输入材料名称 steel;在“Material Behaviors”(材料性质)栏内选择“Mechanical”→“Elasticity”→“Elastic”(线弹性材料);在“Material Behaviors”栏下方的“Data”数据表内分别输入“Young′s Modulus”(杨氏模量)和 Poisson′s Ratio(泊松比):“200e6”和“0.3”;其他参数都选用默认选项,如图 4-11 所示。单击“OK”选项,完成材料属性的定义操作。

2. 创建截面特性

单击工具区中的 Create Section(创建截面)工具,弹出“Create Section”对话框,如图 4-12 所示。在“Name”栏内输入截面名称 truss;在“Category”(种类)栏内选择“Beam”(梁);在“Type”(类型)栏内选择“Truss”(桁架)。单击“Continue…”选项,弹出“Edit Section”(编辑截面)对话框,如图 4-13 所示。“Material”(材料)栏显示了之前定义的材料 steel,不需要再进行

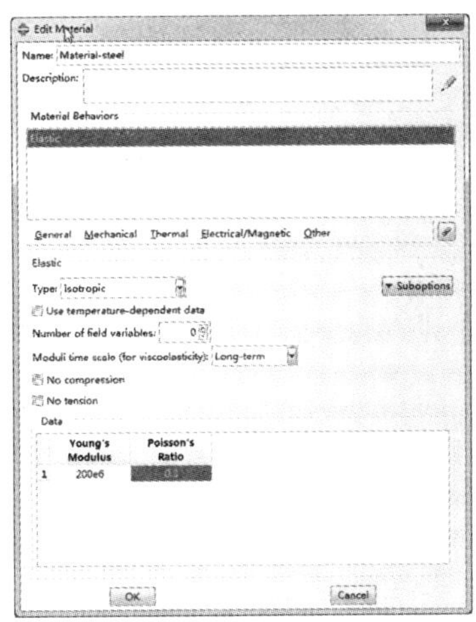

图 4-11　编辑桁架的材料属性

选择；在“Cross-sectional area”（横截面积）栏内输入“2500”。单击“OK” 选项，完成截面的创建操作。

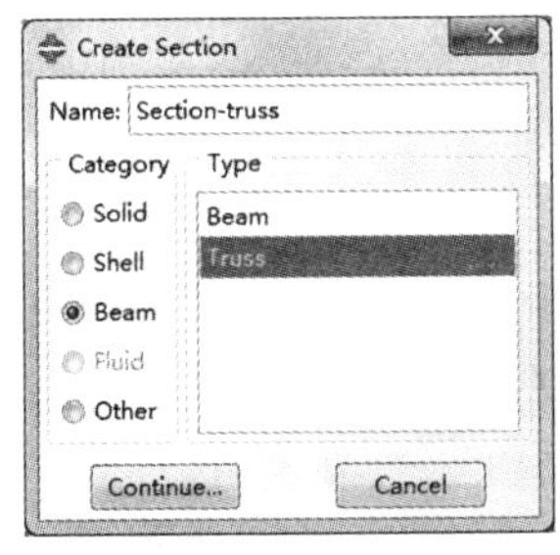

图 4-12　创建截面

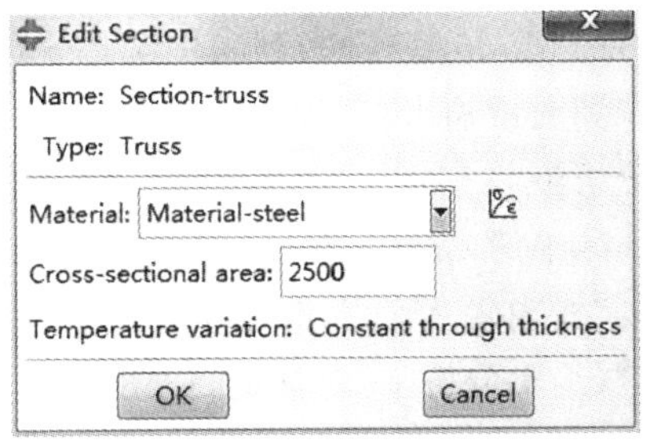

图 4-13　编辑桁架的截面

3. 分配截面特性

单击工具区中的 Assign Section（分配截面）工具，在视图区选择创建的三根杆件。方法 1：拖曳鼠标左键，框住整个模型，松开鼠标。方法 2：按住键盘的 Shift 键，依次选择这三根杆件。单击提示区的“Done” 选项，弹出“Edit Section Assignment”（编辑截面分配）对话框，“Section”（截面）栏显示了之前创建的截面 truss，不需要再进行选择，单击“OK”选项，完成截面特性的分配操作。

4.4.5　定义装配

在环境栏的 Module（模块）列表中选择 Assembly（装配）功能模块。该模块用于各部件的装配和装配件的定义。每个模型只能包含一个装配件。

单击工具区中的 Instance Part（创建部件实体）工具，弹出“Create Instance”对话框，如图 4-14 所示。程序自动选择之前创建的 truss 部件，其他参数都选用默认选项，单击“OK”选项，完成部件实体的创建。此时，视图区出现一个直角笛卡儿坐标系，该桁架的模型处于整体坐标系的 *XOY* 平面内。由于该模型只包含一个部件，因此不需要进行其他操作。

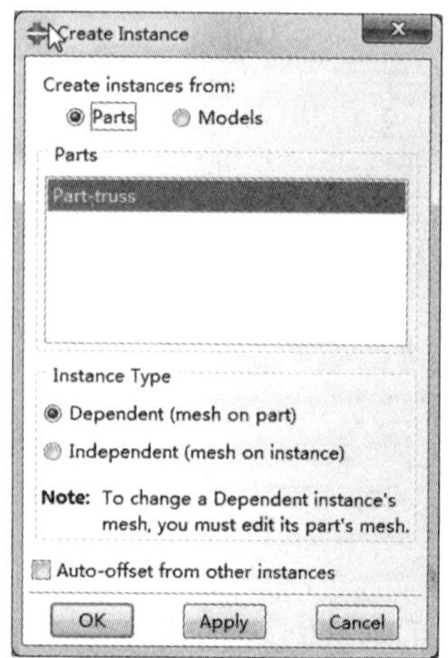

图 4-14　创建实体

4.4.6　设置分析步和变量输出

在环境栏的 Module(模块)列表中选择 Step(分析步)功能模块。本实例中,用户在该模块中设置分析步和变量输出。

1. 设置分析步

单击工具区中的 Create Step(创建分析步)工具,弹出"Create Step"对话框,如图 4-15 所示。在"Name"栏内输入分析步名称 loading,其他选用默认选项,单击"Continue…"选项,弹出"Edit Step"(编辑分析步)对话框,如图 4-16 所示。在"Basic"(基础)选项卡的"Description"(描述)栏内输入"concentrated load of 1E6 N",其他参数采用默认选项,单击"OK"选项,完成分析步的设置操作。

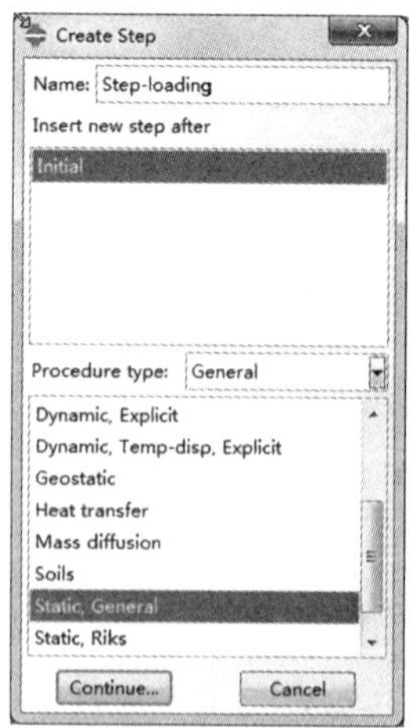

图 4-15　创建分析步

2. 编辑变量输出要求

创建分析步后,Abaqus/CAE 会自动创建默认的场变量输出要求和历史变量输出要求。单击工具区中的 Field Output Requests Manager(场变量输出要求管理器)工具,在弹出的场

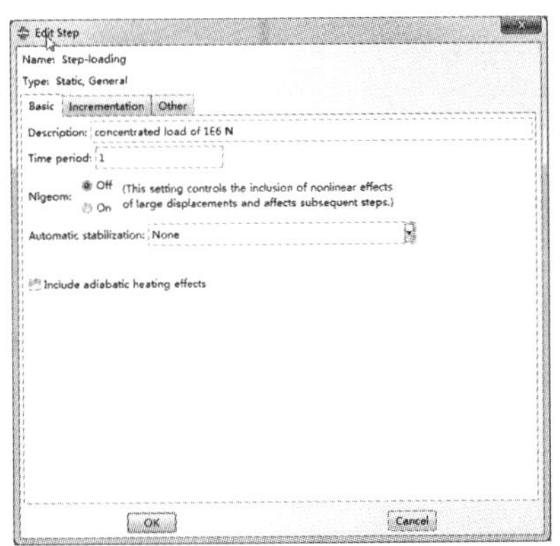

图 4-16　通用静力学分析步的编辑窗口

变量输出要求管理器中可以看到 loading 分析步的默认场变量输出要求，如图 4-17 所示，单击面板上的“Edit…”选项可以对默认的场变量输出要求进行修改。同样地，单击工具区中的 History Output Requests Manager(历史变量输出要求管理器)工具，弹出历史变量输出要求管理器，仍然可以看到 loading 分析步的默认历史变量输出要求，如图 4-18 所示，用户也可以对默认的历史变量输出要求进行修改。本实例中，采用默认的场变量输出要求和历史变量输出要求，单击“Dismiss”选项关闭管理器。

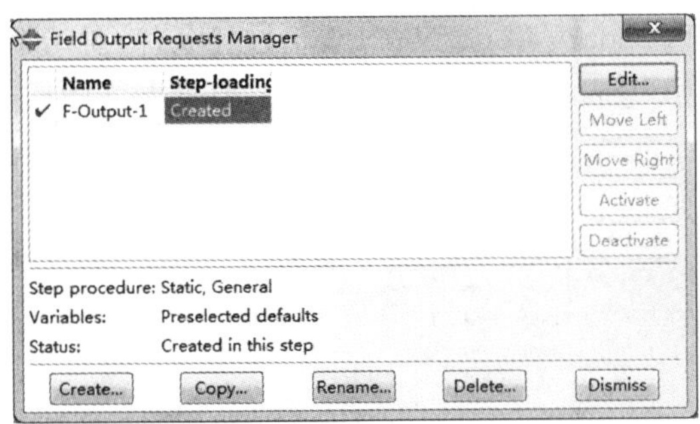

图 4-17　场变量输出要求管理器

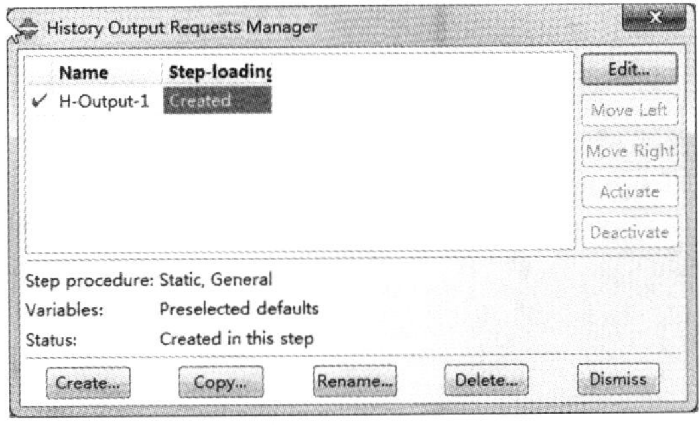

图 4-18　历史变量输出要求管理器

4.4.7　施加载荷与边界条件

在环境栏的 Module(模块)列表中选择 Load(载荷)功能模块。本实例中，用户在该模块中对模型施加载荷与边界条件。

1. 施加载荷

单击工具区的 Create Load(创建载荷)工具，弹出“Create Load”对话框，如图 4-19 所示。在“Name”栏内输入载荷名称 load；在“Step”下拉列表内选择 loading 分析步，其他采用默认选项：“Mechanical”(力学)、“Concentrated force”(集中力)。单击“Continue…”选项，根据提示在视图区选择桁架的下端点为载荷施加位置，单击提示区中的“Done”选项，弹出“Edit Load”(编辑载荷)对话框，如图 4-20 所示，在“CF2”栏内输入“-1e9”(沿 Y 轴负方向施加 1×10^9 N 的集中力)，单击“OK”选项，完成载荷的施加。视图区中在桁架的下端点出现一个表示该集中力的箭头。

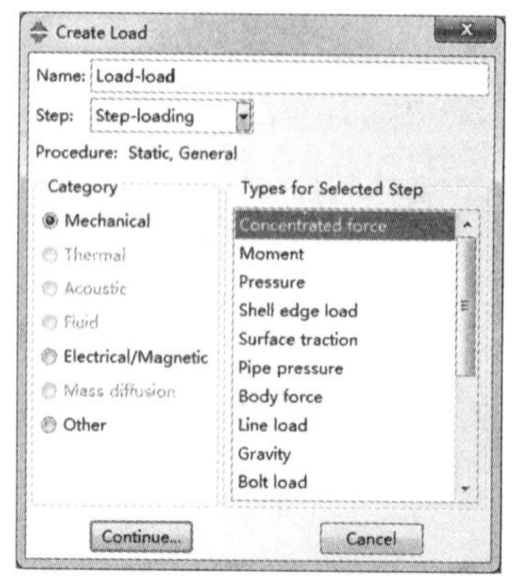

图 4-19 创建载荷

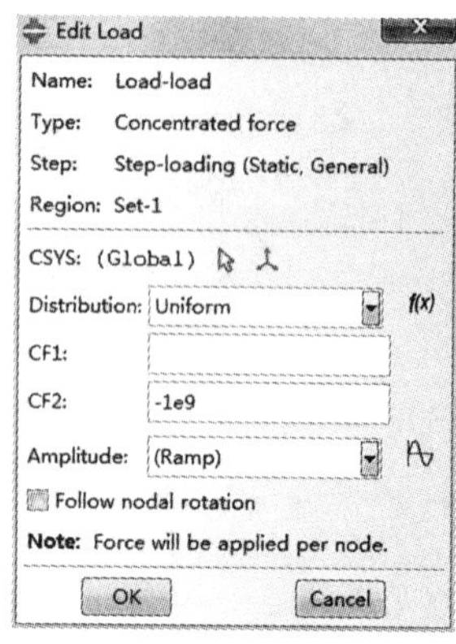

图 4-20 编辑载荷

2. 施加边界条件

单击工具区中的 Create Boundary Condition（创建边界条件）工具，弹出“Create Boundary Condition”对话框，如图 4-21 所示。在“Name”栏内输入边界条件名称“BC-1”；在“Step”列表内选择分析步“Initial”；“Category”（种类）采用默认选项“Mechanical”（力学）；在“Types for Selected Step”（边界条件的类型）中选择“Displacement/Rotation”（位移/旋转）。单击“Continue...”选项，在视图区选择桁架上端的三个点（按住键盘的 Shift 键，依次选择这三个点），单击提示区中的“Done”选项，弹出“Edit Boundary Condition”（编辑边界条件）对话框，如图 4-22 所示，勾选所有复选项，单击“OK”选项，完成边界条件的施加。施加边界条件后的桁架模型如图 4-23 所示。

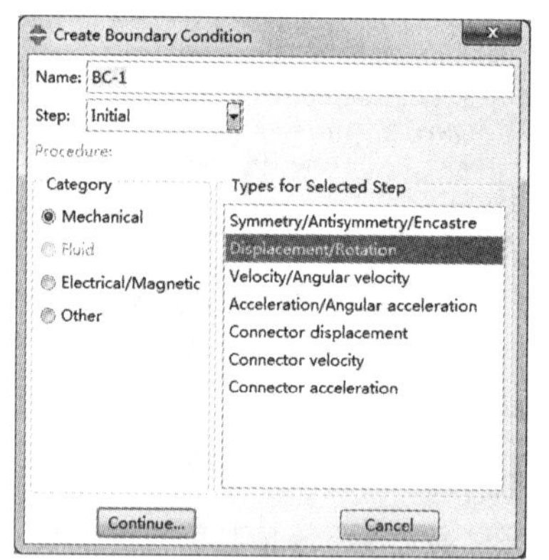

图 4-21 创建边界条件

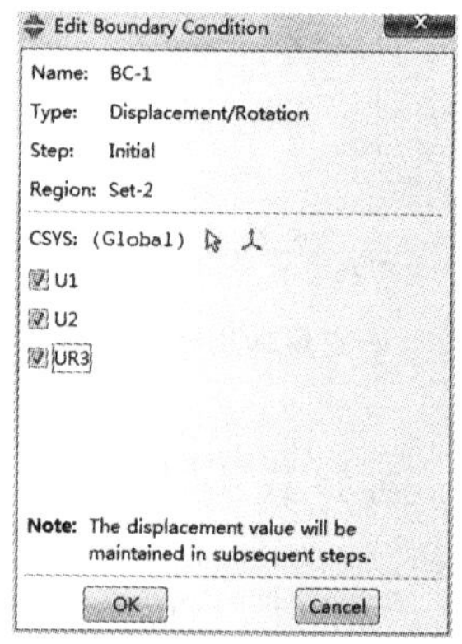

图 4-22 编辑边界条件

4.4.8 划分网格

在环境栏的 Module（模块）列表中选择 Mesh（网格）功能模块，该模块用于模型的网格划分。

1. 环境栏 Object（对象）的选择

在进行任何操作之前，用户需要先将环境栏的“Object”（对象）设为“Part”，如图 4-24 所示。

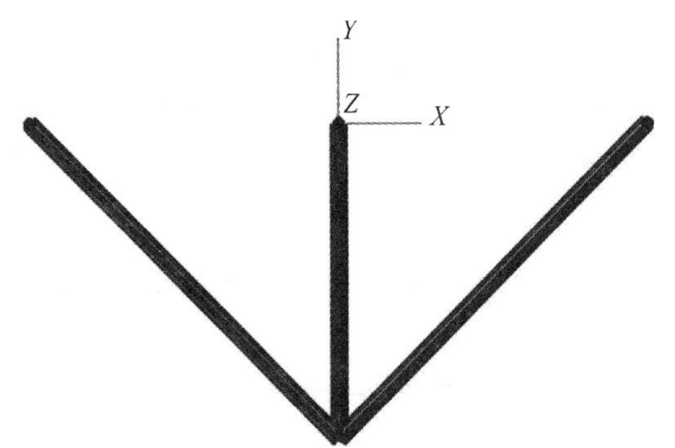

图 4-23　施加边界条件后的桁架模型

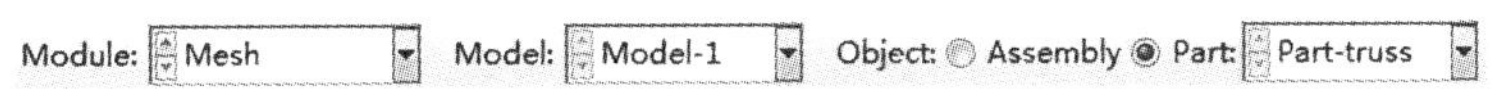

图 4-24　环境栏 Object(对象)的选择

【提示】 进入 Mesh 模块后，环境栏的“Object”(对象)默认为“Assembly”。在创建部件实体时，如果选择默认选项“Dependent (mesh on part)”(非独立的部件实体)，它表明只能在部件上划分网格，则必须在“Object”栏选择“Part”，再选择部件进行网格划分，否则程序会出错，弹出图 4-25(a)所示的对话框；如果选择“Independent (mesh on instance)”(独立的部件实体)，表明只能在装配件上划分网格，则应该采用“Object”栏的默认选项“Assembly”，对整个装配件进行网格划分，否则程序会出错，弹出图 4-25(b)所示的对话框。

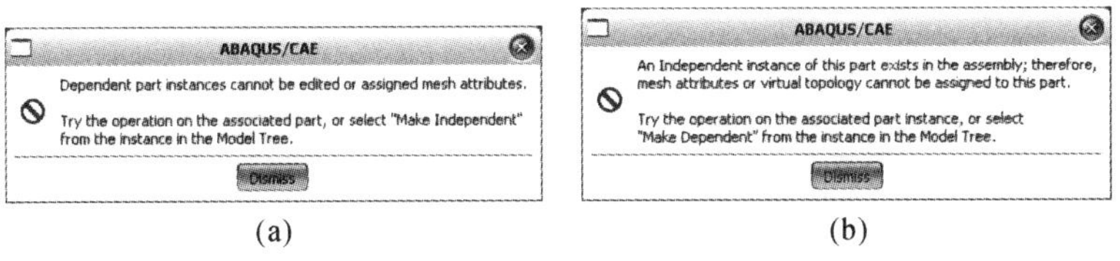

(a)　(b)

图 4-25　Object(对象)选择错误时的提示对话框

2. 撒种子(设置网格密度)

单击工具区中的 Seed Part(撒种子)工具，弹出“Global Seeds”对话框，如图 4-26 所示。同时，视图区中的模型显示出默认的网格密度。本实例中，采用默认的网格密度，直接单击“Global Seeds”对话框中的“OK”选项。撒种子后的桁架模型如图 4-27 所示。

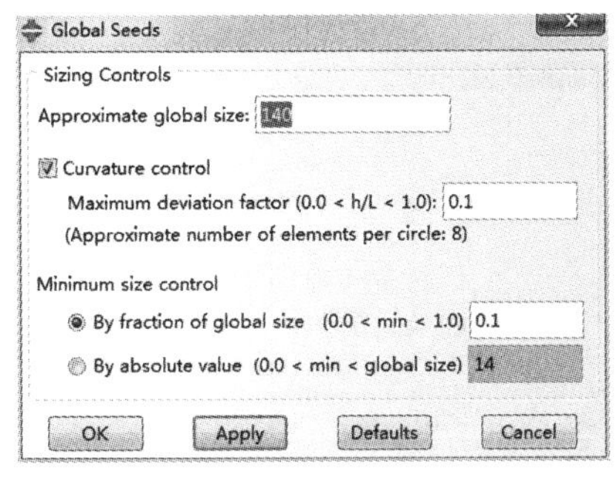

图 4-26　撒种子

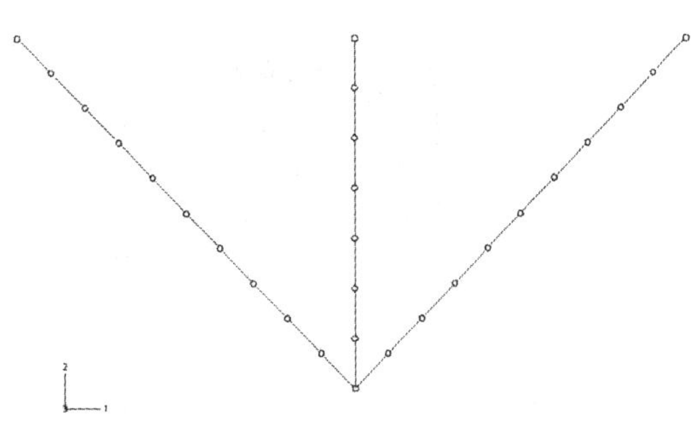

图 4-27　撒种子后的桁架模型

3. 选择单元类型

单击工具区中的 Assign Element Type(分配单元类型)工具,在视图区选择整个模型,单击提示区的"Done"选项,弹出"Element Type"对话框,如图 4-28 所示。在"Family"(单元族)栏中选择"Truss"(桁架),此时该对话框显示出单元类型 T2D2(二维二节点线性杆单元);其他采用默认选项,单击"OK"选项,完成单元类型的选择。

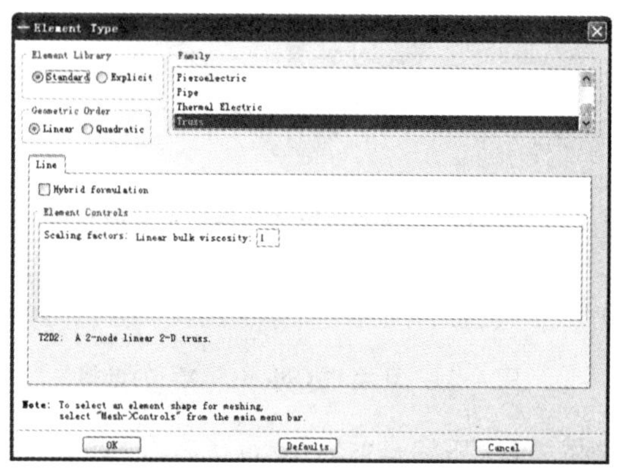

图 4-28 选择单元类型

4. 划分网格

在划分网格前,可以单击工具栏的 Save Model Database(保存模型数据库)选项进行模型的保存。单击工具区中的 Mesh Part(划分部件)工具,再单击提示区的"Yes"选项,Abaqus 即刻完成网格划分,信息区显示出提示"27 elements have been generated on part: truss"(该桁架部件被划分了 27 个单元)。

4.4.9　运行分析

在环境栏的 Module(模块)列表中选择 Job(分析作业)功能模块,该模块用于创建和运行分析作业,也可以进行模型的检查。

1. 创建分析作业

单击工具区的 Create Job(创建分析作业)工具,弹出"Create Job"对话框,如图 4-29 所示,在"Name"栏内输入分析作业名 2D-truss,单击"Continue..."选项,弹出"Edit Job"对话框,如图 4-30 所示,全部采用默认设置,分析类型为"Full analysis"(完整分析),单击"OK"选项。

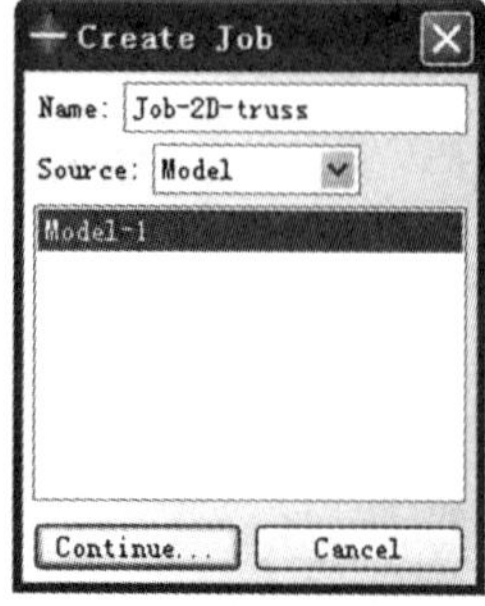

图 4-29　创建分析作业

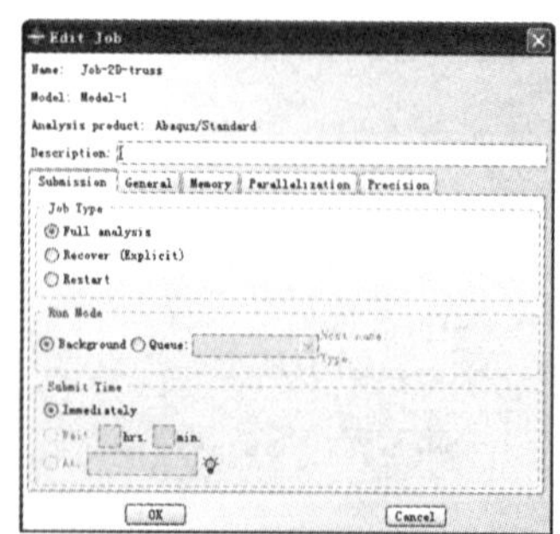

图 4-30　编辑分析作业

2. 提交分析作业

单击工具区的 Job Manager(作业管理器)工具，在弹出的作业管理器中单击“Submit”选项，如图 4-31 所示，提交分析作业。由于该模型很简单，分析很快完成，作业管理器中的“Status”(状态)变为“Completed”(完成)。

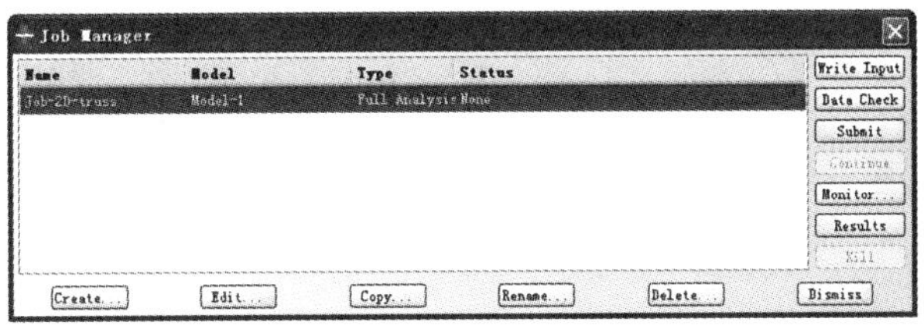

图 4-31　作业管理器

4.4.10　结果后处理

单击作业管理器中的 Results(结果)选项，Abaqus/CAE 随即进入 Visualization(可视化)功能模块，该模块用于分析结果的后处理。

1. 显示未变形图

进入 Visualization 模块后，工具区中的 Plot Undeformed Shape(显示未变形图)工具自动被激活，视图区显示出模型的未变形图。

2. 显示变形图

单击工具区中的 Common Options 工具，弹出“Common Plot Options”对话框，如图 4-32 所示，在“Basic”选项卡的“Deformation Scale Factor”(变形比例)栏中选择“Uniform”(统一的)，在其下方的“Value”栏内输入“10”，即变形被放大 10 倍，单击“OK”选项。单击工具区中的 Plot Deformed Shape(显示变形图)工具，视图区显示出模型的变形图，如图 4-33 所示。

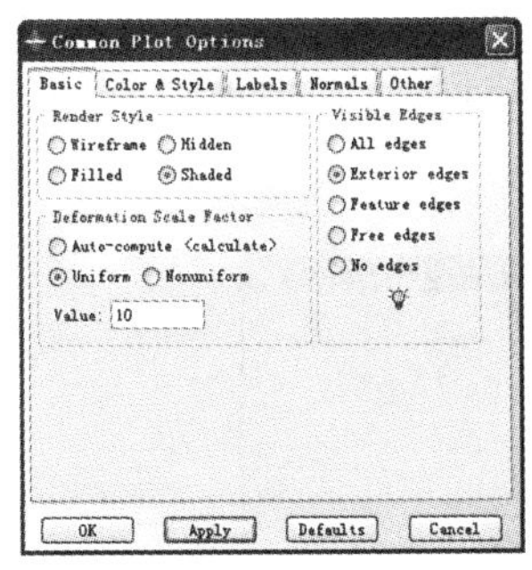

图 4-32　设置变形比例

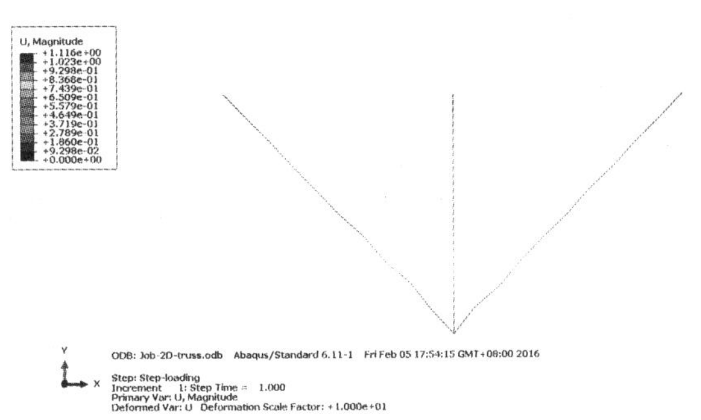

图 4-33　桁架的变形图

3. 显示云图

单击工具区中的 Plot Contours on Deformed Shape(显示变形云图)工具，视图区显示出桁架模型的 Mises 应力变形云图，如图 4-34 所示。执行“Result”→“Field Output...”命令，弹出“Field Output”对话框，默认在“Output Variable”列表中选择“S: Stress components at integration points”，并在“Invariant”栏内选择“Mises”，如图 4-35 所示。在“Component”栏内选择“S11”(轴应力)，单击“OK”选项，视图区即显示 S11 的变形云图，执行“Plot”→“Contours”→“On Undeformed Shape”命令，视图区中在变形前的桁架模型上显示 S11 云图，如图图 4-36 所示。

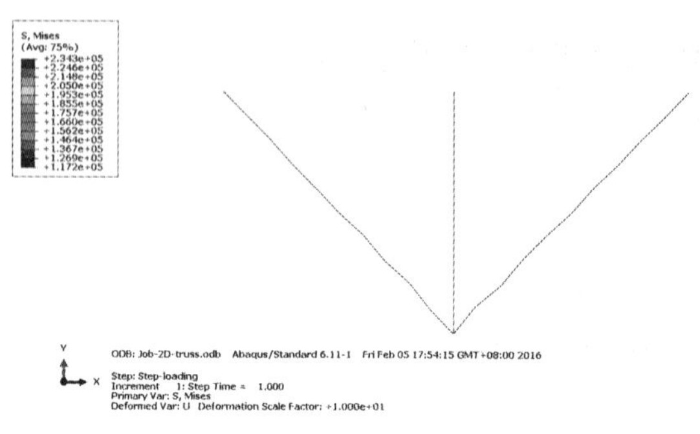

图 4-34 桁架模型的 Mises 应力变形云图

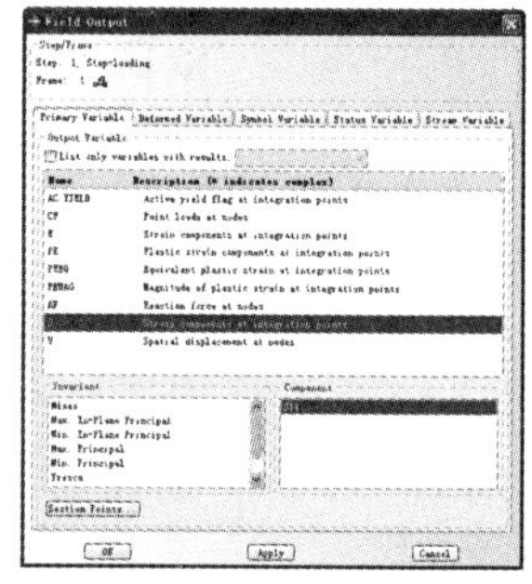

图 4-35 选择用于云图显示的场变量

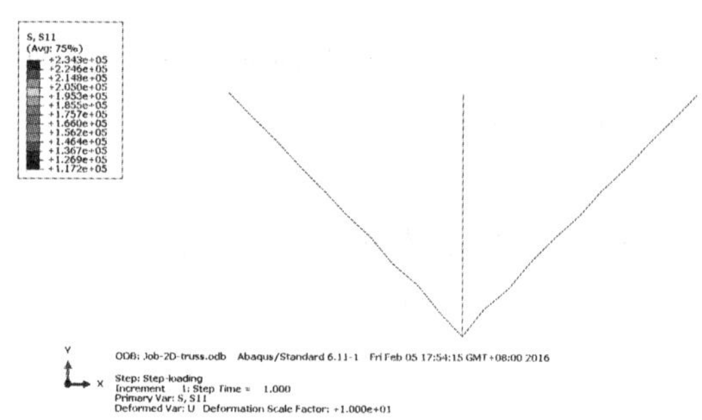

图 4-36 在变形前的桁架模型上显示 S11 云图

4. 输出数据列表

执行“Report”→“Field Output…”命令，弹出“Report Field Output”对话框，如图 4-37 所示。在“Variable”选项卡中选择“S:Stress components”→“Mises”(Mises 应力)，在“Setup”选项卡的“Name”栏中输入“mises. rpt”，单击“OK”选项，在工作目录下即出现一个“mises. rpt”文件，打开该文件，可以看到 Mises 应力的列表，如图 4-38 所示。

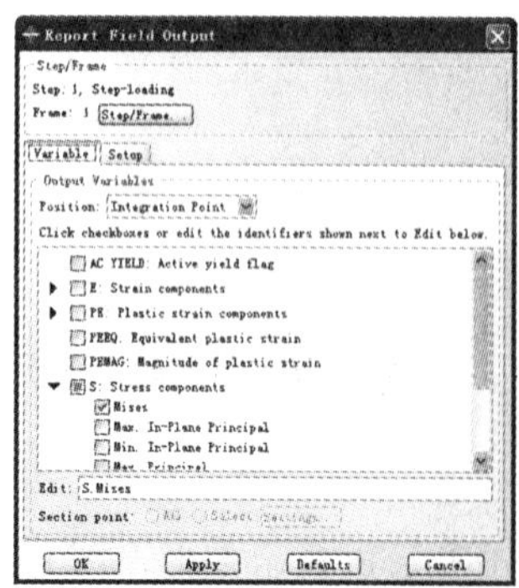

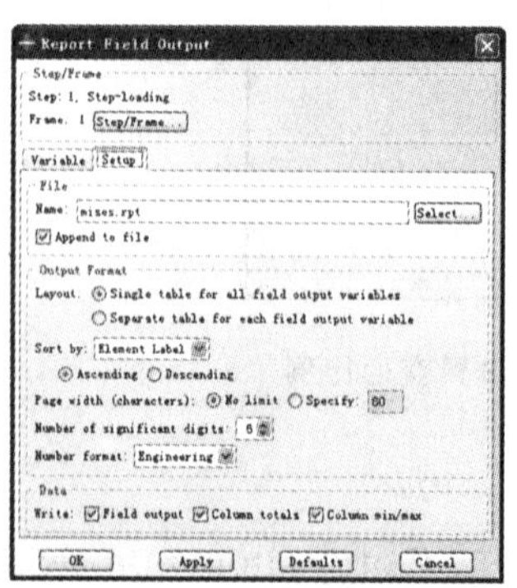

图 4-37 选择输出 Mises 应力的数据列表

ield Output reported at integration points for part: PART-TRUSS-1

Element Label	Int Pt	S.Mises @Loc 1
1	1	234.315E+03
2	1	234.315E+03
3	1	234.315E+03
4	1	234.315E+03
5	1	234.315E+03
6	1	234.315E+03
7	1	234.315E+03
8	1	117.157E+03
9	1	117.157E+03
10	1	117.157E+03
11	1	117.157E+03
12	1	117.157E+03
13	1	117.157E+03
14	1	117.157E+03
15	1	117.157E+03
16	1	117.157E+03
17	1	117.157E+03
18	1	117.157E+03
19	1	117.157E+03
20	1	117.157E+03
21	1	117.157E+03
22	1	117.157E+03
23	1	117.157E+03
24	1	117.157E+03
25	1	117.157E+03
26	1	117.157E+03
27	1	117.157E+03
Minimum		117.157E+03
At Element		8
Int Pt		1
Maximum		234.315E+03
At Element		1
Int Pt		1
Total		3.98335E+06

图 4-38　输出的 Mises 应力列表

4.4.11　保存模型数据库并退出 Abaqus/CAE

完成模型的后处理后，单击工具栏的“Save Model Database”(保存模型数据库)选项以保存最终的模型数据库。如同其他的 Windows 软件，用户可单击界面右上角的“×”选项退出 Abaqus/CAE。

思　考　题

1. Abaqus 软件可以用于哪些船舶问题的仿真计算？
2. Abaqus 软件的基本组成模块包括哪些？
3. 请简述采用 Abaqus 软件进行船舶结构力学问题计算的基本流程。

第 5 章　船舶局部结构的有限元分析

本章知识要点

① 船舶局部结构模型的分类与特征
② Abaqus 线性静力学分析步的基本知识
③ 使用 Abaqus 进行简支梁和板弯曲问题分析的步骤与操作
④ 梁与板的建模方法

5.1　船舶局部结构模型

船舶局部结构常因局部载荷作用而发生变形或被破坏，因此，在船舶结构设计过程中需研究局部结构的强度问题，这类问题通常称为局部强度问题。运用直接计算的方法分析船体中的局部强度问题，就是船体局部强度直接计算。局部强度直接计算方法主要用于分析从船舶结构中人为分割出来的单独构件或者局部构件的位移和应力，并依据规范的许用应力、刚度要求来衡量局部结构设计。

根据不同的结构受力和变形特点，通常可以将船舶局部结构简化为两种不同的结构模型进行直接计算，即梁系模型和板梁组合模型。

5.1.1　梁系模型的有限元分析

梁系模型主要用于求解结构相对简单、均匀且承受均布或线性分布载荷的板架结构。模型主要可以分为连续梁、刚架和板架三种类型。梁系模型主要用于计算简单梁和连续多跨梁结构；刚架模型主要用于计算船体强框架；板架模型主要用于计算船体板架结构。需要注意的是，计算模型中的两向梁的剖面也需要计及有效带板。在计算承受总纵应力的纵向连续构件的局部强度时，其许用应力衡准应考虑总纵应力因素。

1. 船底板架

在计算船底板架强度时，通常需要预先分析船底结构形式（是单层底还是双层底，是实肋板还是组合肋板或开孔板）。考虑了以上因素后，选取相邻舱壁之间和整个船宽范围内的肋板和纵桁等强力构件，并将其理想化为相互正交的交叉梁系进行计算。

一般而言，假定纵桁在舱壁处的边界为刚性固定，肋板在舷侧的边界为简支。当使用弹性固定支撑边界时，应考虑边界处相邻结构的刚度，并计算出该处的弹性参数。

强力构件上所承受的载荷，通常根据船体所承受的最严重载荷状态确定，即外部和内部的动、静载荷的合成极值；但在静水漂浮状态，只需计及静载荷，可忽略动载荷。对于艏部船底结构，还应考虑底部砰击载荷。在强度计算中常对设计吃水做如下规定：①舱室满载时，采用可能达到的最小吃水；②舱室空舱时，采用可能达到的最大吃水。

2. 甲板板架

在进行甲板板架强度计算时，通常需要考虑甲板是否有大开口，强构件是否有支柱支撑。考虑了以上因素后，选取适当范围内的横梁和纵桁等强力构件，并将其简化为相互正交的交叉梁系模型进行计算。

通常假定纵桁在舱壁处的边界为刚性固定，强横梁在舷侧处的边界为简支，支柱（若有）处为垂向简支（仅当支柱连续支撑到船底板架）。若支柱仅支撑到弹性结构（如二甲板）上，则支柱的支撑边界条件形式需特殊考虑。若强构件端部使用弹性固定支撑，则应考虑相邻结构的刚度，并计算得出该处的弹性系数。作用在强力构件上的载荷需要根据不同的船体部位所受实际载荷来确定。对于承受武器装备重力载荷的甲板，计算载荷由它的最大可能装载重量来决定，并需考虑垂向和横向惯性力。对于承受上浪冲击载荷的甲板，还需要考虑上浪动力载荷。对于压载水舱顶部的甲板和平台，应考虑舱内液体压力载荷及液体的惯性力。

3. 舷侧板架

在进行舷侧板架强度计算时，需要考虑是单舷侧结构还是双舷侧结构、舷侧是否有两个方向的强力构件加强、甲板是否有大开口等因素。对于横骨架式舷侧结构，舷侧为强肋骨支撑而无纵向强力构件，可以用单跨梁模型校核其局部强度。对于无大开口的舷侧结构，长度方向选取相邻横舱壁之间区域，高度方向选取底部与强力甲板之间的区域。对于不设置横舱壁的船型，可以采用刚架模型校核其舷侧肋骨的强度。对于有大开口的船型，肋骨框架的计算需要考虑舷侧、甲板和船底板以及纵舱壁板的变形协调性。

通常假定纵桁在舱壁处的边界为刚性固定，强肋骨在船底处的边界为刚性固定，在强力甲板处为简单支撑边界。若使用弹性固定支撑，则应考虑相邻结构的刚度，并计算出该处的弹性系数。舷侧强力构件上所承受的载荷，通常根据船舶所承受的最严重载荷状态来考虑，即采用外部和内部的动、静载荷的合成极值（可参考船底板架计算载荷）。对于艏部舷侧结构，还应考虑艏部砰击载荷。

4. 水密舱壁板架

对于横舱壁，需选取船底与甲板之间、左右舷侧（或纵舱壁）之间的舱壁结构进行计算；对于纵舱壁，则需选取船底与甲板之间、相邻横舱壁之间的舱壁结构，并将支撑舱壁的主要两向强力构件简化为相互正交的交叉梁系进行计算。按常规，一般假定舱壁四周为刚性固定边界。

5.1.2　板梁组合模型的有限元分析

在对局部支撑结构、基座加强结构等布置形式较为复杂的结构进行强度校核时，为了较好地描述结构部件在空间各个方向的受力情况，需采用板梁组合式三维有限元模型进行分析。在船舶结构设计过程中，大型分段整体吊装、桅杆支撑结构、舱口加强结构、舵机基座与加强结构、挡浪板及其支撑结构、锚机基座加强结构、系泊绞车支撑结构、应急拖带装置支撑结构、救生艇支架加强结构以及系缆桩、导缆器等的支撑结构，通常需要采用三维有限元法进行局部强度分析。

使用三维有限元法求解局部强度时，为得到较为可靠的计算结果，需合理确定以下几方面的内容。

1. 模型范围和边界条件的选取

对于模型范围和边界条件的选取，不同的船级社有不同的要求，但基本思想都是尽量减小边界条件和模型范围对局部强度计算的影响。例如，CCS对甲板设备支撑结构的选取要求为“模型范围及边界条件：采用局部立体结构模型（以下简称局部模型），以基座有效作用平面矩形（$a \times b$）的形心为中心，向四周分别扩展至少一倍的该矩形相对应的长、宽距离（$3a \times 3b$）。垂向从基座面扩展至甲板之下的第一个平台甲板或至少 $D/4$ 处（D 为型深）”。若按照上述方法框选的模型边界上未设置结构的主要支撑构件，则模型范围应再延伸直至边界落在主要支撑构件上，边界条件可考虑简支或固支。若中心区域的计算结果对边界条件或模型范围的大小较为敏感，则应考虑再适当扩大局部模型的选取范围，以不影响中心区域的计算结果为原则。

2. 模型单元类型

关于模型中单元类型的使用，一般情况下，主要构件的面板和次要构件使用具有轴向、扭转、双向剪切和弯曲刚度的两节点梁单元，主要构件的腹板和板材则使用具有面内刚度和面外弯曲刚度的三节点或四节点壳单元。在某些应力变化较大的区域，为了更好地评估应力值，所有构件均可使用壳单元进行建模，同时应选择合适的网格大小，并尽量减少或避免使用三角形单元。

3. 网格大小和应力衡准

网格大小和应力衡准在有限元分析中是密切相关的两个方面，不同的船级社对不同的局部结构也有不尽相同的要求。基本原则是：网格大小要能有效反映真实的结构形式和应力变化，尤其对于重要构件上应力梯度变化较大的区域，要适当地细化有限元网格。计算所得的合成应力一般应不大于对应网格大小的规范许用应力。

4. 载荷的确定

模型施加载荷的形式、大小和位置会直接影响计算所得的应力结果。载荷加载的基本原则是：施加于模型的载荷应尽量与结构的实际受力情况保持一致，在加载困难时，至少要保证所加载荷和实际受力相近，并尽量采用保守的方式进行处理。

5.2　实例——简支梁的弯曲分析

线性静力学问题是简单且常见的有限元分析类型，不涉及任何非线性（材料非线性、几何非线性、接触非线性等），也不考虑惯性及与时间相关的材料属性。在 Abaqus 中，该类问题通常采用静态通用（Static，General）分析步或静态线性摄动（Static， Linear perturbation）分析步进行分析。

线性静力学问题很容易求解，但用户更关心的是计算精度和求解效率，特别是在处理大型模型时，希望在获得较高精度的前提下尽量缩短计算时间。这主要取决于网格的划分，包括种子的设置、网格控制和单元类型的选取。应尽量选用计算精度和求解效率都较高的二次四边形/六面体单元，在主要的分析部位设置较密的种子；若主要分析部位的网格没有大的扭曲，使用非协调单元（如 CPS4I、C3D8I）的性价比很高。对于复杂模型，可以采用分割模型的方法划分二次四边形/六面体单元；有时分割过程过于烦琐，用户可以采用精度较高的二次三角形/四面体单元进行网格划分。

本章以船舶典型结构中的梁、板为例介绍线性静力学分析的全过程，其中一些步骤（如建模、装配、网格划分）与其他分析类型基本相同，这些内容不再重点叙述。

5.2.1　问题的描述

对图 5-1 所示的简支梁三点弯曲问题进行分析。结构为工字钢构件，采用钢材质：$E=210$ GPa，$\mu=0.28$，$\rho=7850$ kg/m^3（本实例不考虑重力影响，可不输入）。$F=10$ kN，不计重力。试计算中点挠度和两端转角。

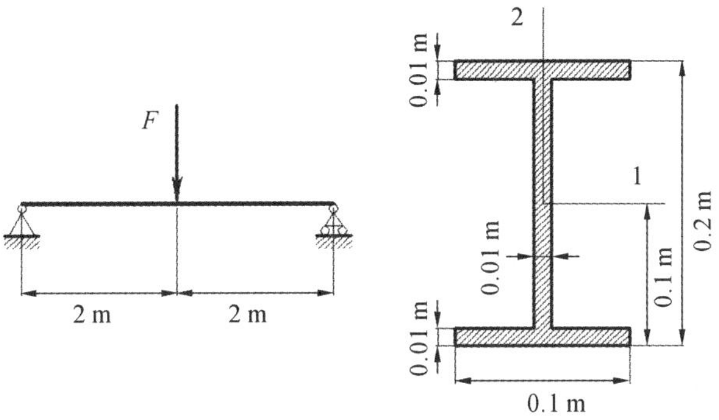

图 5-1　结构与载荷形式示意图

本实例采用国际单位制：长度（米，m）、力（牛，N）、应力（帕，Pa）。

理论解：$I=2.239\times10^{-5}$ m^4，$w_{中}=2.769\times10^{-3}$ m，$\theta_{边}=2.077\times10^{-3}$。

5.2.2　创建模型

1. 模块选择

在环境栏的 Module（模块）列表选择 Part（部件）功能模块。

单击工具区中的 Create Part（创建部件）工具，弹出“Create Part”对话框，如图 5-2 所示。在“Name”框中输入“Prat-beam”；“Modeling Space”选择“3D”；“Type”选择“Deformable”（可变形模型）；“Base Feature”选择“Wire”（线）；在“Approximate size”框中输入“10”（长度单位为 m，一般选取最大尺寸的 2 倍）。

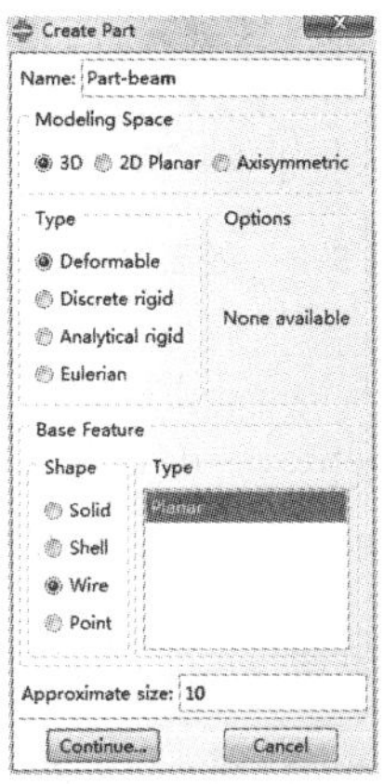

图 5-2　模块设置

2. 绘模型图

选用折线(Creat Line),从(0,0)→(2,0)→(4,0)绘出梁的轴线,单击鼠标中键完成草图绘制。得出的几何模型如图 5-3 所示。

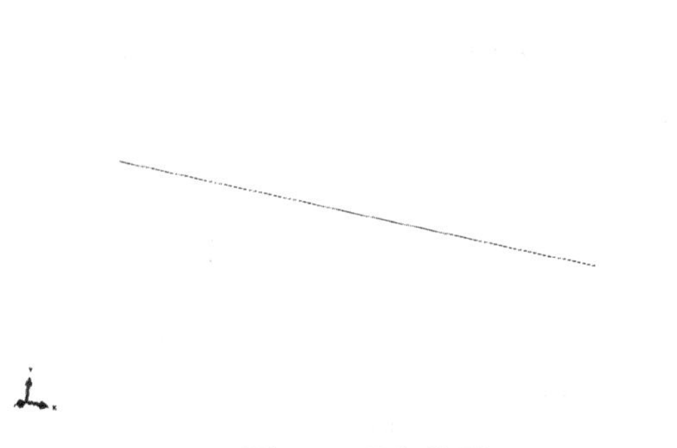

图 5-3 几何模型

5.2.3 材料属性(Property)

在环境栏的 Module(模块)列表中选择 Property(特性)功能模块。

1. 创建截面几何形状

单击工具区中 Create Profile(创建配置文件)工具,弹出"Create Profile"对话框,在"Name"栏中输入"Profile-I",选择 I 型截面,单击"Continue…"按钮,进入"Edit Profile"对话框。依次输入数据(见图 5-4):$l=0.1$,$h=0.2$,$b_1=0.1$,$b_2=0.1$,$t_1=0.01$,$t_2=0.01$,$t_3=0.01$。单击"OK"按钮,完成工字钢截面属性配置操作。

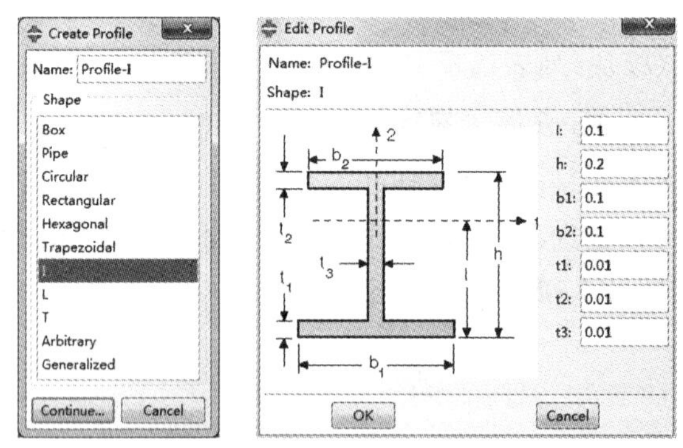

图 5-4 截面属性设置

2. 定义梁方向

单击工具区中的 Assign Beam Orientation(定义梁的方向)工具,在视图区选中绘制的两段线,单击提示区中"Done"按钮,提示输入主轴 1 方向单位矢量(0,1,0),单击鼠标中键完成梁方向的创建,如图 5-5 所示。

3. 定义材料力学性能

单击工具区中 Create Materials(创建材料)工具,弹出"Edit Material"对话框,如图 5-6 所示。在"Name"栏中输入"Material-steel";选择"Mechanial"→"Elasticity"→"Elastic",

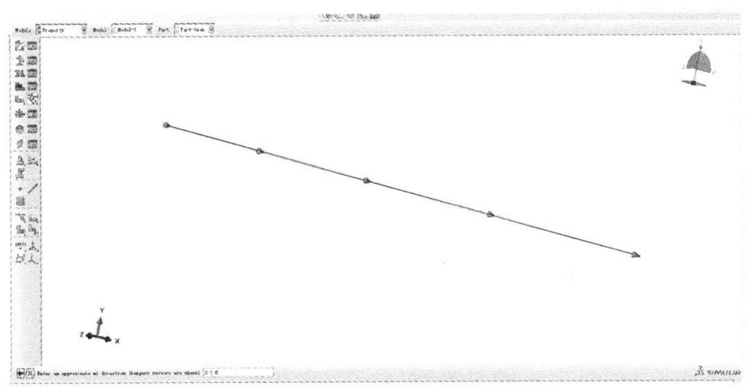

图 5-5　梁方向定义

“Type”选择“Isotropic”(各向同性材料);“Young′s Modulus”输入“210e9”,“Poisson′s Ratio”输入“0.28”;单击“OK”按钮。

4. 创建截面力学性质

单击工具区中 Create Section(创建截面)工具 ,弹出“Create Section”对话框,如图 5-7 所示。在“Name”栏中输入“Section-beam”,从左到右依次选择“Beam”→“Beam”,单击“Continue…”按钮,弹出“Edit Beam Section”对话框。在“Profile name”中选择“Profile-I”,其余参数接受软件默认设置,单击“OK”按钮。

图 5-6　材料参数

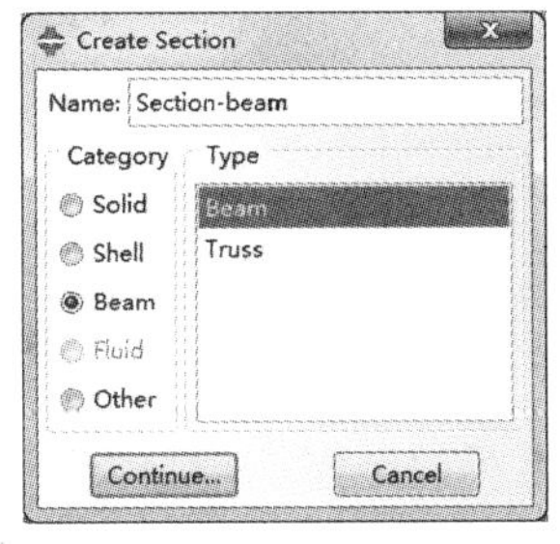

图 5-7　截面属性

5. 将截面的几何、力学性质附加到部件

单击工具区中 Assign Section(分配截面)工具 ,选中两段线,单击提示区中“Done”按钮,弹出“Edit Section Assignment”对话框,在“Section”栏内选择“Section-beam”,单击“OK”按钮,可以看到结构的颜色由灰色变为青色。

【提示】 为检查界面属性是否赋予正确,可在菜单栏依次逐级选择“View”→“Part Display Options”→“Idealization”,选择显示梁截面的属性。材料与界面属性如图 5-8 所示。

5.2.4　定义装配(Assembly)

在环境栏的 Module(模块)列表中选择 Assembly(装配)功能模块。单击工具区中的 Create Instance (创建实例)工具 ,弹出“Create Instance”对话框,默认的“Parts”选项为“Part-

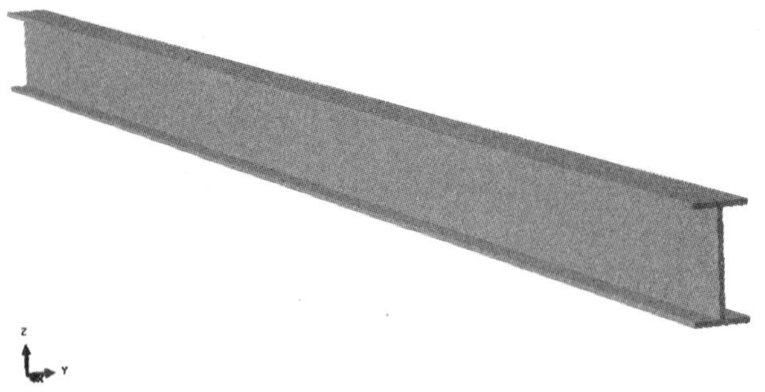

图 5-8 材料与界面属性

beam”,“Instance Type”选项为“Independent”(mesh on instance),单击“OK”按钮,完成部件装配。

5.2.5 分析步(Step)

在环境栏的 Module(模块)列表中选择 Step(分析步)功能模块。单击工具区中的 Create Step(创建分析步)工具,弹出“Creat Step”对话框,如图 5-9 所示,在“Name”栏内输入“Step-force”,选择通用静态分析步“General”→“Static,General”,单击“Continue...”按钮,进入“Edit Step”对话框,均采用默认设置,单击“OK”按钮,完成分析步创建。

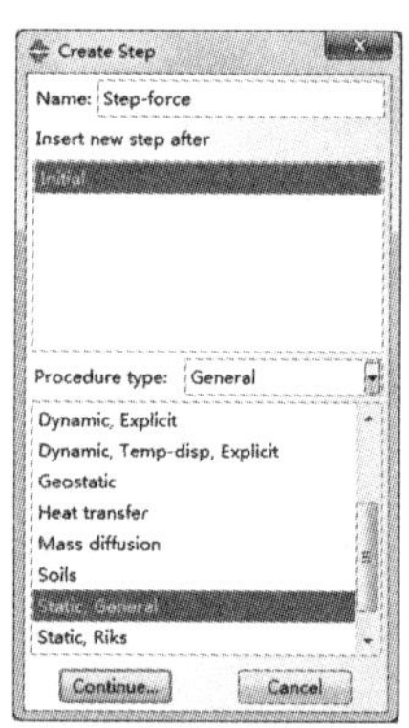

图 5-9 分析步设置

5.2.6 载荷(Load)

在环境栏的 Module(模块)列表中选择 Load(载荷)功能模块。

1. 施加位移边界条件

单击工具区中的 Create Boundary Condition(创建边界条件)工具,弹出“Create Boundary Condition”对话框,在“Name”栏中输入“BC-1”,“Step”选择“Initial”,再依次选择“Mechanical”→“Displacement/Rotation”,单击“Continue...”按钮,选中梁的左端点(x 负方向的一端),单击提示区中“Done”按钮,弹出“Edit Boundary Condition”对话框,约束 U1、U2、U3、UR1、UR3 各自由度,如图 5-10 所示。

单击工具区中的 Create Boundary Condition（创建边界条件）工具，弹出“Create Boundary Condition”对话框，在“Name”栏输入“BC-2”，“Step”选择“Initial”，再依次选择“Mechanical”→“Displacement/Rotation”，单击“Continue…”按钮，选中梁的右端点（x 正方向的一端），单击提示区中“Done”按钮，弹出“Edit Boundary Condition”对话框，约束 U2、U3、UR1、UR3 各自由度，如图 5-11 所示。

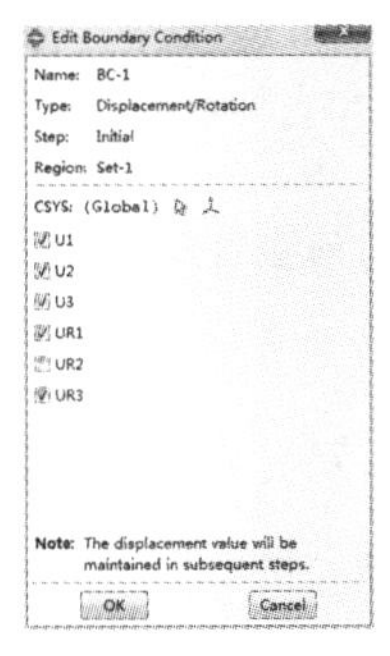

图 5-10　边界条件 1

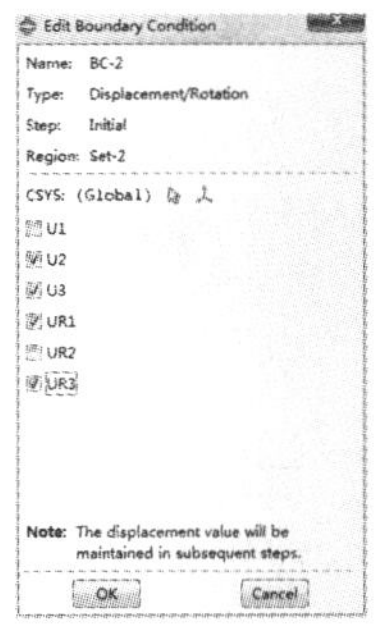

图 5-11　边界条件 2

2. 创建载荷

单击工具区中的 Create Load（创建载荷）工具，在“Name”栏输入“Load-1”，“Step”选择“Step-force”，再依次选择“Mechanical”→“Concentrated Force”，单击“Continue…”按钮，选择梁的中点，单击提示区中“Done”按钮，弹出“Edit Load”对话框，在“CF3”中输入“10000”（默认单位为 N），单击“OK”按钮，完成载荷创建。施加载荷后，模型显示如图 5-12 所示。

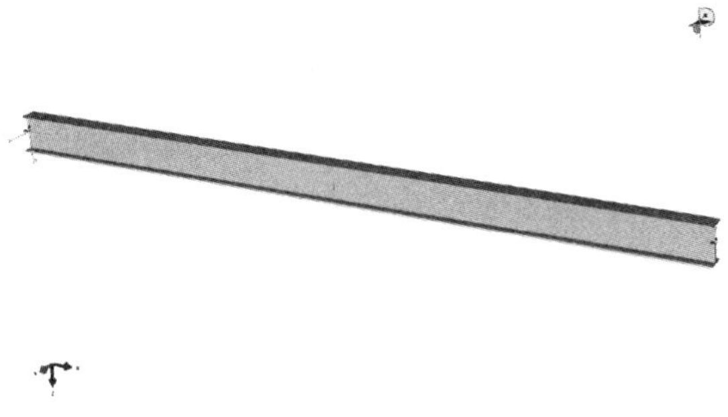

图 5-12　载荷与边界条件施加

5.2.7　网格划分（Mesh）

在环境栏的 Module（模块）列表中选择 Mesh（网格）功能模块。

1. 撒种子

进行撒种子前确认“Object”的选项为“Assembly”。

单击工具区中的 Seed Part Instance（部件种子）工具，弹出“Global Seeds”对话框，采用软件默认参数，单击“OK”按钮。

2. 划网格

单击工具区中的 Assign Mesh Controls（指派网格属性）工具，绘图界面下方提示“Select the regions to be assigned mesh controls”，单击“Done”按钮，完成网格划分，如图 5-13 所示。

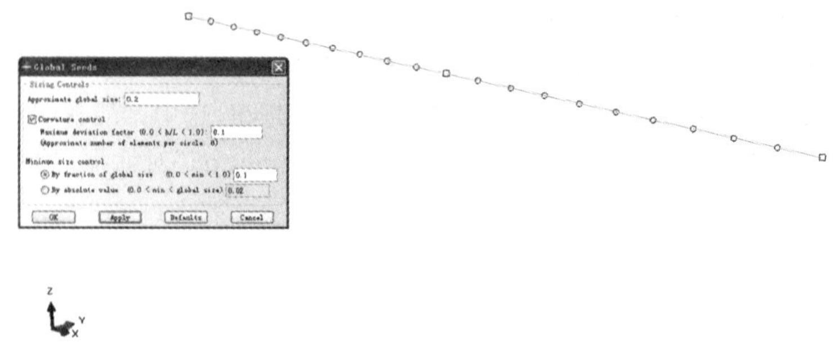

图 5-13　种子设置与网格划分

3. 选择单元类型

单击工具区中的 Assign Elemnet Type(指派单元类型)工具，在视图区选中整个模型，单击“Done”按钮，弹出“Element Type”对话框，选择“Beam”，单元类型为 B31(见图 5-14)，单击“OK”按钮。

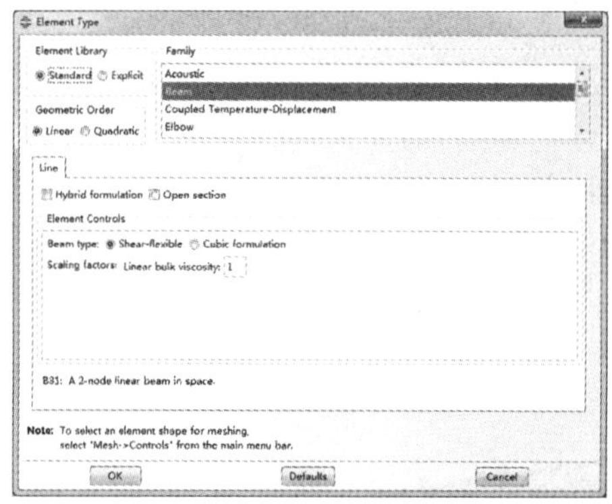

图 5-14　“Element Type”对话框

4. 划分网格

单击工具区中的 Mesh Part Instance(划分部件)工具，单击提示区的“Yes”按钮，完成网格划分。

5.2.8　提交任务(Job)

在环境栏的 Module(模块)列表中选择 Job(任务)功能模块。

1. 创建任务

单击工具区中 Create Job(创建任务)工具，弹出“Create Job”对话框，在“Name”栏输入“Job-beam”，“Source”选择“Model”，单击“Continue…”按钮，弹出“Edit Job”对话框，接受软件默认参数，单击“OK”按钮。

2. 提交运算

单击工具区中 Job Manager(任务管理器)工具，在弹出的“Job Manager”对话框中，单击“Submit”按钮，提交任务。

5.2.9　后处理(Visualization)

分析结束后,单击“Result”按钮,Abaqus/CAE 进入 Visualization(可视化)功能模块。

1. 云图

单击“results”按钮,进入后处理模块,看位移云图,学习修改图形参数。

2. 数据

计算结果:$w_{中}=2.853\times10^{-3}$ m(U3),$\theta_{边}=2.083\times10^{-3}$(UR2)。(理论值:$w_{中}=2.769\times10^{-3}$ m,$\theta_{边}=2.077\times10^{-3}$)

挠度分布云图和转角分布云图分别如图 5-15 和图 5-16 所示。

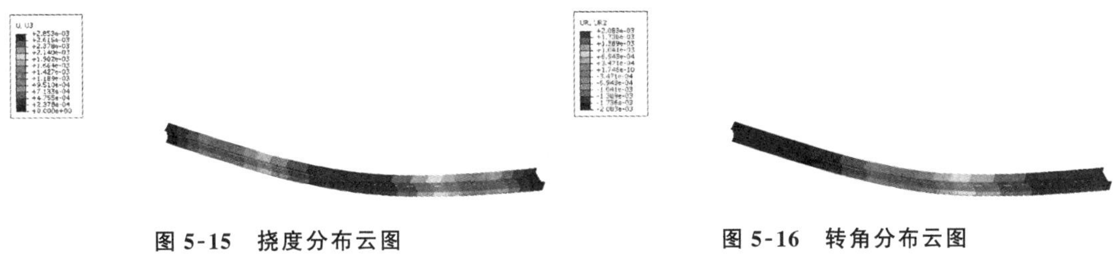

图 5-15　挠度分布云图　　　图 5-16　转角分布云图

5.3　实例——板的弯曲分析

5.3.1　问题的描述

对四边简支的局部板格在外部水压力作用下的挠度和应力进行分析。

模型的几何尺寸:板厚 10 mm,面内尺寸为 1000×500 mm^2;以普通钢为板的材料,杨氏模量为 210 GPa,泊松比为 0.3;分布载荷的大小为 10 kPa(1 m 水深)。

本实例采用国际单位制:长度(毫米,mm)、力(毫牛,mN)、应力(千帕,kPa)。

5.3.2　模型的建立

建立新文件,模型文件命名为 plate。

在环境栏的 Module(模块)列表中选择 Part(部件)功能模块。

1. 创建部件

单击工具区中的 Create Part(创建部件)工具,弹出“Create Part”对话框,如图 5-17 所示。在“Name” 栏内输入该部件的名称“Part-plate”;在“Modeling Space”栏内选择“3D”(三维模型);在“Type”栏内选择“Deformable”(可变形体);在“Base Feature”栏内选择“shell”(壳);在“Type” 栏内选择“Planar”;在“Approximate size”(部件的大致尺寸)栏内输入“2000”。单击“Continue…”选项,进入草图绘制界面。

2. 绘制草图

单击工具区中的 Create Lines:Rectangle (4 Lines)(创建线)工具,在提示区输入“0,

0”,按回车键;在提示区继续输入“1000,500”,单击鼠标中键,完成板的草图绘制,单击视图区中的“Done”选项,退出草图绘制界面,视图区显示该板的部件,如图 5-18 所示。

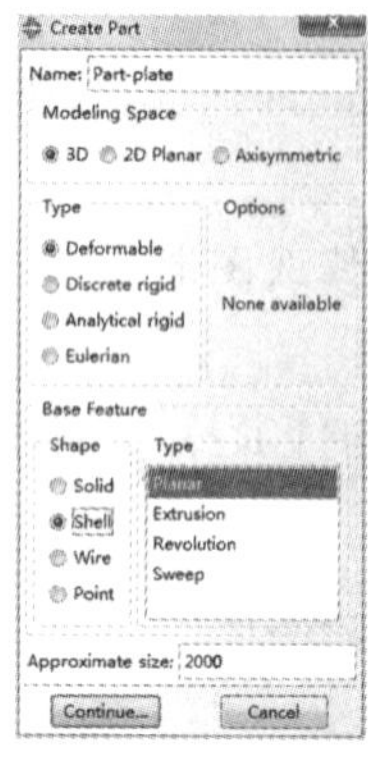

图 5-17　创建部件

图 5-18　板的模型

5.3.3　设置材料属性和截面特性

在环境栏的 Module(模块)列表中选择 Property(特性)功能模块。

1. 定义材料属性

单击工具区中的 Create Material(创建材料)工具，弹出“Edit Material”对话框,如图 5-19所示。在“Name”栏内输入材料名称“Material-Steel”;在“Material Behaviors”栏内选择“Mechanical”→“Elasticity”→“Elastic”;在“Material Behaviors”下方的“Data”数据表内“Young′s Modulus”输入“210e6”和“Poisson′s Ratio”输入“0.3”;其他参数都选用默认选项,如图 5-19 所示。单击“OK”选项,完成材料属性定义。

2. 创建截面特性

单击工具区中的 Create Section(创建截面)工具，弹出“Create Section” 对话框,如图 5-20 所示。在“Name”栏内输入截面名称“Section-plate”;在“Category”栏内选择“Shell”;在“Type”栏内选择“Homogeneous”。单击“Continue…”按钮,弹出“Edit Section”对话框,如图 5-21 所示。“Material”栏显示出之前定义的材料“Material-Steel”,不需要再选择;在“Shell thickness”栏内的“Value”框中输入“10”。单击“OK”选项,完成截面特性创建。

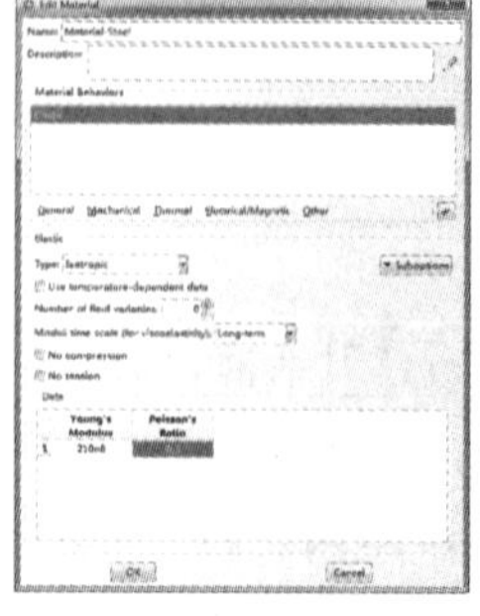

图 5-19　编辑材料属性

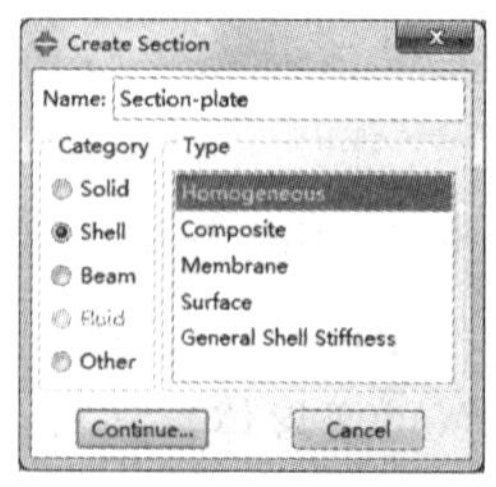

图 5-20　创建截面

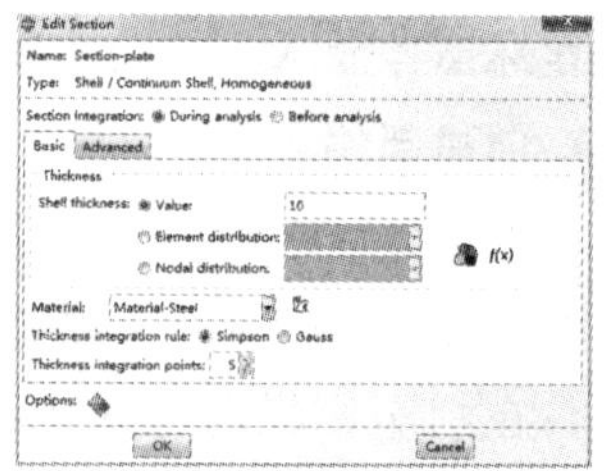

图 5-21　编辑板的截面

3. 分配截面特性

单击工具区中的 Assign Section(分配截面)工具，选择整个板。单击提示区的“Done”

按钮，弹出“Edit Section Assignment”对话框，“Section”栏显示出之前创建的截面“Section-plate”，不需要再选择，单击“OK”按钮，完成截面特性分配，如图 5-22 所示。

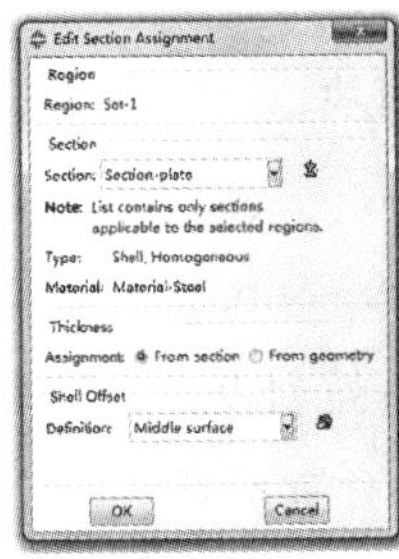

图 5-22　界面属性分配

5.3.4　定义装配

在环境栏的 Module(模块)列表中选择 Assembly(装配)功能模块。

单击工具区中的 Create Instance(创建部件实体)工具，弹出“Create Instance”对话框，Abaqus/CAE 自动选择之前创建的 plate 部件，其他参数都选用默认选项，单击“OK”选项，完成部件实体的创建。

5.3.5　设置分析步和变量输出

在环境栏的 Module(模块)列表中选择 Step(分析步)功能模块。

单击工具区中的 Create Step(创建分析步)工具，弹出“Create Step”对话框，如图 5-23 所示。在“Name”栏内输入“Step-pressure-10kPa”，其他选用默认选项，单击“Continue...”选项，弹出“Edit Step”(编辑分析步)对话框，其他采用默认选项，单击“OK”选项，完成分析步的设置操作。

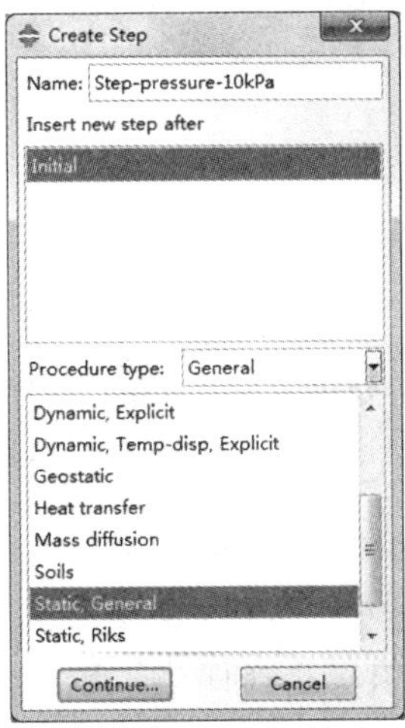

图 5-23　创建分析步对话框

5.3.6　施加载荷与边界条件

在环境栏的 Module(模块)列表中选择 Load(载荷)功能模块。

1. 施加载荷

单击工具区的 Create Load(创建载荷)工具，弹出“Create Load”对话框，如图 5-24 所示。在“Name”栏内输入载荷名称“Load-pressure”；在“Step”下拉列表内选择 loading 分析步，其他采用默认选项。单击“Continue…”选项，根据计算要求选择加载面(上、下表面都可以)，单击提示区中的“Done”选项，弹出“Edit Load”(编辑载荷)对话框，如图 5-25 所示。在“Magnitude”栏内输入“10”，单击“OK”选项，完成载荷的施加。视图区中板上出现表示该分布力的箭头，如图 5-26 所示。

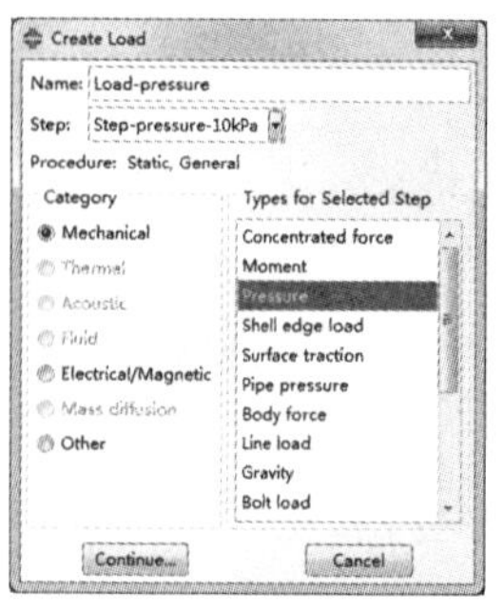

图 5-24　创建载荷

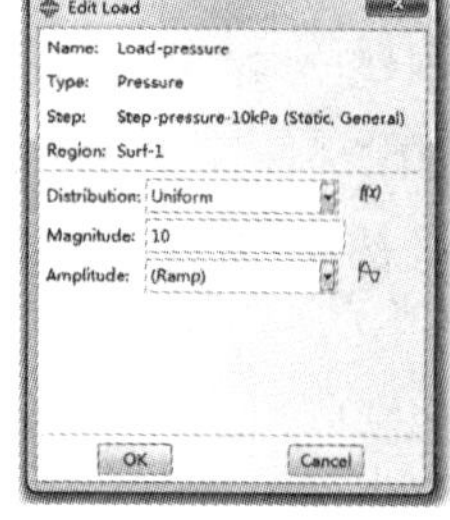

图 5-25　编辑载荷

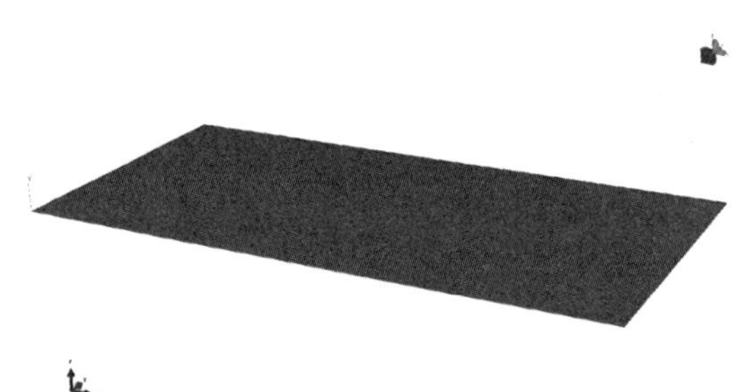

图 5-26　载荷示意图

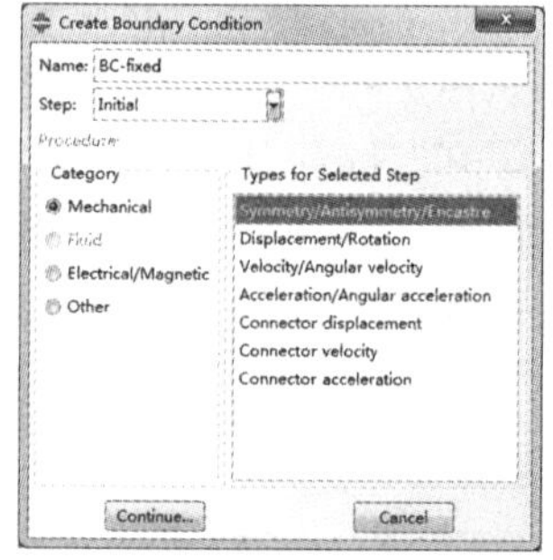

图 5-27　创建边界条件

2. 施加边界条件

单击工具区中的 Create Boundary Condition(创建边界条件)工具，弹出“Create Boundary Condition”对话框，如图 5-27 所示。在“Name”栏内输入边界条件名称“BC-fixed”；在“Step”列表内选择“Initial”；“Category”采用默认选项“Mechanical”；在“Types for Selected Step”中选择“Symmetry/Antisymmetry/Encastre”。单击“Continue…”选项，在视图区选择板的四个边界(按住键盘的 Shift 键，依次选择四边)，单击提示区中的“Done”选项，弹出“Edit Boundary Condition”对话框，如图 5-28 所示，选择“ENCASTRE(U1＝U2＝U3＝UR1＝UR2＝UR3＝0)”，单击“OK” 选项，完成边界条件的施加，所得模型如图 5-29 所示。

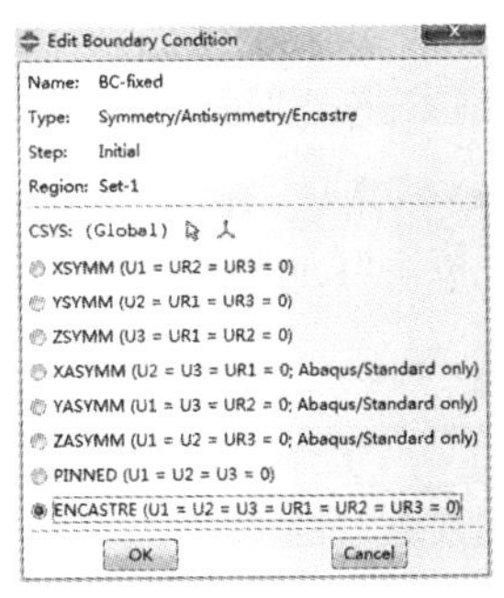

图 5-28　编辑边界条件

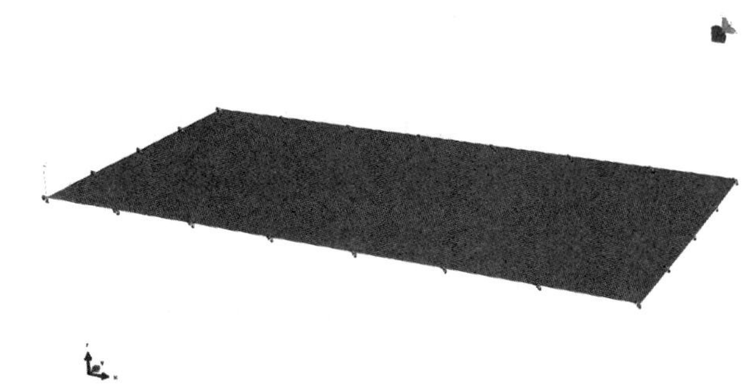

图 5-29　施加了载荷和边界条件的模型

5.3.7　划分网格

在环境栏的 Module(模块)列表中选择 Mesh(网格)功能模块。

1. 撒种子(设置网格密度)

单击工具区中的 Seed Part(撒种子)工具，弹出“Global Seeds”对话框，如图 5-30 所示。本实例中，采用网格密度，尺寸为 25 mm，直接单击“Global Seeds”对话框中的“OK”选项。

2. 选择单元类型

单击工具区中的 Assign Element Type(分配单元类型)工具，在视图区选择整个模型，单击提示区的“Done”选项，弹出“Element Type”对话框，如图 5-31 所示。在“Family”栏中选择“Shell”，此时该对话框中显示出单元类型 S4R(四节点缩减积分壳单元)；其他采用默认选项，单击“OK”选项，完成单元类型的选择。

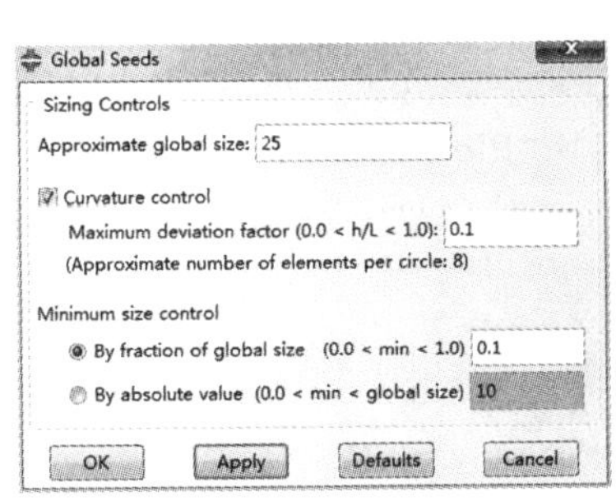

图 5-30　撒种子

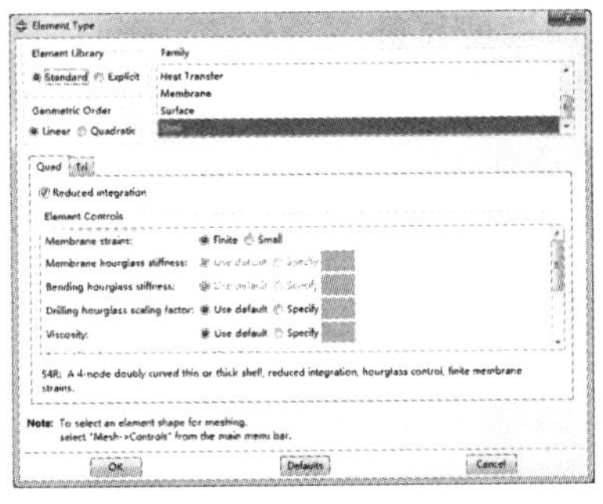

图 5-31　选择单元类型

3. 划分网格

在划分网格前，可以单击工具栏的 Save Model Database(保存模型数据库)选项进行模型的保存。单击工具区中的 Mesh Part(划分部件)工具，再单击提示区的“Yes”选项，Abaqus 即刻完成网格划分，如图 5-32 所示。

5.3.8　运行分析

在环境栏的 Module(模块)列表中选择 Job(分析作业)功能模块，该模块用于创建和运行分析作业，也可以进行模型的检查。

1. 创建分析作业

单击工具区的 Create Job(创建分析作业)工具，弹出"Create Job"对话框，如图 5-33 所示。在"Name"栏内输入分析作业名"Job-plate"，单击"Continue..."选项，弹出"Edit Job"对话框，全部采用默认设置，分析类型为"Full analysis"(完整分析)，单击"OK"选项。

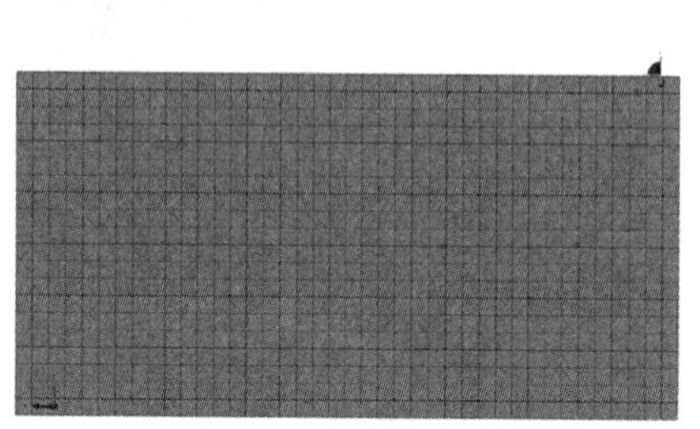

图 5-32　结构网格

图 5-33　创建分析作业

2. 提交分析作业

单击工具区的 Job Manager(作业管理器)工具，在弹出的作业管理器中单击"Submit"选项，提交分析作业。由于该模型很简单，分析很快完成，作业管理器中的"Status"变为"Completed"。

5.3.9　结果后处理

单击作业管理器中的 Results(结果)选项，Abaqus/CAE 随即进入 Visualization(可视化)功能模块。

1. 结构挠度分布

单击菜单栏中"Result"选项，在下拉列表中选择"Field Output"，弹出"Field Output"对话框，选择"U"→"U3"，单击"OK"按钮。在工具区中选择"Plot Controus on Deformed Shape"(在变形图上绘制云图)。所得结构挠度分布如图 5-34 所示，最大挠度位于整个板格的中心处，大小为 0.082 mm。

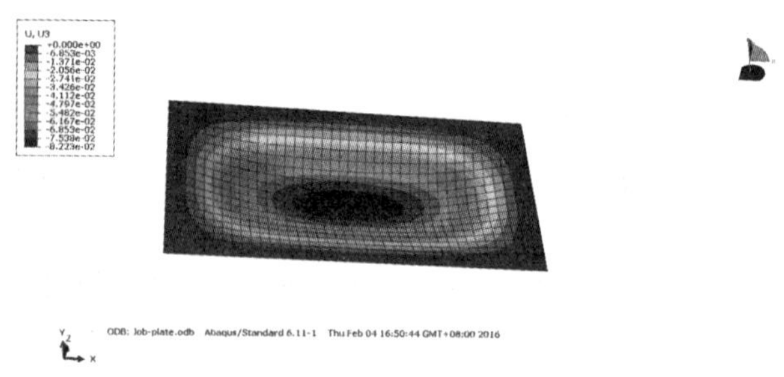

图 5-34　结构挠度分布

2. 结构应力分布

在"Field Output"对话框中，通过对输出选项的修改，可得出板的应力分布，如图 5-35 所示。Abaqus/CAE 软件可以分别给出 Mises 应力、各方向的正应力、面内的剪应力及主应力的分布。

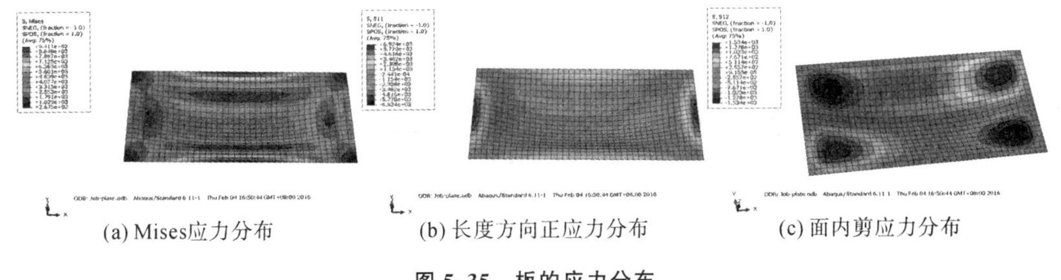

(a) Mises应力分布　(b) 长度方向正应力分布　(c) 面内剪应力分布

图 5-35　板的应力分布

5.3.10　讨论

针对以上结构形式的板和载荷工况，采用以上计算方法，讨论以下问题。

(1) 通过以上计算可以看出，若采用的是 Q235 钢，其屈服强度为 235 MPa，许用应力取为 150 MPa，以上结构设计是否满足强度要求？

(2) 以上问题若取为简支边界条件，试求解。

(3) 若结构的挠度要求为不大于 1 mm，最小厚度可以取为多少？

(4) 按照强度要求，使用 Q235 钢的最小设计厚度可以取为多少？

思　考　题

1. 船舶局部结构模型有哪些类型？简述各类模型的基本特征。

2. 简述采用 Abaqus 软件进行线性静力学分析的基本步骤与注意点。

3. 在有限元软件中建立板梁组合模型的方法有哪些？应注意哪些问题？

第 6 章　船舶舱段与全船结构强度有限元分析

本章知识要点

① 船舶舱段结构强度有限元分析的基础知识与基本方法

② 船舶全船结构强度有限元分析的基础知识与基本方法

6.1　舱段结构强度的有限元分析

按照规范设计得出的船舶结构构件尺寸，虽然总体上能够满足规范要求的安全性指标，但往往无法给出构件的详细应力分布状态和安全裕度等信息。因而，在大型民用船舶结构设计中，船级社常常要求进行船体中部货舱段结构的三维有限元分析。该分析首先对船体主要构件的应力情况进行计算以获得其应力分布，进而校核货舱段构件的结构强度，最终获得优化的构件设计尺寸。该分析主要验证在相关静、动载荷联合作用下，以下各项内容是否在可接受的衡准范围内：

(1) 船体梁和主要支撑构件的应力水平；

(2) 主要支撑构件的屈服强度；

(3) 主要支撑构件的变形或挠度。

6.1.1　计算模型的选取原则

舱段结构强度分析主要是将船舶结构垂直面内强框架(横向强框架和纵向强框架、底部肋板和桁材(龙骨))、水平面内强框架(由舷侧纵桁与舱壁水平桁组成的框架)、纵向与横向舱壁板、甲板与船体外板等构件置于船体三维立体结构中进行应力计算分析。

目前，在对船体的某些舱段建立有限元模型进行计算分析时，各船级社对建模范围的规定并不完全相同，主要包括两种：一种是中间舱各向前后延伸一个舱，共三个舱，即“三舱段模型”(以下简称大模型)，如 ABS 采用的就是大模型；另一种则是船中的一个舱段各向前后延伸半个舱，即“二舱段模型”(以下简称小模型)，如 DNV、LR、GL 及 CCS 采用的就是小模型，如图 6-1 所示。无论是大模型还是小模型，模型的垂向范围都对应船体的型深。一般来说，中间一个舱段的计算结果是可靠的，即只取模型中段的计算结果进行评估。

当主要构件和载荷关于中纵剖面对称时，可以仅建立船舶结构的左舷(或右舷)模型。而一般情况下，非对称载荷可以分解为关于中纵剖面对称和反对称的载荷来处理，也可以采用半宽模型来处理。

以上计算分析中，构件的厚度一般为扣除腐蚀余量后的净厚度。在三维立体舱段计算中，如有需要，可在舱段中部的一个横向强框架剖面上采用加密网格的方法，以反映局部应力详细分布情况。

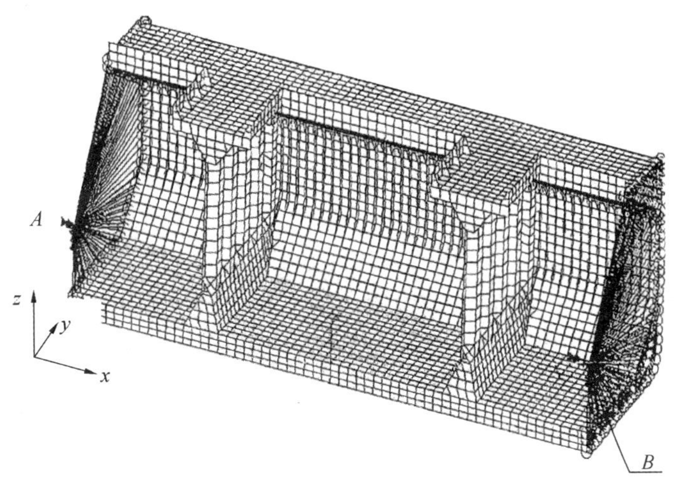

图 6-1　典型"二舱段模型"

6.1.2　计算方法概述

考虑总纵弯矩时，对船体梁载荷可以采用两种不同的方法：一种是直接法，即将船体梁载荷和局部载荷直接施加到有限元模型上，并使最终弯矩接近目标值；另一种是叠加法，即将局部载荷产生的应力与船体梁载荷产生的应力相叠加。考虑总纵剪力时，应使用直接法，使目标位置处的实际剪力接近目标值。

1. 直接法

在直接法中，船体梁载荷（总纵垂向弯矩和垂向剪力）对结构的作用，一般通过在模型两端施加载荷进行平衡。为控制目标位置处的剪力或者弯矩，两组强迫弯矩应施加在模型两端。强迫弯矩的大小具体参照相关规范。

模型端部的强迫弯矩可以采用以下方法施加。

(1) 在模型端部剖面上施加分布力，产生的合力等于零，产生的弯矩等于强迫弯矩。分布力应施加到纵向构件节点上，根据薄壁梁理论来确定。

(2) 在端部两剖面的中和轴与中心线相交处建立独立点，并将纵向构件节点与独立点进行刚性连接，在独立点上施加集中弯矩。

当前，由于模型边界条件或者弯矩调整方法的不同，直接法中还有另外一些方法可使目标位置设计值接近目标弯矩或剪力。

2. 叠加法

在叠加法中，按照相关规范规定的船体梁应力应与舱段三维有限元分析计算的每个纵向结构单元的纵向应力相叠加。由于局部载荷本身会产生相应的弯矩与剪力，因此在计算纵向应力时，所考虑剖面的垂向和水平弯矩目标值应扣除局部载荷所引起的弯矩值。

6.1.3　坐标系与边界条件定义

1. 坐标系定义

在进行舱段或全船模型计算时，坐标系采用如下规定：

（1）x 轴——沿船长方向，向船艏为正；

（2）y 轴——沿横向，从中纵剖面向左为正；

（3）z 轴——沿垂向，向上为正。

2. 边界条件定义

对于漂浮于水面的船舶而言，其结构处于“全自由”状态，但在进行有限元静力分析计算时，不能将船体按全自由结构进行处理。在有限元静力分析中，一般假设结构计算模型中没有机构，且不允许有刚体运动（自由应变）模态。当上述两条件中的任意一个不成立时，常规有限元分析中将出现刚度矩阵奇异问题，导致求解失败或者无法得到正确的计算结果。

在船体结构直接计算中，外载荷（包括波浪压力、砰击载荷、货物压力、晃荡载荷等）的计算都依赖于经验公式，无论是采用全船模型还是采用舱段模型，都很难获取一个完全平衡的外载荷力系；同时，由于船舶结构是一个复杂的立体结构，有限元模型中的节点数和单元数庞大，载荷计算的累积误差将使寻求一个完全平衡的外载荷力系变得更加困难。同时，施加合理、合适的边界条件十分重要，因为约束点产生的反力将严重影响或改变结构的实际受力状态。边界条件的确定取决于对结构受力和变形状态的判断以及分析者的经验，其中人为因素较多。虽然根据 Saint-Venant（圣维南）原理，约束点距离最关心的部位较远，对应力分布的计算结果影响有限，但有可能产生不太合理的计算结果。

船舶结构的变形状态十分复杂。一般而言，如果结构变形以弯曲为主，在两端中和轴附近的节点施加类似简支的约束比较合理；而如果结构变形以扭转为主（如斜浪状态下的大开口船舶），则应该在端面的剪切中心附近进行约束。中和轴和剪切中心的位置并不重合，对于大开口船舶，两者相距较远，所以对于既弯又扭的情况，选择合理的边界条件比较困难。

目前，在舱段的直接计算分析中，主要采用局部载荷计算模型边界和施加船体梁强迫弯矩计算模型边界。对于前者，一般在各个端面取对称约束；而对于后者，则在模型两端面施加简支约束。

《散货船结构强度直接计算分析指南》中规定，如图 6-2 所示，对于三舱段模型，两端弯矩载荷施加方法如下：

（1）模型后端面保持平端面假设，在该剖面中和轴处建立一个独立点，端面上其他节点与独立点相关，在独立点上施加弯矩；

（2）模型前端面保持平端面假设，在该剖面中和轴处建立一个独立点，端面上其他节点与独立点相关，在独立点上施加弯矩。

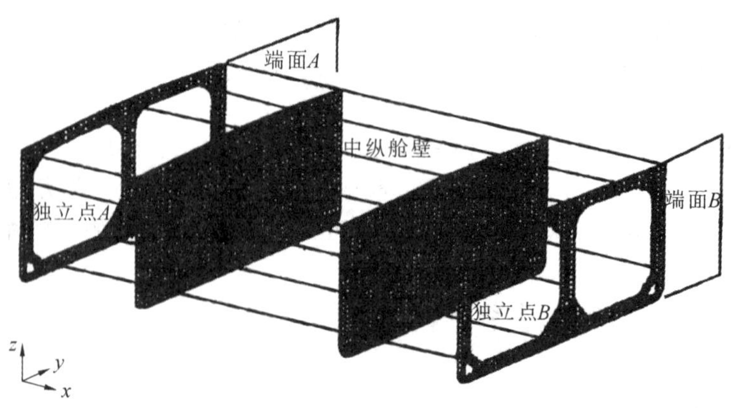

图 6-2　端面约束

边界条件施加方法如下。

(1) 如果载荷左右对称，则中纵剖面内节点的横向位移为 0，绕中纵剖面内两个坐标轴的角位移为 0，即 $\delta_y=\theta_x=\theta_z=0$。

(2) 如果载荷左右反对称，则中纵剖面内节点沿纵中剖面内两个坐标轴方向的线位移为 0，绕垂直与纵中剖面的坐标轴的角位移为 0，即 $\delta_x=\delta_z=\theta_y=0$。

(3) 端面约束。一端独立点约束 δ_x、δ_y、δ_z、θ_x、θ_z，另一端独立点约束 δ_y、δ_z、θ_x、θ_z，分别如表 6-1 中的独立点 A 和独立点 B 所示。

表 6-1　边界条件施加表(载荷对称边界)

约束	线位移			角位移		
	δ_x	δ_y	δ_z	θ_x	θ_y	θ_z
中纵舱壁	—	约束	—	约束	—	约束
端面 A	连接	—	连接	—	连接	连接
端面 B	连接	—	连接	—	连接	连接
独立点 A	约束	约束	约束	约束	端面总弯矩	约束
独立点 B	—	约束	约束	约束	端面总弯矩	约束

6.1.4　有限元结构模型的建立

1. 模型网格划分

(1) 船舶结构有限元网格沿船体横向按纵骨间距划分，沿纵向按肋骨间距或者参照纵骨间距大小划分，舷侧也参照该尺寸划分，原则是网格形状尽量接近正方形。

(2) 一般地，船体的各类板、壳结构，强框架、纵桁、平面舱壁的桁材、肋骨等的高腹板以及槽型舱壁，采用四节点板壳单元进行模拟，尽量少用三角形单元。在高应力区和高应力变化区尽量避免使用三角形单元，例如，减轻孔、人孔、舱壁与四周连接处、邻近肘板或结构不连续处。

(3) 对于承受水压力和货物压力的甲板、外板、内外底板上的纵骨、舱壁上的扶强材等，用梁单元来模拟，并考虑偏心的影响；纵桁、肋板上加强筋、肋骨和肘板等主要构件的面板和加强筋可以用杆单元来模拟。若考虑到网格的布置和大小划分的困难，将这些区域的次要构件归并为一个等效的杆单元来模拟。

(4) 船底纵桁和肋板在垂直方向上应布置不少于 3 个单元。一般情况下舱壁最底部的单元尽量取为正方形单元。

(5) 当舷侧采用横骨架时，舷侧肋骨可以定义为板单元或梁单元，当肋骨腹板的高度与舷侧的网格尺寸之比小于 1/3 时，可采用梁单元。当舷侧采用纵骨架时，舷侧结构有限元网格可采用双层底的划分原则。

(6) 主要构件的减轻孔、人孔，特别是双层底邻近舱壁处桁材和邻近舱壁底凳处肋板的开孔，可以采用等效板厚的板单元来替代这些开孔的影响。

(7) 结构尺寸在船体建造厚度基础上，应扣除规范要求的腐蚀余量，并充分考虑基于强度原因的加强，但对于某些特殊设计要求的尺寸或者加强，不予考虑。

(8) 板单元许用应力标准采用的是膜应力，即弯曲板单元的中间应力。梁单元采用的是轴向应力。

2. 细化网格应力评估

在船舶舱段直接分析中，对于一些高应力区或者应力集中区，需要通过对该区域节点做模型细化以进行详细应力分析。详细应力分析的结果能够更加真实、详细地反映船舶结构响应情况。这主要是因为：一方面，细化分析的有限元模型能够准确地描述船舶结构局部区域的细节；另一方面，只有细化网格分析才能反映出应力梯度较大区域的应力变化情况。船舶结构节点连接处的应力分析有下列两类最基本的形式。

(1) 结构几何连接突变处的应力分析。例如，双层底船舶的底边舱折角、舷侧与平台的连接部位，这类结构节点在结构布置上有突变。

(2) 船舶结构肘板连接节点处的应力分析。例如，船体甲板纵骨与横向构件的端部连接。

细化分析的计算载荷为整船分析时出现在细化分析结构上的任何形式的外载荷，细化分析的边界条件为整船分析时细化分析模型边界处的位移量。不同船型的细化分析的单元大小及校核衡准在船级社计算指南中都给出了定义。

6.1.5 校核衡准

国内外关于船舶结构直接计算的理论和方法有很多。由于船舶结构的复杂性和所受载荷的不确定性，所有的计算方法都是建立在相对假设的基础上的，即所谓的"相对强度"，相应的强度标准为相对强度标准，因此不可避免地存在应力的选取问题。一般来说，对承受横向压力的板进行强度校核时，如果能够计算板格本身的弯曲应力，则应对板的上、下表面应力进行校核，相应的强度标准即为对应的上下表面的材料许用应力。如果所计算出的板格应力仅能体现板的拉压能力，譬如采用膜单元来模拟船体板，则计算应力仅为板的中面应力。因此在工程应用上，工作应力和强度标准应该依据所采用的强度理论和使用的有限元模型简化程度来选取。

目前还未有关于军船结构强度的直接计算方法的相关规范，关于民船结构强度的相关计算方法和衡准，读者可参阅中国船级社《散货船结构强度直接计算分析指南》和《油船结构强度直接计算指南》。

6.2 全船结构强度的有限元分析

6.2.1 概述

对于新船型、超大尺度船舶和有特殊要求的船舶，需要进行全船结构强度的有限元分析。全船结构强度有限元分析就是把用水动力方法得到的反映场地概率特性的波浪载荷、惯性力和静水压力，以及货物载荷等施加到全船有限元模型上，全面评估全船在其运营工况下的船体应力状态和相对变形情况。通过这种方式，可以确保船舶结构的安全性和可靠性，并实现结构的进一步优化。

如图 6-3 所示，相比舱段有限元模型，全船有限元模型不仅包括中间舱段，而且包括艏艉

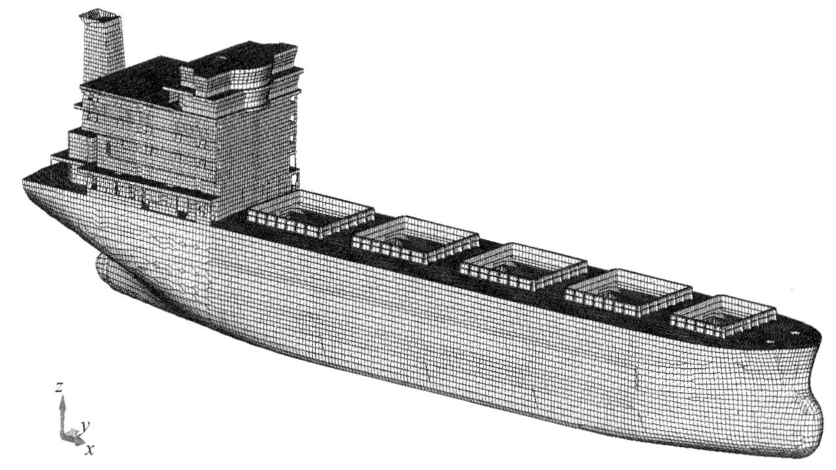

图 6-3　某民用散货船有限元模型

结构，这能极大消除在舱段计算中边界条件造成的不良影响。利用水动力方法通过概率统计得到的波浪载荷比由近似公式定义的波浪载荷更准确。

1. 全船结构强度有限元分析的目的

全船结构强度有限元分析的目的如下。

(1) 评估船舶总体强度。

(2) 为局部结构细化应力分析提供边界条件。例如，机舱前端甲板开口角隅的详细应力分析，包括舱口围板的上甲板开口角隅的详细应力分析。

(3) 对局部结构非常规布置区域的详细分析提供边界条件。进行总体强度分析后，从整体结构中取出需要细化的结构，用细网格进行有限元二次解析，这是一种经济的分析技术。细化部分结构的边界条件为整体分析时得到的边界上的位移节点。

通过把模型提交至有限元软件进行分析，最终可以得到下面的几种结果：

(1) 全船分析的计算结果；

(2) 主要构件应力数值结果；

(3) 变形的数据结果；

(4) 结构变形图及纵向应力与相当应力云图。

2. 全船结构强度有限元分析的步骤

全船结构强度有限元分析主要包括如下步骤：

(1) 收集技术规格书、船舶结构图纸、装载手册、航行海区的波浪数据等相关资料；

(2) 根据结构图，确定有限元网格和单元类型，建立有限元模型；

(3) 将船舶结构、设备及货物质量离散到有限元单元上，建立和空船一致的质量模型；

(4) 建立湿表面模型(主要用于波浪载荷分析)；

(5) 计算传递函数，进行水动力波浪长期统计预报，确定波浪载荷并将其施加到有限元模型上；

(6) 对结构进行屈服强度、屈曲强度、疲劳寿命及变形的分析与评价。

某单壳散货船的全船结构强度有限元分析流程如图 6-4 所示。

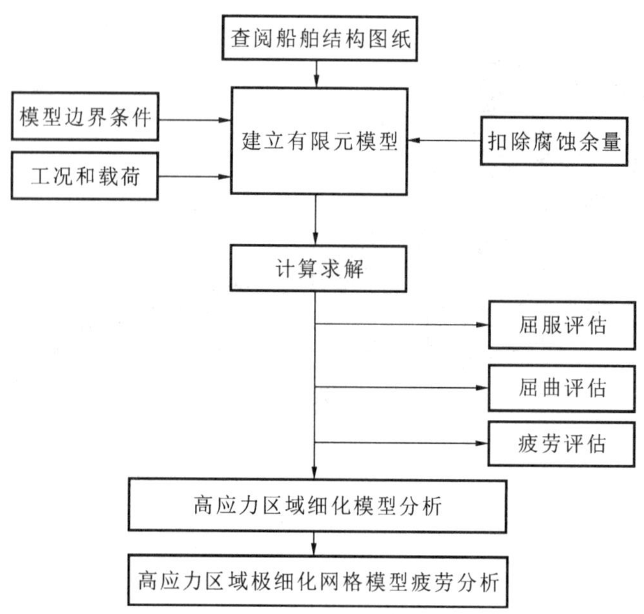

图 6-4　某单壳散货船的全船结构强度有限元分析流程

6.2.2　全船有限元计算模型

1. 模型范围

全船三维有限元模型包括整个船长、船宽范围内的船舶结构，即左右舷结构、舯段结构、艏艉结构、机舱、上层建筑内所有有效的纵向受力构件（如甲板结构、舷侧及纵舱壁结构、双层底结构等）与横向主要结构（如横舱壁、肋骨框架及甲板横梁等）。

其中，船体艏艉结构是波浪载荷传递的重要部分，并且是舯段结构弯曲扭转变形的约束端，必须在模型中予以正确表达。

对局部支撑构件，如肘板等，不计入模型中，桁材、肘板上的开孔忽略不计。

结构及载荷为左右对称时，全船模型可只计入左舷（或右舷），并在中纵剖面处施加左右对称条件。对于大开口船舶，需要考虑扭转时应采用全船模型。

2. 单元网格尺寸与类型

根据结构实际受力状态将模型中的各类结构按建模厚度离散为下列几种类型。

(1) 壳单元（四节点和三节点单元）：甲板、舷侧外板及船底板、内底板、船底纵桁、纵舱壁及横舱壁、肋板、舷侧纵桁等。

(2) 梁单元：纵桁、横梁及水密舱壁扶强材等。

(3) 杆单元：支柱、强构件的面板等。

对于纵桁、强框架等，若 $h/L \leqslant 1/10$，一般采用梁单元；若 $h/L > 1/10$，一般采用壳单元。

3. 单元网格尺寸控制

根据不同国家的船级社规定，单元网格可以采用两种尺寸：一种是粗网格，即根据船底肋骨或强框架间距来确定网格大小；另一种是细网格，即根据纵骨间距来划分单元。进行全船有限元分析时，网格尺寸建议取强构件间距（粗网格），这比舱段分析取的骨材间距要大，否则全船有限元分析规模太大。单元网格尺寸控制如下。

(1) 纵向：双层底肋板间距为一个单元。

(2) 横向：纵桁间距为一个单元。

(3) 垂向：垂向桁材或甲板间距为一个单元。

船中部区域单元的长宽比大致可控制在 1∶3，其他部位的长宽比大致可控制在 1∶2。

4. 板材上的小骨材

板材上的小骨材可以合并归入板单元网格边界，化为等效梁单元，其截面积为合并的骨材面积之和，其剖面特性应计入等效梁与板连接的偏置。

5. 边界条件

在进行全船有限元分析时，需要定义边界条件以消除刚体位移。如图 6-5 所示，CCS《集装箱船结构强度直接计算指南(2005)》规定全船有限元分析的边界条件如下：

(1) 在艉端节点 1 处：$U_y=0$；

(2) 艉封板距中纵剖面距离相等的节点 3(左)、节点 4(右)处：$U_z=0$；

(3) 艏端节点 2 处：$U_x=U_y=U_z=0$。

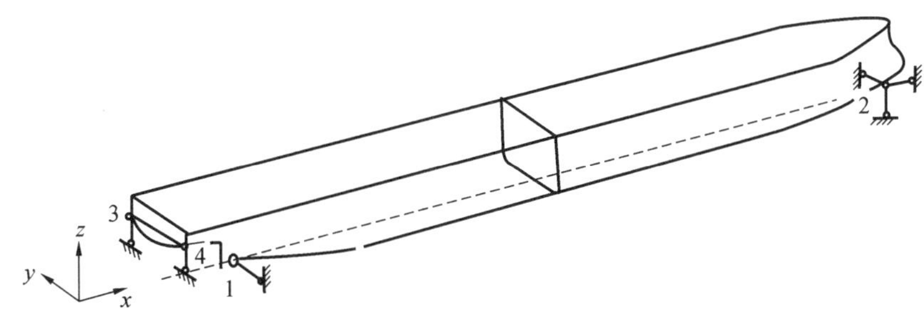

图 6-5　全船边界条件

上述边界条件约束了船舶在空间中的 6 个自由度，即排除了刚体位移，所以可以进行总纵弯曲变形与应力计算。同时，其他等效的边界条件也可以使用，但在约束节点附近结构刚度应比较大，保证约束施加位置处的结构在约束反力绝对值很小的前提下，不产生过大的应力或变形。

同时应该认识到，船舶是漂浮在水中的自由体，在重力、浮力及惯性力作用下处于平衡状态，施加边界条件的目的是排除船体的刚性运动。理论上，约束点反力应该为零，但实际加载后支点反力不可能达到零值，施加任何约束都会影响到其变形状态。如果采用惯性释放方法，结构的惯性质量被用来抵抗施加的载荷，结构虽然无约束，但处于平衡状态，模型的刚度矩阵不发生奇异，可以不施加任何约束进行分析。目前 CCS 的直接计算标准中未规定此方法。

6. 载荷的分类与施加方法

船舶常见载荷的分类与施加方法，如下所述。

(1) 空船与机器重量　空船重量的施加可通过将全船有限元模型沿纵向按空船重量分布曲线划分成一系列区域，进而基于不同区域材料密度系数的变化来实现。机器重量按其所处的区域以节点力的形式施加在相应的结构上。其他一些次要的设备的重量则可归入材料密度，作用在不同的区域节点上。

(2) 舱内及甲板上的货物重量　按其载荷布置区域，作用在相应的节点上。

(3) 外部静水压力　按工况的吃水情况，作用在船体外部湿表面上。

(4) 波浪压力　采用二维切片理论方法计算程序,求得湿表面积单元上的波动压力,将其施加于船体外壳单元。

思 考 题

1. 进行船舶舱段结构强度有限元分析时,应如何选择计算模型? 原则是什么?
2. 船舶舱段结构模型的坐标系方向如何定义?
3. 船舶舱段结构模型的边界条件如何定义?
4. 简述船舶舱段结构常见载荷的施加方法。
5. 船舶有限元模型单元大小的确定原则是什么?
6. 简述进行船舶舱段和全船有限元分析的基本流程和步骤。

第 7 章　船舶结构稳定性的有限元分析

本章知识要点

① 线性屈曲分析的基本概念与计算步骤

② 使用 Abaqus 进行环肋圆柱壳体屈曲问题分析的步骤与操作

③ 非线性屈曲分析的基础知识与计算步骤

④ 环肋圆柱壳的建模方法

7.1　线性屈曲分析概述

船舶结构的稳定性(屈曲)分析主要用于研究结构在特定载荷下的稳定性或确定结构失稳的临界载荷。结构屈曲分析包括线性屈曲分析和非线性屈曲分析,其中,线性屈曲分析又称为特征值屈曲分析。线性屈曲分析可以考虑固定的预载荷,也可以使用惯性释放;非线性屈曲分析包括几何非线性失稳分析、弹塑性失稳分析、非线性后屈曲分析等。本章着重讨论线性屈曲分析。

7.1.1　线性屈曲分析(Buckle)的特点

在 Abaqus 软件中,线性屈曲分析采用 Line-Perturbation 中的 Buckle 分析步实现。线性屈曲分析以特征值为研究对象,可预测理想线弹性结构的理论屈曲强度(分叉点),其特征值方程决定了结构的分叉点。线性屈曲分析具有以下特点。

(1) 通过特征值或线性屈曲分析结果可以预测理想线弹性结构的理论屈曲强度。

(2) 线性屈曲分析为线弹性屈曲分析方法,使用欧拉行列式求解特征值屈曲载荷,结果与经典的欧拉解一致。

(3) 线性屈曲分析得出的结果通常是偏于危险的(失稳载荷偏大),这是因为实际结构中存在缺陷和非线性特性,通过线性屈曲分析得出的结果无法与实际结构的弹性屈服强度一致。

(4) 线性屈曲分析无法考虑非弹性材料模型、非线性因素及不属于建模的结构缺陷(凹陷)等问题。

通过以上阐述可以看出,工程结构的非理想和非线性特性决定了其无法达到理论上的弹性屈服强度。线性屈服通常产生偏于危险的设计结果,应当谨慎使用。虽然线性屈曲分析的结构偏于危险,但在实际工程应用中具有以下优点:

(1) 线性屈曲分析比非线性屈曲分析计算省时,可用于初步评估结构的临界失稳载荷;

(2) 通过线性屈曲分析可预知结构的屈曲模态、结构可能发生的屈曲方式,从而为设计过程提供指导。

7.1.2　线性屈曲分析的基本理论

进行线性屈曲分析的目的是寻找分叉点，评价结构的稳定性。在线性屈曲分析中，求解特征值需要用到屈曲载荷因子 λ_i 和屈曲模态形状系数 Ψ_i。

线性静力学分析中包含刚度矩阵 $[D]$，它的应力状态函数为

$$([K]+[D])\{x\}=\{F\} \tag{7-1}$$

若分析是线性的，可以对载荷和应力状态乘以一个常数 λ_i，此时：

$$([K]+\lambda_i[D])\{x\}=\lambda_i\{F\} \tag{7-2}$$

在一个屈曲模型中，位移可能大于 $\{x+\Psi\}$，而载荷没有增加，因此下式也是正确的：

$$([K]+\lambda_i[D])\{x+\Psi\}=\lambda_i\{F\} \tag{7-3}$$

联立求解式(7-2)与式(7-3)，可得

$$([K]+\lambda_i[D])\{\Psi\}=0 \tag{7-4}$$

式(7-4)就是线性屈曲分析中使用的求解方程。在求解过程中，假定材料为线弹性材料，则式(7-4)中的 $[K]$ 和 $[D]$ 为定值，并且可利用小变形理论但不适用非线性理论。

对于上面的求解方程，需要注意如下事项：

(1) 将屈曲分析步中施加的载荷乘以 λ_i，即可得到各阶屈曲模态的临界载荷；

(2) 屈曲模态形状系数 Ψ_i 代表了屈曲的形状，但不能得到其幅值，因为此时 Ψ_i 是不稳定的；

(3) 屈曲分析中有许多屈曲载荷因子和模态，通常只对前几个模态感兴趣，这是因为屈曲在低阶屈曲模态时已经发生。

对于线性屈曲分析，Abaqus 内部自动应用两种求解器进行求解。

(1) 首先执行线性分析：$[K]\{x_0\}=\{F\}$。

(2) 在静力学分析的基础上，计算应力刚度矩阵 $[\sigma_0]\rightarrow[D]$。

(3) 应用前面的特征值方法求解得到屈曲载荷因子 λ_i 和屈曲模态形状系数 Ψ_i。

7.1.3　线性屈曲分析的过程

在进行屈曲分析之前，如有需要，可先进行结构静力学问题分析。线性屈曲分析的一般步骤如下：

(1) 建立或导入有限元模型，设置材料参数；

(2) 定义接触的区域与属性；

(3) 定义网格控制并划分网格；

(4) 定义线性屈曲分析步；

(5) 施加载荷及约束条件；

(6) 定义计算任务，并对模型进行求解；

(7) 进行结果评价和分析。

在以上各步中，应注意以下问题。

(1) 几何体和材料属性。

与线性静力学分析步类似，在线性屈曲分析中，可支持的几何体包括实体、壳体、线体等。

对于线体结构,在后处理中只有屈曲模式和位移结果可以查看。在模型中可以包含点质量,但由于点质量只承受惯性载荷的作用,在实际应用中会受到限制。

在线性屈曲分析中,材料参数只要求输入杨氏模量和泊松比。

(2) 接触设置。

在线性屈曲分析中可以定义接触对,但由于其是线性分析,因此采用的接触类型不同于非线性分析中的接触类型。所有非线性接触类型通常被简化为"绑定"或"不分离"接触;不分离接触在屈曲分析中将产生警告信息,因为其在切向没有刚度,将产生许多多余的屈曲模态。在合适的情况下,可考虑应用绑定接触代替一般的接触。

(3) 载荷与约束。

在线性屈曲分析中,需要至少施加一个能够引起结构屈曲的载荷,方能进行模型求解。由于屈曲载荷是由结构载荷乘以载荷系数决定的,因此 Buckle 分析步不支持同时施加多个不成比例或常值的载荷。当线性屈曲分析中存在接触和比例载荷时,可以对屈曲结果进行迭代,调整可变载荷直到屈曲载荷因子变为 1.0 或接近 1.0。

(4) 计算结果后处理。

线性屈曲问题求解完成后,即可查看屈曲计算结果,每个屈曲模态的屈曲载荷因子 λ 显示在图形和图表的参数列表中,屈曲载荷因子 λ 乘以施加的载荷值 P_0 即得屈曲载荷 P_E:

$$P_E = P_0 \times \lambda \tag{7-5}$$

7.2　Abaqus 中的非线性屈曲分析

Abaqus 软件 Line-Perturbation 中的 Buckle 分析步是基于特征值的屈曲分析方法,因而其只能求解线性屈曲问题,要想进行非线性屈曲分析就需要引入初始缺陷。Abaqus 软件中的非线性屈曲分析通常采用 Riks 方法实现,其可以考虑材料非线性、几何非线性以及初始缺陷的影响。其中,初始缺陷可以通过屈曲模态、振型以及一般节点位移来描述。

Riks 方法可用于跳越失稳问题的研究,也可以用于分叉屈曲的后屈曲研究。分叉屈曲的后屈曲分析不能直接在分叉屈曲分析步之后进行,而是要先引入初始缺陷,使力学响应呈连续状态。

7.2.1　Riks 方法简介

Riks 方法一般用于分析结构的非稳定的几何非线性失稳,其分析过程中涉及材料非线性和边界非线性,经常用在特征值屈曲分析步之后,以给出结构压溃的完整过程信息。此外,它还可用于加速某些未表现出不稳定性的病态或突弹跳变等问题的收敛。

1. 不稳定响应

几何非线性静态问题有时涉及屈曲或压溃性能,即荷载-位移响应出现负刚度(下降段)且结构必须释放应变能来维持平衡,模拟该性能的方法主要有以下几种。

(1) 动态处理屈曲响应,利用包含结构翻转的惯性效应来真实地模拟响应。当静态求解变得不稳定时,该方法可以很简单地通过"重启动"终止静态过程并转换为一个动态过程来实现。在一些简单的情况下,可以通过位移控制提供解决办法,即使共轭荷载(反作用力)随着位移增加而降低。

(2) 在静态分析中采用阻尼器来稳定结构。在静态分析工程中，Abaqus 将提供此稳定方法的自动版本。

(3) 修正的弧长法(modified Riks method)，用于解决静态平衡中的不稳定响应问题。该方法主要用于荷载成比例变化(荷载幅值由单个标量参数控制)的情况。该方法可提供复杂的、不稳定响应情况(见图 7-1)下的解答。

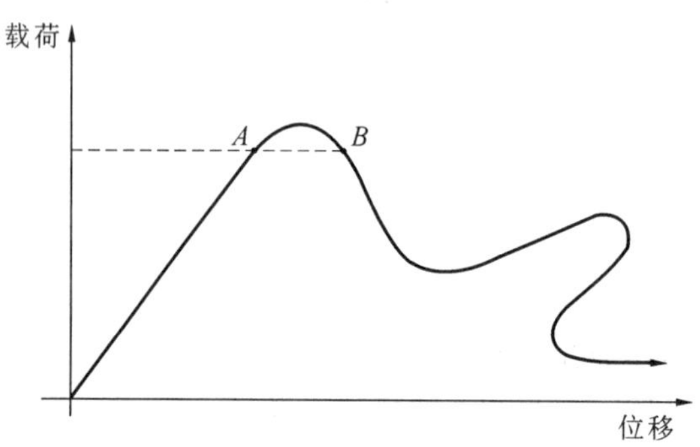

图 7-1　载荷-位移变化曲线

(4) Riks 方法，一般用来求解病态(ill-conditioned)问题，如极限荷载问题或大多失稳问题(出现软化)。

2. 弧长法

在一些简单情况下，线性特征值分析对于预估结构设计方案的失稳载荷一般已经足够了。但如果在屈曲前或屈曲后响应中涉及材料非线性和几何非线性，则必须进行荷载-挠度 Riks 分析，以进一步研究相关响应问题。

Riks 方法将载荷幅值作为附加的未知数，同时求解载荷和位移。因此，必须采用另一个量以衡量求解进度。Riks 方法在 Abaqus/Standard 中利用荷载-位移空间中静态平衡路径的弧长(arc length)l 进行衡量，不管响应是稳定还是不稳定的，该方法都能求解。

3. 比例载荷

若 Riks 分析步是前一个历史分析步的后续分析步，则在本分析步开始时已存在且没有被重新定义的任何载荷，将被处理为具有不变幅值的恒定载荷 P_0。在 Riks 分析步中定义的载荷幅值被指定为参考载荷 P_{ref}。所有规定的载荷都是从初始载荷(恒定载荷)一直变化到规定的参考载荷。

在 Riks 分析步中的载荷总是成比例的，当前真实载荷幅值为

$$P_{\text{total}} = P_0 + \lambda(P_{\text{ref}} - P_0) \tag{7-6}$$

式中：λ——载荷比例系数(load proportionality factor，LPF)，变化范围为 0～1；

P_0——恒定载荷或初始载荷；

P_{ref}——参考载荷或最终载荷。

若只有一个 Riks 分析步，则 $P_{\text{total}} = \lambda P_{\text{ref}}$。载荷比例系数是 Riks 分析步求解内容的一部分，Abaqus/Standard 在每个增量步中将输出载荷比例系数的当前值。

4. 增量

Abaqus/Standard 采用 Newton 迭代方法来求解非线性平衡方程。Riks 方法仅采用应变增量外推值的 1%。

在定义分析步时，用户需提供沿静态平衡路径的弧长的初始增量 Δl_{in}，初始载荷比例系数

按照如下方法计算：

$$\Delta\lambda_{in} = \frac{\Delta l_{in}}{l_{period}} \tag{7-7}$$

式中：l_{period}——用户指定的总弧长比例系数(一般设置为 1)。

在 Riks 分析步的第一次迭代中将采用 Δl_{in} 值。在后续的迭代步和增量步中，λ 值将被自动计算，因此，用户无法控制载荷幅值。载荷比例系数 λ 是求解的一部分，而最小和最大弧长增量 Δl_{min} 和 Δl_{max} 可用来控制自动增量的计算。

7.2.2　Riks 分析步的设置

本节主要介绍 Static Riks 分析步的具体设置。

1. Basic 选项卡

Basic 选项卡如图 7-2 所示。

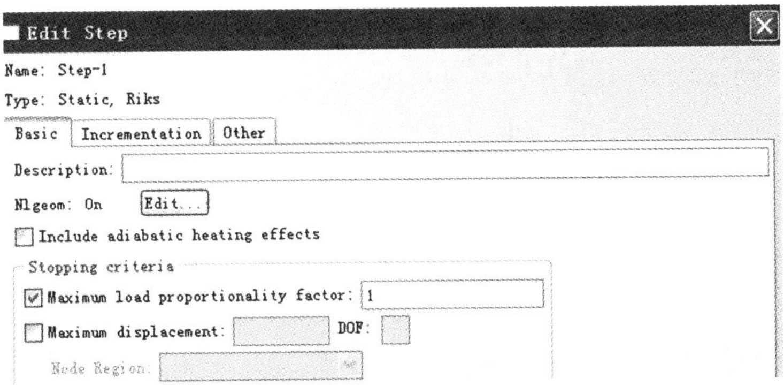

图 7-2　Basic 选项卡

(1) 更改“Nlgeom”的设置(是否考虑几何非线性)，在该类分析步中一般均需考虑几何非线性，因而一般选择“On”。

(2) 若需进行绝热应力分析，则选择“Include adiabatic heating effects”(包含绝热升温效应)。该选项只对各向同性金属塑性材料(具有 Mises 屈服面)才有效。

(3) 分析步终止准则。

载荷幅值是 Riks 分析步求解的一部分，用户需要指定一个结束本分析步的准则。可从以下两选型中选择其中 1 种或 2 种。

选项①：Maximum load proportionality factor。输入载荷比例系数的最大值，当载荷超过一定幅值时，Abaqus/Standard 依据该值终止本分析步(一般输入 1)，可以用于计算结构在某个载荷下的响应(载荷逐渐增大，找出结构哪些位置首先发生破坏，并模拟整个失效过程)。

选项②：Maximum displacement。输入指定自由度(DOF)上的最大位移值，用户必须同时指定输出位移的节点域(node region)，Abaqus/Standard 将监测该节点区域的位移，若其位移最大值超过了指定值，Abaqus/Standard 将终止该分析步(适于位移控制)。

若没有指定上述任何一个控制条件，分析将按照下文所述的“Incrementation”选项卡中的增量步数(the number of increments)进行分析，并计算完成所有的增量步。

2. “Incrementation”选项卡

“Incrementation”选项卡(见图 7-3)主要用于定义弧长增量的类型、数目和步长等相关参数。

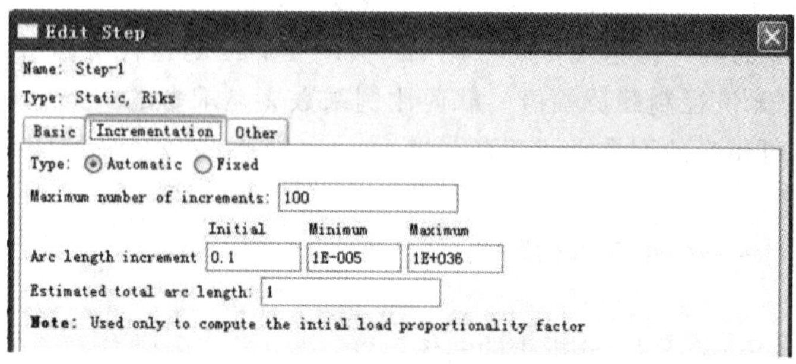

图 7-3　“Incrementation”选项卡

(1) “Type”(弧长增量类型)。

① “Automatic”:允许 Abaqus 根据计算效率自动选择弧长增量大小。

② “Fixed”:指定用户控制的增量大小。Abaqus 在整个分析步中按照用户指定的弧长增量(保持不变)进行分析。在 Riks 分析中,该方法不被推荐,因为该方法将阻止 Abaqus/Standard在遇到严重非线性时减小弧长的尝试。

(2) “Maximum number of increments”(最大增量步数)。若分析步的增量步数超过设定的最大增量步数,分析将被停止。

(3) 若在(1)中选择了“Automatic”,则输入弧长增量值(Arc length increment)。

① “Initial”:输入初始弧长增量 Δl_{in}(在比例载荷-位移空间中沿静态平衡路径的弧长值)。(一般输入一个较小值,如 0.1 等)

② “Minimum”:输入最小弧长增量 Δl_{min}。若输入 0,Abaqus 将采用默认值。(推荐的初始弧长 Δl_{in} 和10^{-5}倍总弧长中的较小值)

③ “Maximum”:输入最大弧长增量 Δl_{max}。若不指定该值,将不引入弧长增量的上限。

④ “Estimated total arc length”:输入本分析步的总弧长比例系数 l_{period}。若输入 0 或没有指定,Abaqus/Standard 将采用默认值 1.0。

(4) 若在(1)中选择了“Fixed”,输入恒定的弧长增量值(Arc length increment)。

3. “Other”选项卡

“Other”选项卡如图 7-4 所示。

(1) “Matrix storage”:定义矩阵存储方法,允许采用对称或非对称矩阵存储和求解方案。

(2) “Solution Technique”:用于定义求解过程中的技术,允许采用接触迭代(Apply contact iteration solution technique)代替严重不连续迭代以加速计算。接触迭代在求解大量的几何非线性、小滑移、无摩擦、静态、具有很多严重不连续迭代的问题时比较有效。

(3) “Convert severe discontinuity iterations”:选择在非线性分析中处理严重不连续迭代的方法。

(4) “Extrapolation of previous state at start of each increment”:选择每一增量步基于先前状态进行数据外推的方法。

(5) 若进行结构塑性变形的分析,可以选择当某些区域(在对话框中输入被监测区域的名

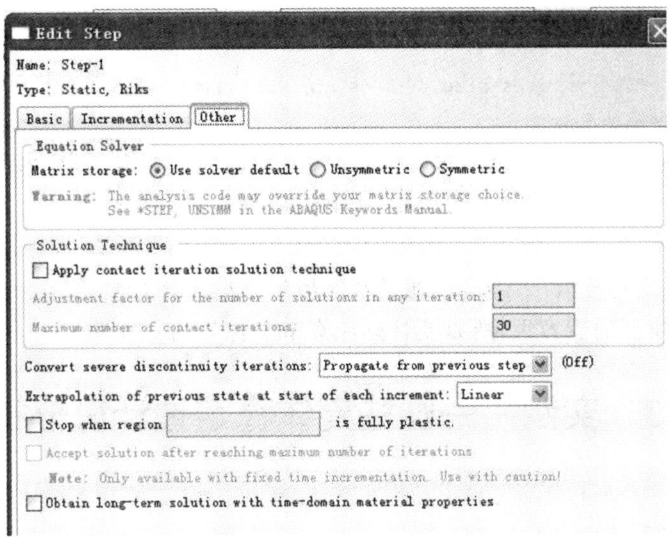

图 7-4　“Other”选项卡

称)完全进入塑性时,停止计算。

(6) 若在“Incrementation”选项卡中,选择了“Fixed”(固定增量步长),用户可在“Other”选项卡中选择“Accept solution after reaching maximum number of iterations”,即当达到规定的最大迭代次数后,Abaqus 自动继续求解下一增量步,即使平衡容差得不到满足,若采用该选项,应设定尽量小的增量步长且迭代次数不能小于两次。

(7) “Obtain long-term solution with time-domain material properties”:主要应用于采用时域黏弹性和弹塑性材料的场合,以获得完全无约束的长期弹性解。

7.2.3　Abaqus 非线性屈曲分析步骤

利用 Abaqus 进行非线性屈曲分析,一般有以下三步。

1. 特征值屈曲分析

特征值屈曲分析 Line-perturbation/Buckle 为线性屈曲分析,是在小变形的情况下进行的,也即上面提到过的模态,目的是得出临界载荷(一般取一阶模态的 Eigenvalue 乘以所设定的 load),且需要在.inp 文件中,增添以下输出语句:

```
Input File Usage:
*node file, global=yes
U
*End Step
```

此修改目的在于:将下一步后屈曲分析所需要的初始缺陷在节点位置输出到.fil 文件中。

2. 后屈曲分析中的缺陷引入

后屈曲分析步一般定义为非线性 static/Riks,由于相关分析是在大变形情况下进行的,因此一般采用位移控制的修正弧长法。在后屈曲分析步中,可以定义材料非线性、几何非线性和初始缺陷,所以也称为非线性屈曲分析。在分析过程中,为了得到极限值,需要计算出载荷-位移曲线的下降段,除了采用位移控制以及弧长法设定外,需要在.inp 文件中,嵌入特征值屈曲分析中的.fil节点数据，以引入相关缺陷，.inp 文件范例如下。

```
Input File Usage:
*IMPERFECTION, FILE=results_file, STEP=step, NSET=name
1(模态), 2e-3(缺陷的比例因子 W)
```

在基于前一步的静力分析引入缺陷时，可以定义缺陷为某个增量步的结果，也可以不指定（默认输出最后一个载荷步的结果）；可以定义局部或整体坐标系，也可以读入相应的文件。

3. 后屈曲分析

利用 Riks 方法进行分析。Abaqus 通过节点标签来输入初始缺陷(imperfection)，但是软件不会去确认两个模型的兼容性，所以要特别注意节点标号的一致性。

7.3 实例——圆柱壳体稳定性计算分析

7.3.1 问题的描述

在静水压力作用下，对两端固支的环肋圆柱壳结构的临界失稳压力进行分析。

模型的几何尺寸：舱段长度 $a=14$ m，圆柱壳体半径 $R=4$ m，壳板厚度 $h=25$ mm；肋骨间距 $l_e=0.5$ m，肋骨采用 T 型材，其腹板尺寸为 12 mm(厚)×150 mm(高)，面板尺寸为 20 mm(厚)×100 mm(宽)。材料参数：弹性模量 $E=210$ GPa，泊松比 $\mu=0.3$。

本实例采用国际单位制：长度(米，m)、力(牛，N)、应力(帕，Pa)。

7.3.2 模型的建立

建立新文件，模型文件命名为 shell。

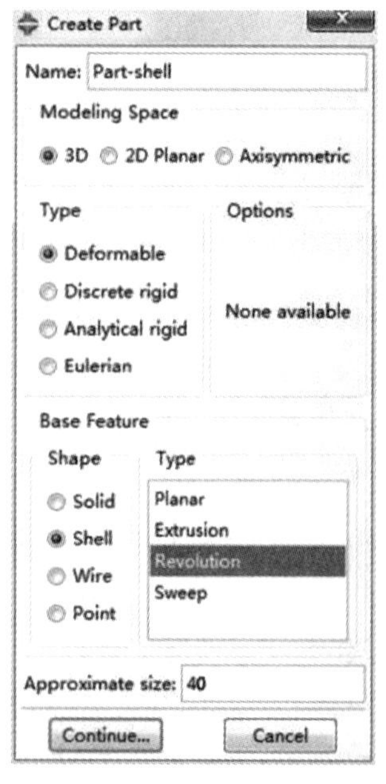

图 7-5 创建部件对话框

在环境栏的 Module(模块)列表中选择 Part(部件)功能模块。

1. 创建部件

单击工具栏中的 Create Part(创建部件)，弹出“Create Part”对话框，如图 7-5 所示。在“Name”栏内输入“Part-shell”，在“Modeling Space”栏内选择选择“3D”(三维模型)，在“Type”栏内选择“Deformable”(可变形体)，在“Base Feature”栏内选择“Shell”，在“Type”栏内选择“Revolution”，单击“Continue...”按钮，进入绘制草图界面。由于是旋转完成建模，故只需画出半边图形，如图 7-6 所示。

2. 绘制草图

单击工具区中的 Create Lines：Connected(创建线：首尾相连)，在提示区输入“4，−7”及“4，7”，单击鼠标中键，创建外轮廓线。在提示区输入“4，−6.5”及“3.85，−6.5”，单击鼠标中键，创建腹板。在提示区输入“3.85，−6.45”及“3.85，−6.55”，单击鼠标中键，创建面板。单击工具区中的 Linear

Pattern(线状模式)，选中创建的面板和腹板，单击鼠标中键，弹出“Linear Pattern”对话框，按照图 7-7 所示输入参数，完成肋骨的创建。

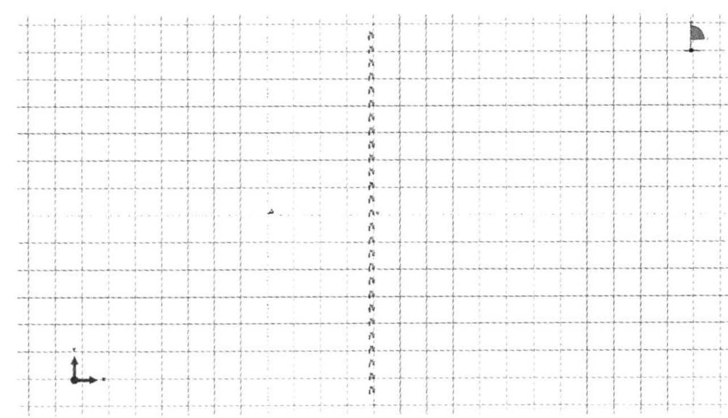

图 7-6　环肋圆柱壳模型草图

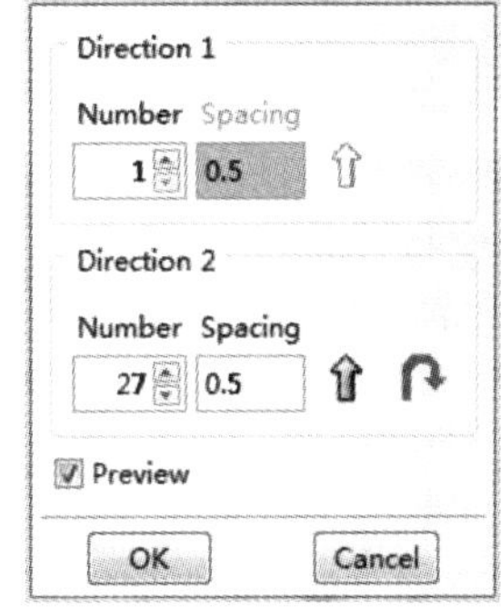

图 7-7　线性阵列对话框

草图绘制完成后单击提示区的“Done”按钮，弹出“Edit Revolution”对话框，在“Angle”栏内输入 360°，即将绘制的草图绕 Y 轴旋转 360°，生成三维模型图，如图 7-8 所示。

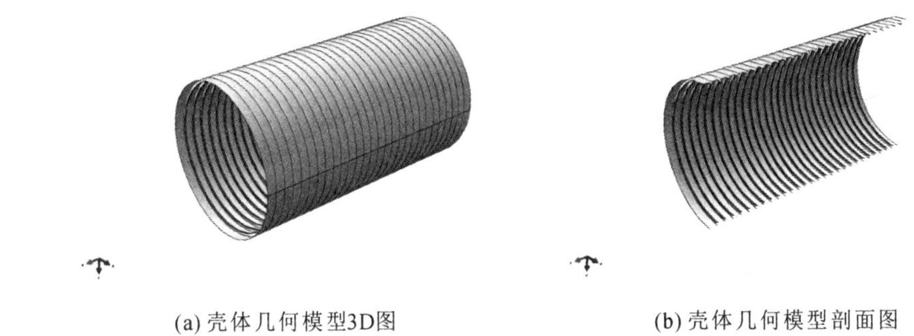

(a) 壳体几何模型3D图　　(b) 壳体几何模型剖面图

图 7-8　环肋圆柱壳三维模型

【提示】　单击工具栏中的 Activate/Deactivate View Cut(激活/隐藏视图切割)，可查看该结构的中剖面视图，再次单击此工具，则恢复模型 3D 图。

7.3.3　设置材料和截面特性

1. 定义材料属性

在环境栏的 Module(模块)列表中选择 Property(特性)功能模块。

单击工具区中的 Create Material(创建材料)，弹出“Edit Material”对话框，如图 7-9 所示。在“Name”栏内输入“Material-Steel”为材料名称；在“Material Behaviors”栏内选择“Mechanical”→“Elasticity”→“Elastic”；在“Material Behaviors”栏下方的“Data”数据表内的“Young's Modulus”输入“210e9”和“Poission's Ratio”输入“0.3”；其他参数都选用默认参数。单击“OK”按钮，完成材料创建。

图 7-9　编辑材料属性

2. 建立截面属性

由于本章中模型的钢板厚度有三种尺寸：壳板厚度 25 mm，肋骨腹板厚度 12 mm，面板厚度 20 mm，故需建立三种截面属性。下面以壳板厚度 25 mm 为例，讲述建立截面属性的详细步骤。

单击工具区中的 Create Section(创建截面)，弹出“Create Section”对话框，如图 7-10 所示。在“Name”栏内输入“Section-T25”，依次选择“Shell”→“Homogeneous”，单击“Continue...”按钮，弹出“Edit Section”对话框，如图 7-11 所示。在“Value”栏内输入壳板厚度 0.025 m，其余参数默认为软件设置，单击“OK”按钮，完成壳板厚度的截面属性建立。

图 7-10　创建截面

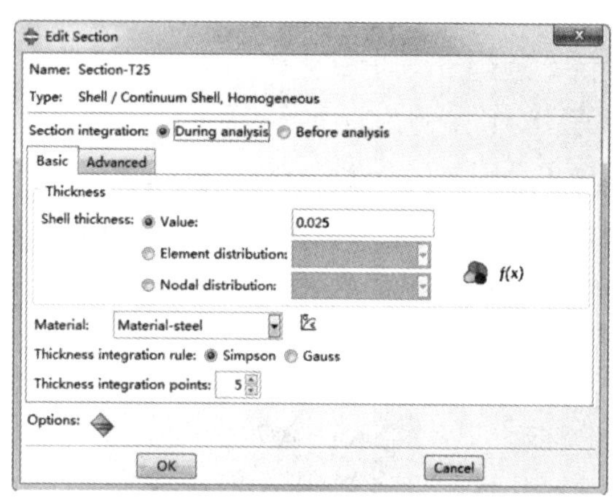

图 7-11　编辑截面

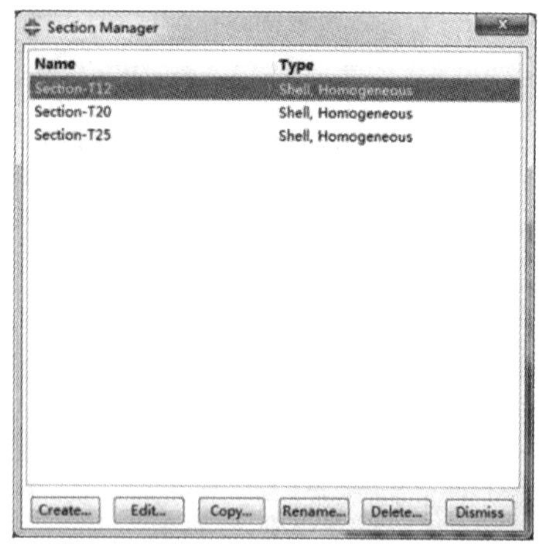

图 7-12　截面管理器

对于肋骨腹板厚度 12 mm 及面板厚度20 mm，参照上述步骤，自行建立截面属性。三种厚度的截面属性建立结束后，可单击工具区中的 Section Manager(截面管理器)，查看建立的截面属性，如图 7-12 所示。

【提示】　由于创建模型时所采用的长度单位是 m，故建立截面属性时输入的厚度尺寸需统一单位为 m。Abaqus/CAE 建模过程中需注意前后单位的一致性，以免后续计算过程中出现误差。单击“Section Manager”对话框中的“Edit...”按钮，可对选中的截面进行查看或尺寸修改。

3. 分配截面特性

本章中的模型存在三种不同的截面特性需要分配，下面仅以面板厚度 20 mm 为例，详细叙述分配截面特性的操作，其余两种截面特性需读者自行摸索分配。

单击工具区中的 Assign Section(分配截面)，提示区中出现“Select the regions to be assigned a section”，在“Create set”栏内输入“Set-20”，并选中模型中的所有面板(见图 7-13)，单击提示区的“Done”按钮。弹出“Edit Section Assignment”对话框，在“Section”的下拉列表中选择“Section-T20”(见图 7-14)，其余参数默认为软件设置。

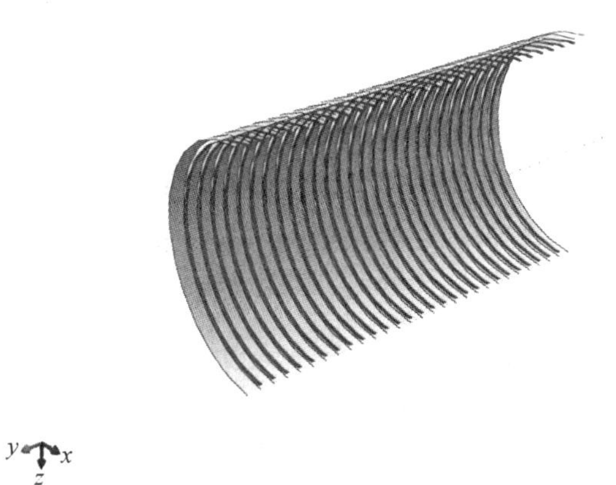

图 7-13　赋予面板截面属性

图 7-14　编辑截面属性

将壳板厚度 25 mm 及肋骨腹板厚度 12 mm 分别命名为 Set-25 及 Set-12，进行截面属性分配。三种截面属性赋予结束后，模型颜色变为绿色，如图 7-15 所示。

图 7-15　赋予模型截面属性

【提示】

(1) 为便于肋骨的腹板及面板选取，可采用剖面视图。

(2) 在截面选取中，选择多个截面时需按住 Shift 键，当发现选取截面错误时，按住 Ctrl 键可对选中的截面进行删除。

(3) 单击工具区中的“View”→“Part Display Options”，勾选“Render shell thickness”，单击“Apply”按钮，视图区中的模型会显示出赋予的截面厚度。

(4) 在编辑截面属性对话框的“Shell Offest”栏内，“Definition”的下拉列表中会出现五个选项：“Middle surface”“Top surface”“Bottom surface”“Specify surface”及“From geometry”。这些选项会影响截面厚度生成的方向。

7.3.4　定义装配

在环境栏的 Module(模块)列表中选择 Assembly(装配)功能模块。

单击工具区中的 Create Instance(创建部件实体)，弹出“Create Instance”对话框，如图

7-16 所示，Abaqus/CAE 自动选择之前创建的 shell 模型，其他参数都选用默认设置，单击“OK”按钮，完成部件装配。

图 7-16　装配部件

7.3.5　设置分析步和变量输出

在环境栏的 Module(模块)列表中选择 Step(分析步)功能模块。

单击工具区中的 Create Step(创建分析步)，在“Name”栏内输入“Step-Buckle”，选择“Linear perturbation”→“Buckle”(线性屈曲分析步)，如图 7-17 所示。单击“Continue...”按钮。设置“Number of eigenvalues requested”(特征值数目)为“10”(可根据实际情况进行调整)，并确认，如图 7-18 所示。

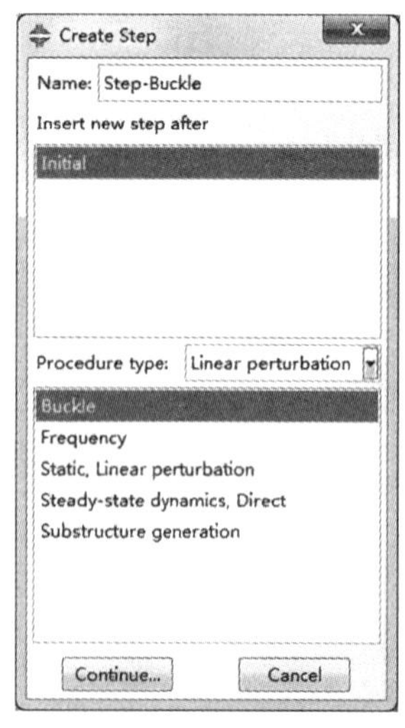

图 7-17　分析步选取

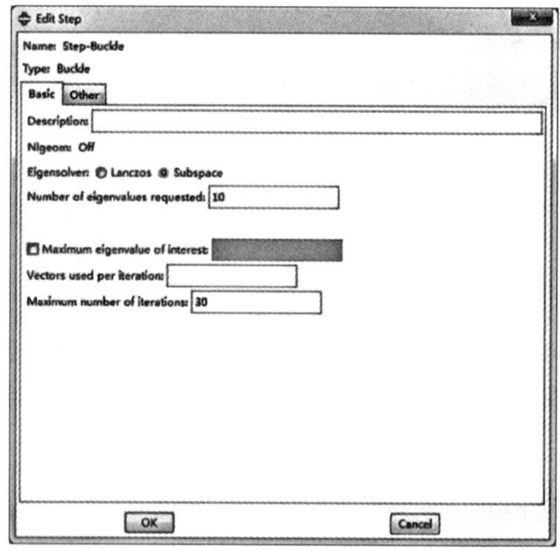

图 7-18　分析步设置

7.3.6　施加载荷与边界条件

在环境栏的 Module(模块)列表中选择 Load(载荷)功能模块。

1. 施加载荷

单击工具区的 Create Load(创建载荷)工具，弹出“Create Load” 对话框，在“Name”栏内输入载荷名称“Load-pressure”；在“Step”下拉列表内选择“Step-Buckle”分析步，其他采用默认选项。单击“Continue...”按钮，提示区中出现“Select surfaces for the load”，在提示区中“Create surface”栏内输入“Surf-20”，根据计算要求选择壳体的外表面(Brown)，单击提示区中的“Done”按钮，提示区中出现“Choose a side for the shell or internal faces”，选中“Brown”按钮，弹出“Edit Load”对话框，如图 7-19 所示，在“Magnitude”栏内输入 1e6(1 MPa)，单击“OK”选项，完成载荷的施加，视图区中板上出现表示该分布力的箭头。

图 7-19　载荷设置

2. 施加边界条件

单击工具区中的 Create Boundary Condition(创建边界条件)工具，弹出“Create Boundary Condition 对话框”。在“Name”栏内输入边界条件名称“BC-fixed”；在“Step”列表内选择“Initial”分析步；在“Category”中采用默认选项“Mechanical”；在“Types for Selected Step”中选择“Symmetry/Antisymmetry/Encastre”。单击“Continue...”选项，类似于载荷的施加，在视图区选择圆柱壳体的两端的边界(按住键盘的 Shift 键，依次选择)，单击提示区中的“Done”选项，弹出“Edit Boundary Condition”对话框，选择“Encastre”，单击“OK”选项，完成边界条件的施加，如图 7-20 所示。

图 7-20　边界条件设置

7.3.7　划分网格

在环境栏的 Module(模块)列表中选择 Mesh(网格)功能模块。

1. 设置网格密度(撒种子)

单击工具区中的 Seed Part(撒种子)，弹出“Global Seeds” 对话框，如图 7-21 所示。本实例中采用网格密度，尺寸为 0.2，单击“Global Seeds” 对话框中的“OK”按钮。

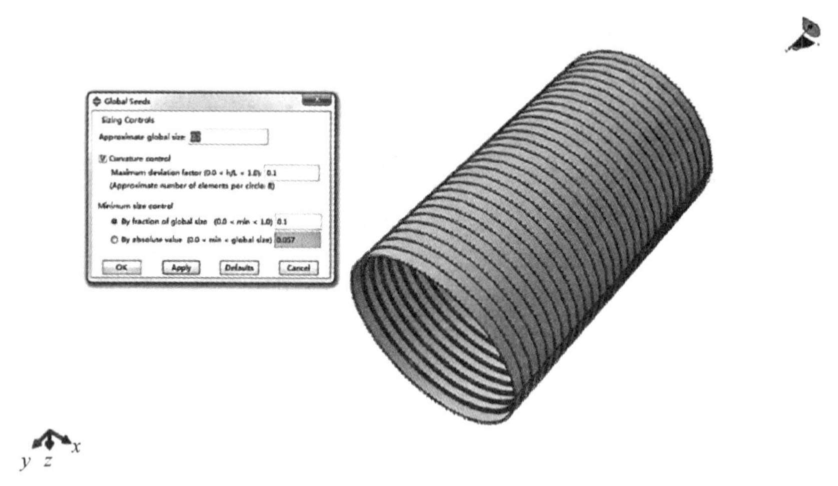

图 7-21　定义网格密度

2. 选择单元类型

单击工具区中的 Assign Element Type(分配单元类型)工具，在视图区选择整个模型，单击提示区的“Done”选项，弹出“Element Type”对话框，如图 7-22 所示，在“Family”栏中选择“Shell”，此时该对话框中显示出单元类型 S4R(四节点缩减积分壳单元)；其他采用默认选项，单击“OK”选项，完成单元类型的选择。

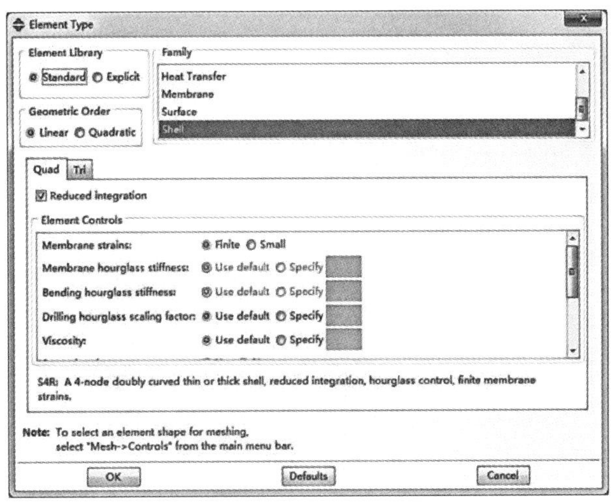

图 7-22　选择单元类型

3. 划分网格

在划分网格前，可以单击工具栏的 Save Model Database（保存模型数据库）选项进行模型的保存。单击工具区中的 Mesh Part（划分部件）工具，再单击提示区的“Yes”选项，Abaqus 即刻完成网格划分，如图 7-23 所示。

图 7-23　结构网格

7.3.8　运行分析

在环境栏的 Module（模块）列表中选择 Job（分析作业）功能模块。

1. 创建分析作业

单击工具区的 Create Job（创建分析作业），弹出“Create Job”对话框，在“Name”栏内输入分析作业名“Job-shell”，单击“Continue...”选项，弹出“Edit Job”对话框，全部采用默认设置，分析类型为“Full analysis”，单击“OK”选项。

2. 提交分析作业

单击工具区的 Job Manager(作业管理器)工具，在弹出的作业管理器中单击“Submit”选项，提交分析作业。由于该模型很简单，分析很快完成，作业管理器中的“Status”(状态)变为“Completed”(完成)，如图 7-24 所示。

图 7-24　分析步提交

7.3.9　结果后处理

单击“Job Manager”对话框中的“Result”按钮，Abaqus/CAE 随即进入 Visualization(可视化)功能模块。通过计算，得出的结构特征值与失稳模态如图 7-25 所示。

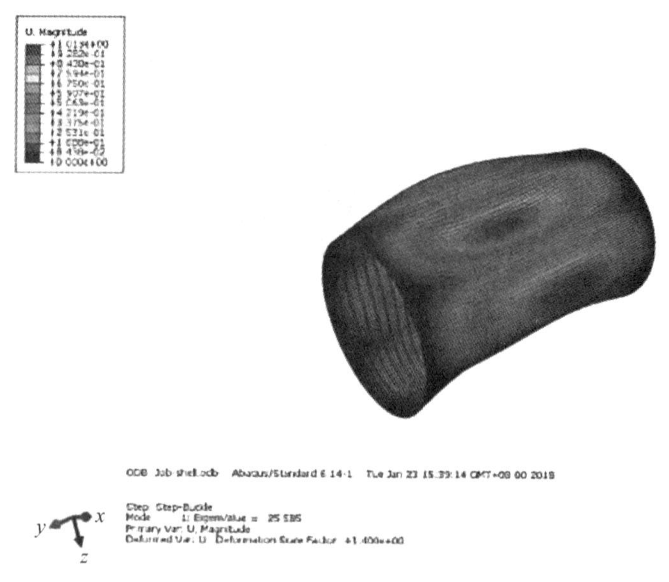

图 7-25　结构失稳模态

可以看出，第一阶失稳模态对应特征值为 25.585，对应失稳载荷为 25.585 MPa(特征值乘以施加载荷大小(1 MPa))，失稳模态为环向 6 个半波、轴向 1 个半波。

7.3.10 讨论

采用上述计算方法，讨论以下问题。

(1) 若以上环肋圆柱壳中无环肋，其失稳载荷为多少？

(2) 试研究圆柱壳体壳板厚度对结构失稳载荷的影响规律。

(3) 试研究当圆柱壳体半径为 3 m、舱段长度为 10 m，而其他尺寸不变时的结构失稳载荷。

思 考 题

1. 什么是结构的线性屈曲分析？请简述其基本计算步骤。
2. 什么是结构的非线性屈曲分析？请简述其基本计算步骤。
3. 简述结构的线性屈曲分析与非线性屈曲分析的区别与联系。
4. 简述采用 Abaqus 进行结构线性屈曲与非线性屈曲的步骤。
5. Riks 方法中的关键设置参量包括哪些？

第8章　船舶结构的振动模态计算

本章知识要点

① 船舶结构振动的分类与特点

② 船舶结构局部振动与总振动的计算方法

③ Abaqus 模态计算的基本步骤和方法

④ 使用 Abaqus 软件进行板架振动模态分析的步骤

⑤ 板架的建模方法

8.1　船体振动的基础知识

8.1.1　船体振动的分类

船舶是一个复杂的弹性系统，在其受到各种激励载荷的作用时，不仅可能发生整体性振动，而且可能引起某一局部结构构件或设备的振动。此外，不同类型的振动之间还可能存在耦合关系，因此，船体振动是非常复杂的。

为研究方便，通常将船体振动分为总振动与局部振动两大类：总振动是指船体所发生的整体性振动，其振动形态通常可用船体梁振动来表示；局部振动是指组成船舶的各个局部结构构件或部件的振动，如梁、板、板架、桅杆、螺旋桨、艉轴架等的振动。实际上，以上两类振动往往是同时存在且互相耦合的，但在一定条件下，可不考虑两者的耦合，单独进行分析。

船体振动与其他振动一样，按激励情况，可分为自由振动和强迫振动两种。船体振动所受到的力有激振力、弹性恢复力、惯性力和阻尼力。其中，阻尼力的数值相对较小，且其对低频振动的主振动形式与频率的影响不大，故低频振动可当作无阻尼振动进行考虑。高谐调（主坐标下固有频率的阶数）振动的阻尼影响扩大，需考虑阻尼的影响。在结构共振时，不论谐调高低，阻尼力都具有降低动力放大因数的作用，因而必须考虑阻尼的影响。

船体所受的激振力有周期性激振力和非周期性激振力两种。周期性激振力（如由主机或螺旋桨引起的激振力）使船体产生周期性的振动；非周期性激振力也能使船体产生振动，但其振动性质不稳定，如船舶在不规则波浪中的振动，由于波浪外力的随机性质，因此其振动规律不能用简单的函数表示，只能用概率和统计的方法描述。这种在任何未来时刻表征振动的瞬时值不能预先精确地加以判断的非周期性的持续振动称为随机振动。但当波浪的遭遇频率与船体的首阶垂向固有频率相当时，会出现由波浪对船体的非冲击性水动力作用引起的全船稳态垂向两节点振动（高谐振动、阻尼大，消失快），这种振动称为波激振动（也就是上面所说的自由振动），又称为弹振。此外，浪击振动（又称击振）也是一种非周期性振动，它是船体受波浪冲击而出现的弯曲振动现象，由于阻尼的作用会逐渐消失。

8.1.2 船体总振动的形式

船体总振动形式与普通弹性梁相似，其振动形式包括横向弯曲振动、纵向振动及扭转振动等。由于船体梁可以在垂直于和平行于水平面的两个平面内产生弯曲振动，因此又可把横向弯曲振动分为垂向和水平两种弯曲振动形式。

严格地说，这四种形式的船体总振动，只有当船体每个横剖面的重心与船体纵向构件横剖面的形心之间的连线是同一条直线时，才可能单独出现上述形式的总振动。一般而言，船体的纵向振动不重要，因此可认为垂向弯曲振动与纵向振动互相独立。同样，由于弯曲中心和剪切中心不在同一点，水平弯曲振动与扭转振动将相互耦合，但对于非大开口船且两种振动形式的固有频率相差一定数值的情况，水平弯曲振动与扭转振动的耦合作用较弱，此时，可认为水平弯曲振动与扭转振动是互相独立的。

弹性梁的振动属于无限自由度系统的振动。船舶作为一个弹性体，也具有无限自由度，其总振动可分解为无限个主振动的组合，有无限多个固有频率和固有振型。船体的主振型可用函数或表格形式进行表示，具有正交性。当各主振动函数已知时，可将船体振动作为无限个单自由度系统振动的叠加，其中每个单自由度系统均可用具有某一等效质量和等效刚度的简单体系来代替。船体总振动时振幅为零的横截面称为节点。各主振动的振型和节点如图 8-1 所示。

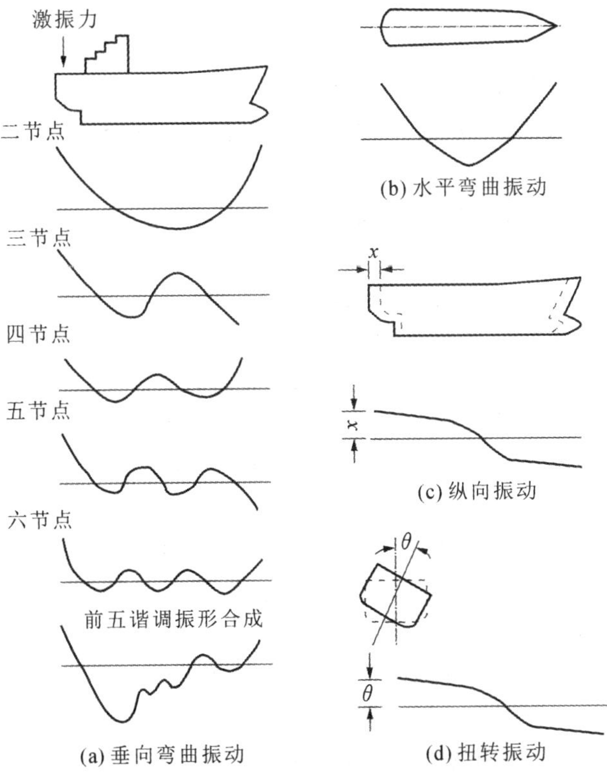

图 8-1　各主振动的振型和节点

由于船体自由漂浮在水面，其两端完全自由，因此垂向和水平弯曲振动存在第一谐调二节点、第二谐调三节点、第三谐调四节点……的主振动，纵向振动和扭转振动则有第一谐调一节点、第二谐调二节点、第三谐调三节点……的主振动。以上振动相应的固有频率称为第一谐调固有频率（又称基频）、第二谐调固有频率……在上述无穷多个固有频率和固有振型中，只有最初几阶才具有实际的意义。

以上主振动在某些特定条件下可相互独立地发生，并具有不同的振幅和相位。通常情况下，船体振动是主振动的叠加且不一定是周期性的，也可能没有任何固定的振动形式。但当某一谐调的船体主振动较大，即其振幅比其他主振动的振幅大得多时，船体将近似地按该主振动的固有频率和形式进行振动。

主振型和主频率是由船体本身的性质决定的，即由船体刚度与船舶质量分布情况决定，与初始条件和激振力大小无关。

8.1.3 船体总振动的计算方法

船体总振动的研究目的主要包括两类：一是研究计算船体梁的主振动特性，通过确定各主振动的固有频率和固有振型，设法避免船体共振；二是研究计算船体总振动的外界激振力（包括其频率和幅度），以及在已知外界激振力作用下的船体梁响应，以掌握整个船体梁的振动特性。

在进行船体梁总振动计算时，通常将船体视为一根漂浮在水中、两端完全自由、质量和刚度沿船长方向分布不均匀的变截面梁，并考虑剪切变形和剖面转动惯量的影响，同时计及附连水的质量。计算船体总振动的方法有很多，如能量法、迭代法、差分法、积分方程法、迁移矩阵法和有限元法等。人工计算时，应用最多的是能量法；采用计算机进行计算时，使用迁移矩阵法比较简便，其精度也能满足工程要求；当考虑上层建筑或艉部振动的耦合作用时，常采用有限元法。

8.1.4 船体局部振动的计算方法

对于船舶而言，影响其正常使用的振动问题多是由船体局部振动所引起的。船体局部振动不仅会影响各种设备和仪表的正常工作，也会使船员感到疲劳，影响船舶舒适性，还可能会对船体局部结构强度产生很大的影响，甚至导致结构的破坏。

局部结构大多数是由梁、杆、板及其组合所构成的，因而在对其进行振动分析时，通常针对上述单独构件或它们的组合结构进行分析。本小节着重对板架和板的振动问题进行讨论。

1. 板架的振动

在研究板架的振动时，对板架的尺寸和剖面要素的选择做以下规定。

（1）两向梁的跨距应取支撑梁与两向梁中和轴交点间的距离。若板架位于两舱壁之间，则板架的长度等于两舱壁的间距。

（2）在计算主向梁和交叉构件剖面惯性矩时，附连带板的宽度取构件的间距和 1/6 倍跨距中的较小者。

（3）在附连带板宽度范围内的所有纵向连续构件应包括在计算剖面内。

（4）在计算中，板架上的分布质量和附连水质量属于主向梁均布质量的一部分。

对于主向梁与交叉构件任意布置且具有变剖面的板架，常常采用等效法进行计算，等效法实质上就是能量法。由于这种方法计算简便且具有一定的精度，因此在船体振动计算中有着广泛的应用。板架与其他弹性结构一样，其自由振动可视为无限多个主振动之和，由于每个主振动对应一个固有频率和一个固有振型，因此每个主振动可化为等效的自由度系统的振动。

2. 板的振动

船体是由板和梁组成的，同时，许多大型梁也可看成是由板组成的，因此板的振动计算也是船体振动计算的一个重要内容。

板的振动可由直接作用的振动载荷引起，如螺旋桨上方的船底外板，也可由板的周界振动引起，如机舱底板。船上的板按其在振动载荷作用下的弯曲特性，可分成绝对刚性板和有限刚性板。绝对刚性板内的中面应力与弯曲应力相比很小，可以忽略，其振动可用线性理论来研究。而有限刚性板内的中面应力不能忽略。但不管怎样，所有板的振动初始状态总是呈现出绝对刚性板弯曲的特性。

船舶平板的振动计算和分析应考虑以下几个特点。

(1) 船上的板是由骨架(梁)支持的连续板，其边界既不是简支，也不是固支，而是弹性支撑。实船测试结果表明，船体板的实际固有频率更偏向于简支边界情况。

(2) 船上有些板与水或其他液体相接触，如船体外板、货油舱(油船)横舱壁和纵舱壁上的板、油柜和水柜中的板、压载水舱中的板，这些板的振动计算和分析应考虑附连水或附连液体的影响。

(3) 当船舶发生总纵弯曲时，船体的外板、内底板和主甲板承受拉应力或压应力，因此，以上构件的振动是“有中面力作用下的板的弯曲振动”问题。

(4) 在船舶建造过程中，船体板需经过许多工艺过程，会产生初挠度、焊接应力等问题，在板的固有频率和动应力计算中很难处理，应在频率储备和许用振动应力取值上加以考虑。

(5) 船体板在受到对称和非对称激励作用时，可能产生对称振动和非对称振动两种常见强迫振动。非对称振动时，平板弹性固定在刚性边界上，而支撑平板的骨材受到来自平板的扭矩，此时，最大应力发生在板的振型的波腹位置；对称振动时，平板刚性固定在弹性边界上，骨材受到平板的反力作用，此时，最大应力往往发生在板与骨材的结合交界处。从强度观点来看，由于该处存在焊缝，疲劳强度较差，易开裂。研究表明，球扁钢的扭转刚度对船舶的固有频率影响甚微，可以忽略不计；但 T 型材的扭转对板的固有频率的影响应当予以考虑，其既可能提高板的固有频率，也可降低板的固有频率。

8.2　Abaqus 中的模态计算

8.2.1　模态分析概述

模态分析，即自由振动分析，是研究结构动力特性的一种近代方法，是系统辨别方法在工程振动领域的应用。模态是结构的固有振动特性，每一阶模态具有特定的固有频率、阻尼比和模态振型。模态参数可以由计算或试验分析取得，此过程称为模态分析。

模态分析的最终目标是识别出系统的模态参数，为结构系统的振动特性分析、振动故障诊断和预报以及结构动力特性的优化设计提供依据。模态分析的应用可归结为以下方面：评价现有结构系统的动态特性、在新产品设计中进行结构动态特性的预估和优化设计、诊断及预报结构系统的故障、控制结构的辐射噪声和识别结构系统的载荷。

模态分析的经典定义是将线性定常振动微分方程组中的物理坐标变换为模态坐标，使方程组解耦，成为一组以模态坐标及模态参数描述的独立方程，以便求出系统的模态参数。坐标变换矩阵为模态矩阵，其每一列为模态振型。

对于模态分析，ϕ_i 和振动频率 ω_i 由下列方程求出：

$$([K]-\phi_i^2[M])\{\phi_i\}=0 \tag{8-1}$$

式中：$[K]$——结构刚度矩阵；

$[M]$——结构质量矩阵。

式(8-1)假设$[K]$、$[M]$为定值，则要求材料是线弹性的，并使用小位移理论(不包括非线性)，不考虑阻尼与激振力。

当结构承受不变载荷作用时，其产生的应力可能会影响结构的固有频率，尤其对于在某一个或两个尺度上很薄的结构，在某些情况下进行模态分析时，需要考虑预应力影响。此时，首先需要进行静力结构分析，其计算公式为

$$[S]\{x\}=\{F\} \tag{8-2}$$

由式(8-2)得出的应力刚度矩阵可用于结构振动分析，此时的模态方程变为

$$([K+S]-\phi_i^2[M])\{\phi_i\}=0 \tag{8-3}$$

式中：$[S]$——应力刚度矩阵。

式(8-3)即存在预应力时的模态分析方程。

8.2.2 Abaqus 模态分析的步骤

模态分析是各种动力学分析中的基础内容，结构的振动特性决定了其对各种动力载荷的响应情况，因而，通常在进行其他动力学分析之前首先进行模态分析。通过模态分析，可以使结构避免共振或按照特定的频率进行振动、可以认识到在不同动力载荷作用下的结构是如何响应的、在其他动力学分析中有助于估算求解控制参数(如时间步长)。

在 Abaqus/Standard 中，用户可以应用频率的提取过程计算结构的振型和频率，其应用过程较为简单，只需明确振型数目或所关心的最高频率即可。Abaqus 软件模态分析主要包括四个主要步骤：建模、选择分析步类型并设置相应选项、施加边界条件和载荷并求解、结果处理。每个步骤应注意的问题简述如下。

1. 建模

必须定义密度，且只能使用线性单元和线性材料，非线性性质将被忽略。

2. 选择分析步类型并设置相应选项

定义一个线性摄动步(Linear Perturbation)的频率提取分析步(Frequency Extraction)，并设置模态提取及其他选项。

3. 施加边界条件和载荷并求解

(1) 施加边界条件。

在分析过程中，用户需施加必要的约束以模拟实际的边界固定情况，在没有施加约束的方向上将计算刚体振型，不允许有非零位移约束，对称边界条件只产生对称的振型，所以将会丢失一些振型。

(2) 施加外部载荷。

由于在分析过程中结构的振动被假定为自由振动，因此 Abaqus 将忽略在频率提取分析步中施加的外部载荷。

(3) 求解。

通常采用频率提取分析步，为了研究不同位移约束的效果，可以采用多分析步(例如，对称边界条件与反对称边界条件可分别单独采用一个分析步)。

在求解器方面，Abaqus/Standard 提供了 Lanczos 和子空间迭代(Subspace Iteration)两种特征值提取方法。对于具有较多自由度的系统，当要求解大量的特征模态时，Lanczos 方法的速度通常更快。当仅需要求解少数几个(少于 20)特征模态时，应用子空间迭代法可能更快。

在进行求解器参数设置时，除了可以指定所要提取模态的数目，也可以指定所感兴趣的最小和最大频率范围，当 Abaqus/Standard 提取了该指定范围内的所有特征值时，就会自动结束该分析步。同时，用户也可以指定一个参考频率点(shift point)，距离这个参考点最近的特征值将被提取。默认情况下，Abaqus/Standard 不使用频率范围或参考点设置方式，但在进行无约束结构的振动模态求解时，则必须设置参考频率点为一个较小的负值，以避免由刚体运动产生的数值问题。

4. 结果处理

提交计算任务后，通过可视化后处理模块提取所需要的频率与振型等分析结果，并且对结果进行相关的评价，从而指导工程设计和科学研究。

8.3 实例——板架的振动模态分析

8.3.1 问题的描述

对某船舶甲板局部板架结构的固有振动模态进行分析，求解其前三阶固有频率和对应的振型。

模型的几何尺寸：板架横向宽度为 7 m，纵向宽度为 3 m，甲板厚度为 12 mm；纵桁间距为 1 m，纵桁为 T 型材，腹板尺寸为 12 mm(厚)×300 mm(高)，面板尺寸为 20 mm(厚)×180 mm(宽)。

材料参数：弹性模量 E=210 GPa，泊松比 μ=0.3，密度为 7800 kg/m^3。

本实例采用国际单位制：长度(米，m)、力(牛，N)、应力(帕，Pa)。

8.3.2 模型的建立

创建新文件，模型文件命名为 grillage。

在环境栏的 Module(模块)列表中选择 Part(部件)功能模块。

1. 创建部件

单击工具区中的 Create Part(创建部件)，弹出“Create Part”对话框，如图 8-2 所示。在“Name”栏内输入该部件的名称“Part-grillage”；在“Modeiling Space”栏内选择“3D”(三维模型)；在“Type”栏内选择“Deformable”；在“Base Feature”栏内选择“Shell”；在“Type”栏内选择“Extrusion”;在“Approximate size”栏内输入“20”。单击“Continue...”按钮,进入草图绘制界面。

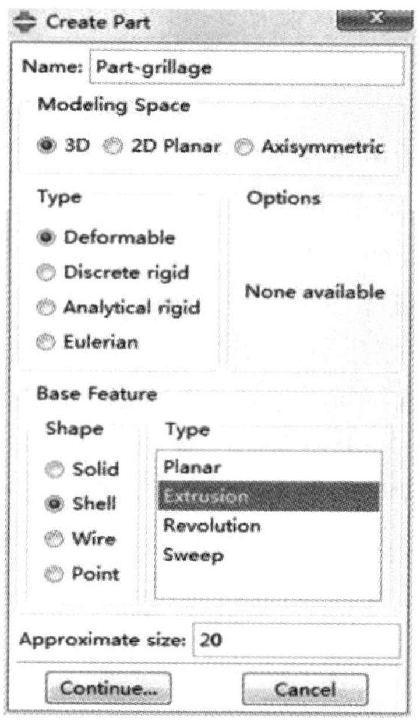

图 8-2　建模界面设置

2. 绘制草图

单击工具区中的 Create Lines:Connected(创建线:首尾相连),在提示区输入“−3.5,0”及“3.5,0”,单击鼠标中键,创建板架。在提示区输入“−2.5,0”及“−2.5,−0.3”,单击鼠标中键,创建腹板。在提示区输入“−2.59,−0.3”及“−2.41,−0.3”,单击鼠标中键,创建面板。单击工具区中的 Linear Pattern(线状模式),选中创建的腹板和面板,单击鼠标中键,弹出“Linear Pattern”对话框,按照图 8-3 所示输入参数,单击“OK”按钮,完成纵桁 T 型材的创建。

草图绘制完成后,在“Edit the section sketch”处单击“Done”完成,在弹出的“Edit Base Extrusion”对话框中输入纵向宽度 3 m,生成三维模型图,如图 8-4 所示。

图 8-3　线状模式设置图

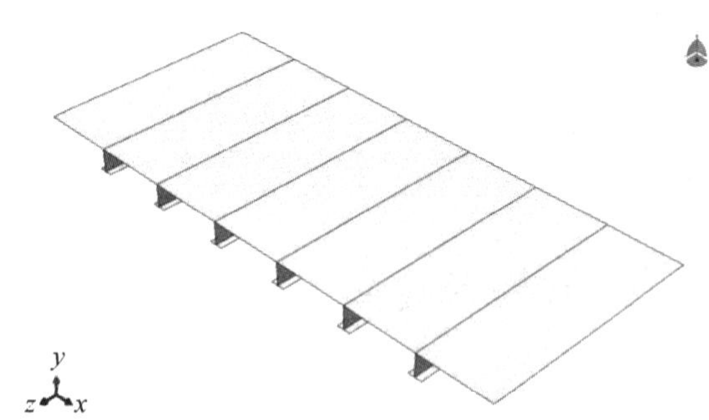

图 8-4　甲板局部结构三维模型

8.3.3　设置材料属性和截面特性

在环境栏的 Module(模块)列表中选择 Property(特性)功能模块。

1. 定义材料属性

单击工具区中的 Create Material(创建材料)，弹出“Edit Material”对话框，如图 8-5 所示。在“Name”栏内输入材料名称“Material-Steel”；在“Material Behaviors”栏内依次选择“Genaral”→“Density”，在“Mass Density”栏内输入材料密度“7800”(7800 kg/m^3)；在“Material Behaviors”栏内依次选择“Mechanical”→“Elastic”，在“Young′s Modulus”栏内输入“210e9”，在“Poisson′s Ratio”栏内输入 0.3；其他参数都采用软件默认设置。单击“OK”按钮，完成材料创建。

2. 创建截面特性

单击工具区中的 Create Section(创建截面)，弹出“Create Section”对话框，如图 8-6 所示。在“Name”栏内输入截面名称“Section-T12”；在“Category”栏内选择“Shell”；在“Type”栏内选择“Homogeneous”。单击“Continue...”按钮，弹出“Edit Section”对话框，在“Value”栏内输入所需创建材料的厚度 0.012 m。单击“OK”按钮，完成截面创建。

由于本实例中的材料存在两种厚度尺寸(12 mm 及 20 mm)，故需再创建一个材料厚度为 20 mm 的截面属性，请读者参照上述创建方法独立完成。

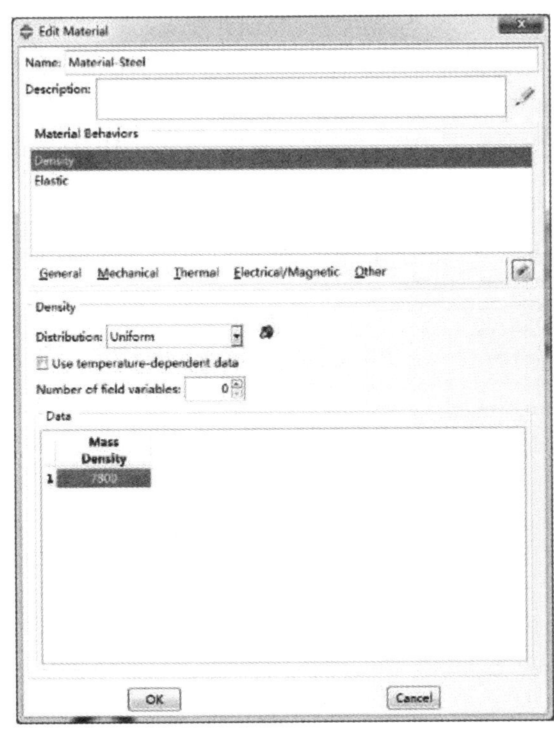

图 8-5　编辑材料属性

图 8-6　截面属性

3. 分配截面特性

单击工具区中的 Assign Section(分配截面)，在提示区的“Create set”栏内输入“Set-12-plate”，选择甲板平面(按住 Shift 键依次选中每一块甲板平面)，单击提示区“Done”按钮。在弹出的 Edit Section Assignment 对话框中的“Section”栏内选择“Section-T12”，完成甲板平面的截面特性分配。

参照上述分配截面特性的操作，对纵桁 T 型材的腹板及面板厚度进行分配。

8.3.4　定义装配

在环境栏的 Module(模块)列表中选择 Assembly(装配)功能模块。

单击工具区中的 Create Instance(创建部件实体)，弹出“Create Instance”对话框，Abaqus/CAE 自动选择之前创建的 grillage 部件，接受默认参数设置，单击“OK”按钮。

8.3.5　设置分析步和变量输出

在环境栏的 Module(模块)列表中选择 Step(分析步)功能模块。

单击工具区中的 Create Step(创建分析步)，弹出“Create Step”对话框，在“Name”栏内输入“Step-Frequency”，选择“Linear perturbation” →“Frequency”(线性频率求解)，如图 8-7 所示。单击“Continue...”选项，设置“Number of eigenvalues requested”(特征值数目)，在“Value”框中输入“10”，并确认，如图 8-8 所示。

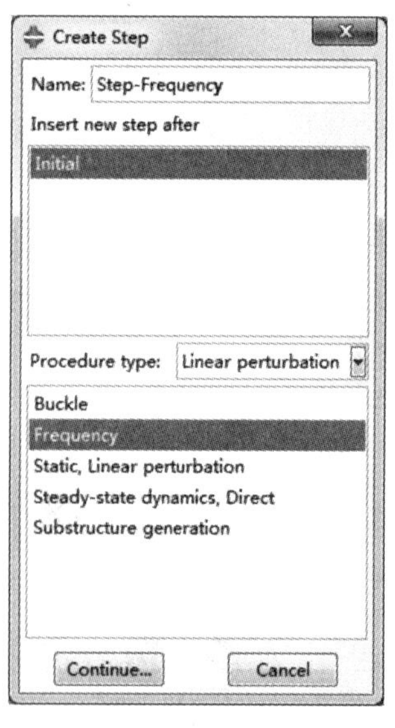

图 8-7　分析步选取

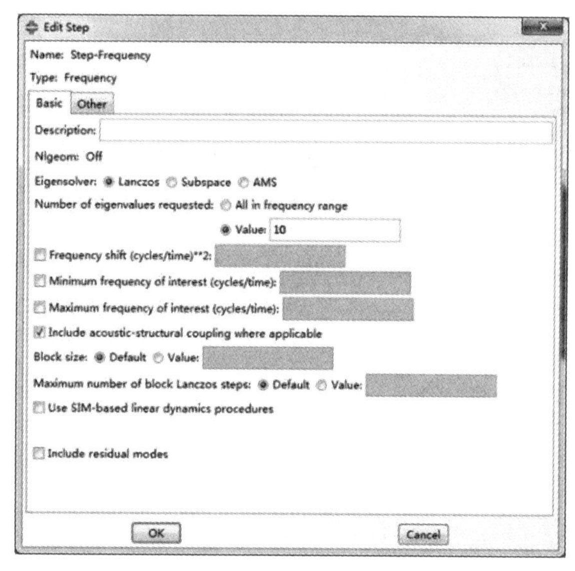

图 8-8　分析步设置

8.3.6　施加载荷与边界条件

在环境栏的 Module(模块)列表中选择 Load(载荷)功能模块。

1. 施加载荷

对于固有频率问题的求解，除特殊需要，无须施加载荷。

2. 施加边界条件

单击工具区中的 Create Boundary Condition(创建边界条件)工具，弹出“Create Boundary Condition”对话框。在“Name”栏内输入边界条件名称“BC-fixed”；在“Step”列表内选择“Initial”分析步；在“Category”(种类)中采用默认选项“Mechanical”(力学)；在“Types for

SelectedStep”(边界条件的类型)中选择“Symmetry/Antisymmetry/Encastre”(面对称/轴对称/刚性支持)。单击“Continue...”按钮,类似于载荷的施加,在视图区选择板架四周边界(按住键盘的 Shift 键,依次选择),单击提示区中的“Done”按钮,弹出“Edit Boundary Condition”(编辑边界条件)对话框,选择“Encastre”(固支),单击“OK”按钮,完成边界条件的施加,如图 8-9 所示。

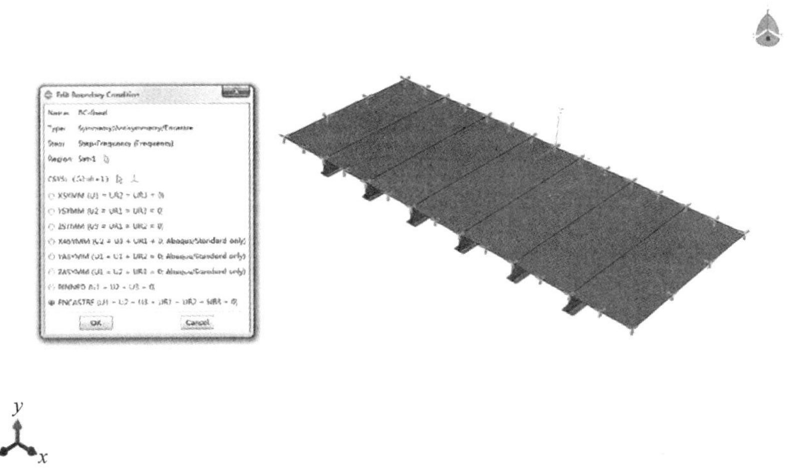

图 8-9　边界条件设置

8.3.7　划分网格

在环境栏的 Module(模块)列表中选择 Mesh(网格)功能模块。

1. 撒种子(设置网格密度)

单击工具区中的 Seed Part(撒种子)，弹出“Global Seeds”对话框(见图 8-10),本实例中采用网格密度,尺寸为 0.1,单击“Global Seeds”对话框中的“OK”选项。

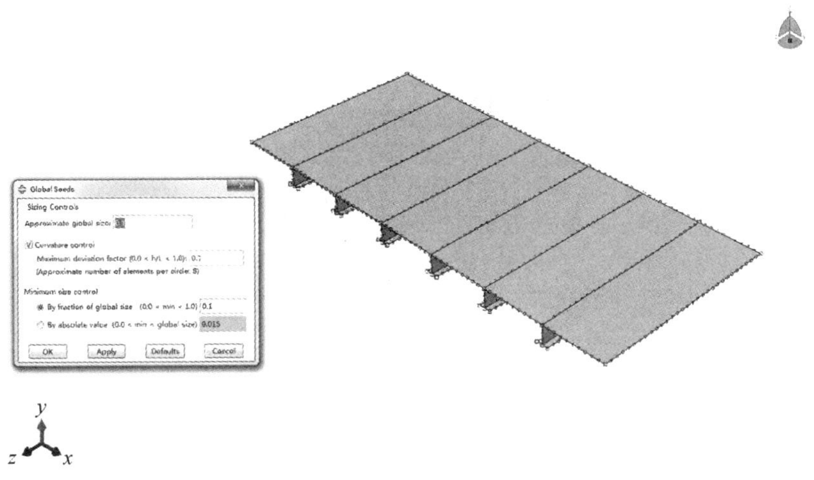

图 8-10　撒种子

2. 选择单元类型

单击工具区中的 Assign Element Type(分配单元类型)，在视图区选择整个模型，单击提示区的“Done”选项，弹出“Element Type”对话框(见图 8-11)，在“Family”(单元族)栏中选择“Shell”(壳单元)，此时该对话框中显示出单元类型 S4R(四节点缩减积分壳单元)；其他采用默认选项，单击“OK”选项，完成单元类型的选择。

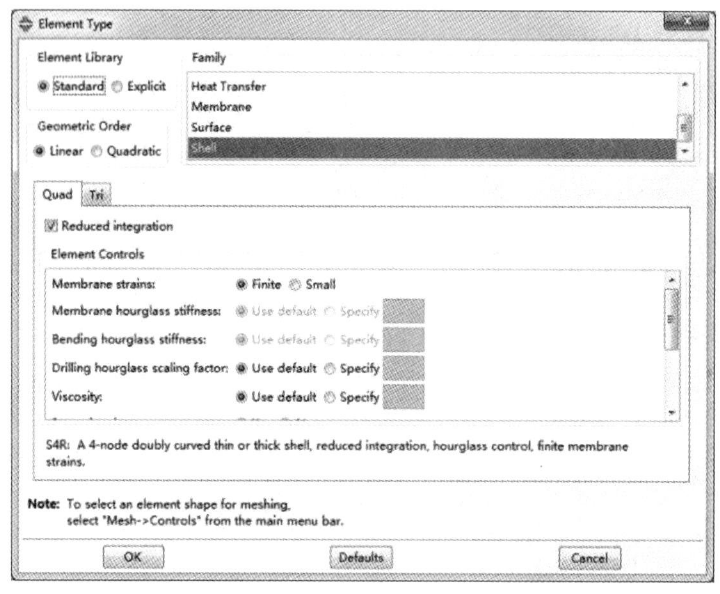

图 8-11　选择单元类型

3. 划分网格

在划分网格前，可以单击工具栏的 Save Model Database(保存模型数据库)选项进行模型的保存。单击工具区中的 Mesh Part(划分网格)，再单击提示区的“Yes”选项，Abaqus 即刻完成网格划分，如图 8-12 所示。

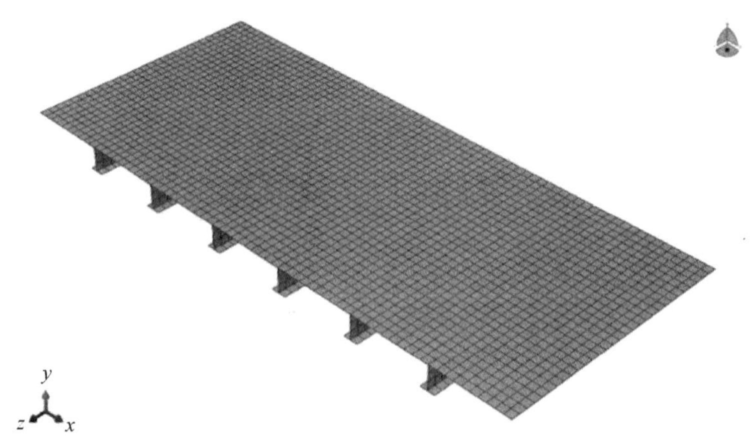

图 8-12　结构网格

8.3.8　运行分析

在环境栏的 Module(模块)列表中选择 Job(分析作业)功能模块。

1. 创建分析作业

单击工具区的 Create Job(创建分析作业)，弹出"Create Job"对话框，在"Name"栏内输入分析作业名"Job-grillage"，单击"Continue..."选项，弹出"Edit Job"对话框，全部采用默认设置，分析类型为"Full analysis"(完整分析)，单击"OK"选项。

2. 提交分析作业

单击工具区的 Job Manager(作业管理器)，在弹出的作业管理器中单击"Submit"选项，提交分析作业。由于该模型很简单，分析很快完成，作业管理器中的"Status"(状态)变为"Completed"(完成)，如图 8-13 所示。

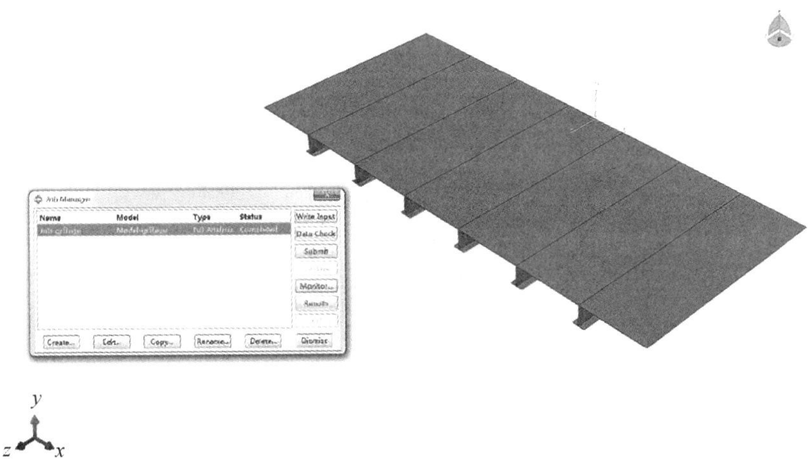

图 8-13　分析步提交

8.3.9　结果后处理

单击作业管理器中的"Results"(结果)选项，Abaqus/CAE 随即进入 Visualization(可视化)功能模块。

通过计算，得出结构前三阶固有频率与振动形状，如图 8-14 所示。

8.3.10　讨论

采用上述计算方法，讨论以下问题。

(1) 若结构材料为铝合金，弹性模量 $E=70$ GPa，泊松比 $\mu=0.3$，密度为 2700 kg/m^3。结构的固有模态如何变化?

(2) 试分别单独改变结构的密度和壳板厚度，研究结构重量和刚度变化对结构振动频率的影响。

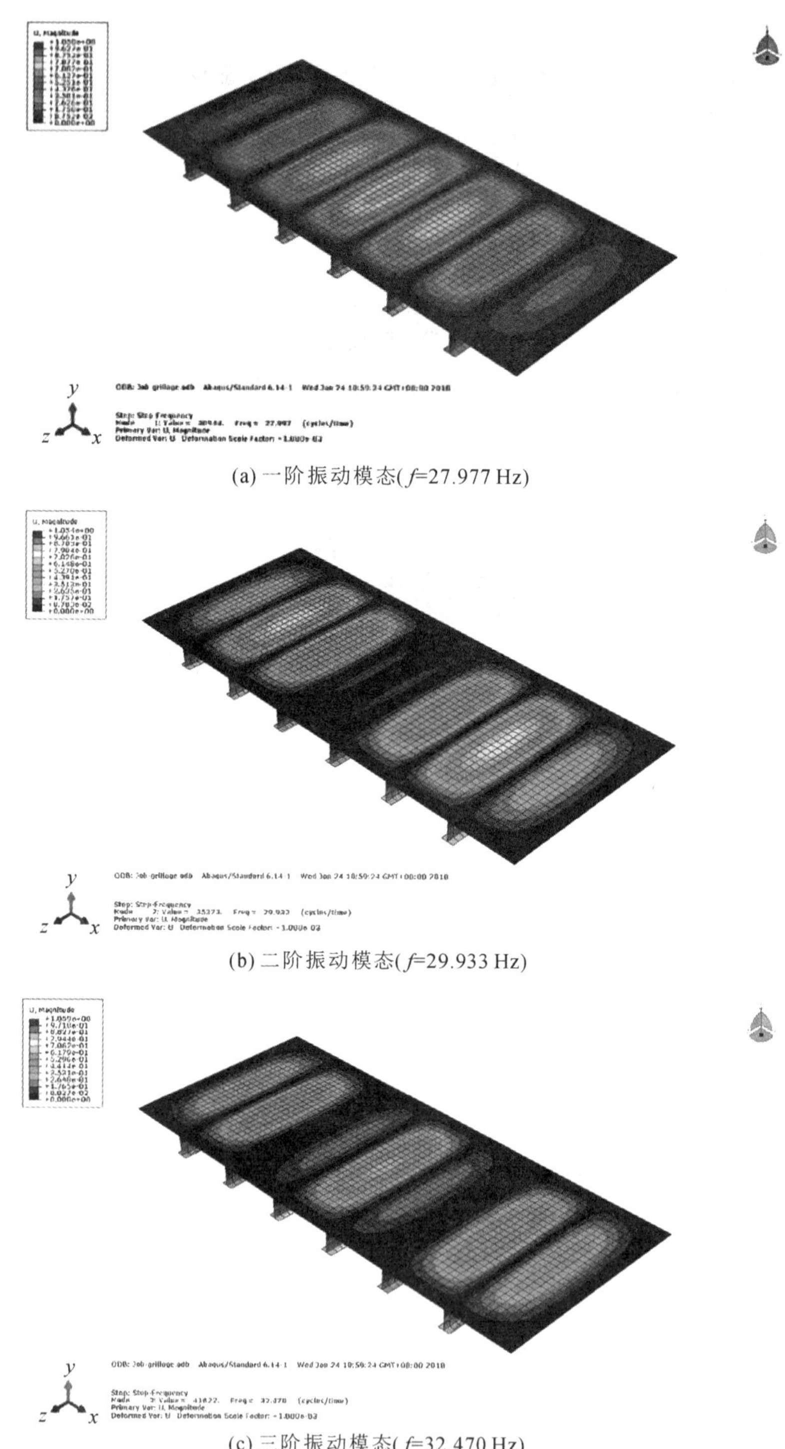

(a) 一阶振动模态(f=27.977 Hz)

(b) 二阶振动模态(f=29.933 Hz)

(c) 三阶振动模态(f=32.470 Hz)

图 8-14　结构振动模态

思 考 题

1. 船舶结构的振动可以分为哪几类？各类振动的主要特点是什么？
2. 船体总振动的计算方法有哪些？
3. 简述船舶局部板架振动的计算方法。
4. 简述采用 Abaqus 进行结构模态计算的基本步骤。

第 9 章　船舶船体的水中振动模态分析

本章知识要点

① 舷外水对船体振动的影响及其模拟方法

② 使用 Abaqus 进行环肋圆柱壳结构水下振动模态计算的方法和步骤

③ 采用声学单元进行水域建模的方法

9.1　舷外水对船体振动的影响及其模拟方法

与船舶在空气中的振动的最大不同是，船舶在水中的振动需要考虑舷外水的影响，因而，本节主要对舷外水的影响及模拟方法进行讨论。

9.1.1　舷外水对船体振动的影响

当把船体当作一根梁来研究其总振动问题时，与一般梁不同的是，舷外水将对船体梁振动产生很大的影响，因为船体梁是漂浮在水面（如水面船舶）或悬浮于水中（如下潜潜艇）的。当船体振动时，环绕船体周围的水也将处于运动状态，水也将吸收一部分能量，从而使船体总振动频率降低。舷外水对船体总振动的影响是一个特殊而又重要的问题，其影响可以分为以下三个方面：重力影响、阻尼影响和惯性影响。

重力影响可归结为漂浮于水中的船舶的浮力变化，此时，船体梁如同一个弹性基础梁进行振动。浮力变化对水平振动和扭转振动无影响，而对于垂向振动而言，由于船体梁振幅较小，浮力所引起的弹性基础刚度与船体梁自身刚度相比很小，因此浮力的影响可以忽略不计。

阻尼影响是指舷外水在船体振动过程中增加了介质阻尼使船体振动发生衰减。此影响可分为两部分：一是船体和流体摩擦所引起的阻尼（摩擦阻尼）；二是形成表面波和流体内部压力波的能量损耗（兴波阻尼）。由于阻尼对自由振动的影响很小，因此一般忽略不计。但在计算振动区域内的强迫振动的振幅时，阻尼起着决定性的作用，必须考虑阻尼的影响。由于舷外水阻尼不易求得，也难与船体内阻尼分开，因此，通常不单独考虑舷外水阻尼，而将其与船体内阻尼一并考虑。

惯性影响反映在参与船体振动等效质量的改变，相当于有一部分舷外水与船体共同振动，这部分舷外水质量称为“附连水质量”或“虚质量”，其与船体本身质量同量级甚至更大，从而大大降低船体自由振动的频率，这是必须考虑的重要问题。

同时，从能量角度而言，当一振动体浸于水中时，其周围的水将处于连续运动状态，必然要消耗能量。由于水的密度远大于空气的密度，其消耗的能量也要大得多，因此水中结构的固有频率要比空气中小。

若要从理论上深入分析舷外水的影响，则需要通过流体力学的专门知识，将周围水假设为理想流体，通过速度势 ϕ 所满足的拉普拉斯方程、船体与水之间的接触面与自由表面的约束条件对由船体振动所引起的流体运动进行求解和分析。由于相关问题求解的复杂性，虽然目前已发展出了相应的理论和方法，但在实际船体振动问题的处理中，这些理论和方法使用较为有限，有兴趣的读者可以阅读流体力学方面的相关书籍。

9.1.2　附连水质量的模拟方法

随着现代计算技术的发展，出现了许多附连水质量的模拟仿真方法，目前应用较多的主要有流体有限元法、边界元方法和附加质量点法等。其中，把附连水质量作为附加质量点附加在船体模型上进行计算是较为传统的方法，此方法工作量较大，需要通过理论方法求出各站的附连水质量，进而把质量逐一施加于模型相应位置处。同时，此方法无法考虑水和船体的相互作用（靠近船体湿表面的水和船体之间的黏着作用）。

在大型有限元仿真软件 MSC/NASTRAN 中，可通过定义有限元湿表面单元和吃水高度，使用 Helmholtz 方法（即源汇分布法）来求解势流运动的拉普拉斯方程，而流体对船体外壳接水结构振动的影响可通过在流体和结构交界面上分布脉动源进行模拟，通过建立流场点的速度矢量方程和压力方程，得到节点力；进而，通过逆向求解质量矩阵得到附连水质量，从而计算船体振动。

在有限元仿真软件 Abaqus 中，用户可以采用其特有的声学单元来模拟外部水域，此单元可以模拟流固介质动态耦合的许多特性，如重量影响、压力影响以及船体湿表面和附连水的黏着作用，通过建立声固耦合模型，分析附连水质量对船舶结构水下振动的影响，计算船舶结构水下振动的振动模态（固有频率和模态振型）。同时，当船体内部和外部均充满流体时，Abaqus 可以分别模拟内部流场和外部流场。

在采用声固耦合法计算结构的水下振动时，最关键的问题是确定外部流体域的建模范围。相关理论研究和计算结果表明，一般情况下，当外部水域的建模半径不小于结构最大尺寸的6～8倍时，所建立的水域有限元模型即能够完全反映舷外水对船舶结构水下振动模态的影响。

9.2　实例——环肋圆柱壳结构水下振动模态计算

本节通过潜艇典型结构——环肋圆柱壳体的水下振动计算实例，阐述如何使用声学单元和声固耦合方法进行船舶结构水下振动模态的计算。

9.2.1　问题的描述

本节所建立的模型是两端带有封板的环肋圆柱壳结构模型。

几何参数：长度 a＝14 m，肋骨间距 l_e＝0.7 m，壳板厚度 t＝25 mm，圆柱壳体半径 R＝4 m，肋骨腹板尺寸为 25 mm（厚）×300 mm（高），面板尺寸为 30 mm（厚）×120 mm（宽），封板厚度 t_b＝30 mm。

材料参数：钢，弹性模量 E＝210 GPa，泊松比 μ＝0.3，密度 ρ_s＝7850 kg/m^3。

单位制：m、kg、s。

9.2.2　环肋圆柱壳结构模型的建立

建立新文件，模型文件命名为 Part-Cyclinder。

在环境栏的 Module(模块)列表中选择 Part(部件)功能模块。

1. 创建部件

单击工具栏中的 Create Part(创建部件)，弹出“Create Part”对话框，如图 9-1 所示。在“Name”栏内输入“Part-Cyclinder”；在“Modeling Space”栏内选择“3D”；在“Type”栏内选择“Deformable”；在“Base Feature”栏内选择“Shell”→“Revolution”；在“Approximate size”栏内输入“20”。单击“Continue...”按钮，进入草图绘制界面。

本章环肋圆柱壳的创建过程与第 7 章相同，请参考第 7 章草图创建的过程，结合相关构件尺寸，绘制图 9-2 所示草图。

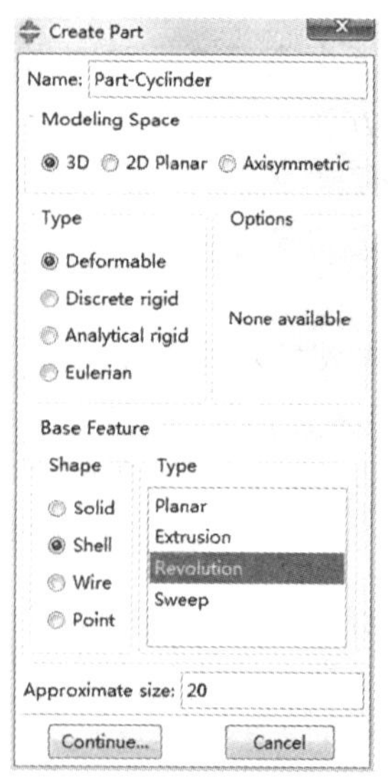

图 9-1　创建部件

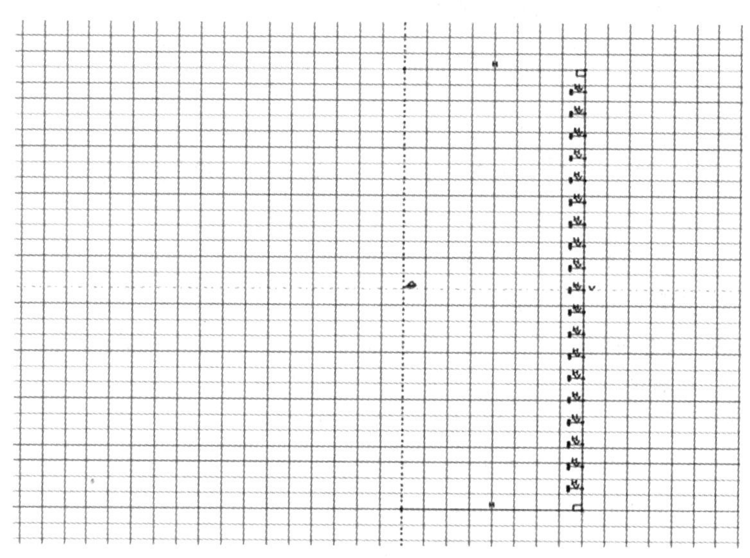

图 9-2　环肋圆柱壳模型草图

单击视图区中的“Done”选项，退出草图绘制界面，Abaqus 即弹出“Edit Reolution”对话框。在该窗口中输入旋转角度“360°”。然后单击“OK”选项，这样就得到了圆柱壳部件(见图 9-3)。

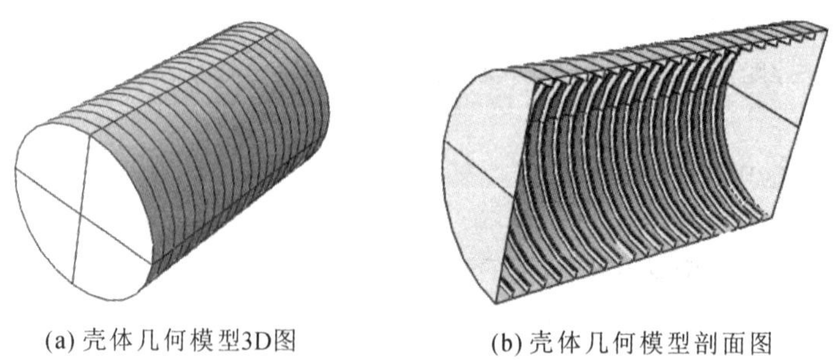

(a) 壳体几何模型3D图　　(b) 壳体几何模型剖面图

图 9-3　环肋圆柱壳三维模型

2. 设置材料和截面特性

在环境栏的 Module(模块)列表中选择 Property(特性)功能模块。

1）定义材料属性

单击工具区中的 Create Material（创建材料），弹出“Edit Material”对话框，如图 9-4 所示。在“Name”栏内输入材料名称“Material-Steel”；选择“General”→“Density”，在“Mass Density”中输入“7850”。选择“Mechanical”→“Elasticity”→“Elastic”，在“Young′s Modulus”中输入“210e9”，在“Poission′s Ratio”中输入“0.3”，如图 9-5 所示。单击“OK”选项，完成材料的创建操作。

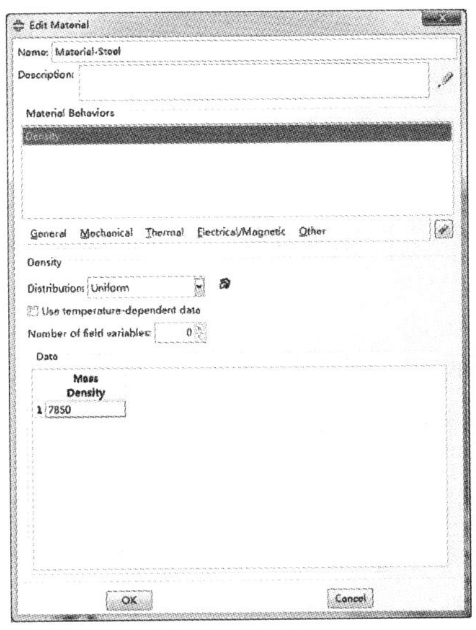

图 9-4　密度设置

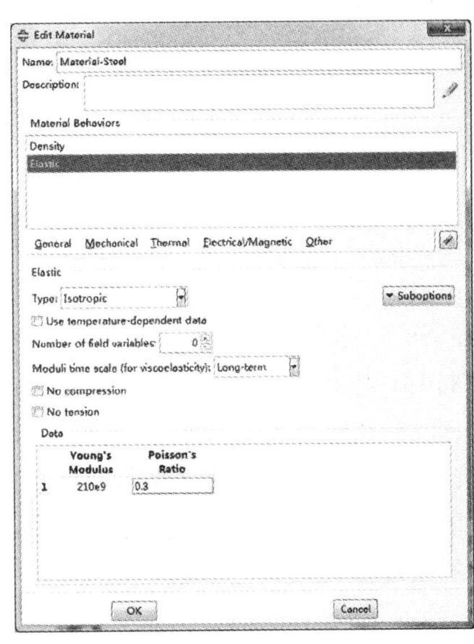

图 9-5　杨氏模量、泊松比设置

2）创建截面特性

单击工具区中的 Create Section（创建截面），弹出“Create Section”对话框，如图 9-6 所示，创建 25 mm 板厚的截面属性。在“Name”中输入“Section-25”，在“Category”栏内选择“Shell”，在“Type”栏内选择“Homogeneous”。单击“Continue...”按钮，弹出“Edit Section”对话框，在“Value”栏内输入封板厚度“25”，“Material”选择“Material-Steel”，如图 9-7 所示，单击“OK”按钮。

图 9-6　创建截面

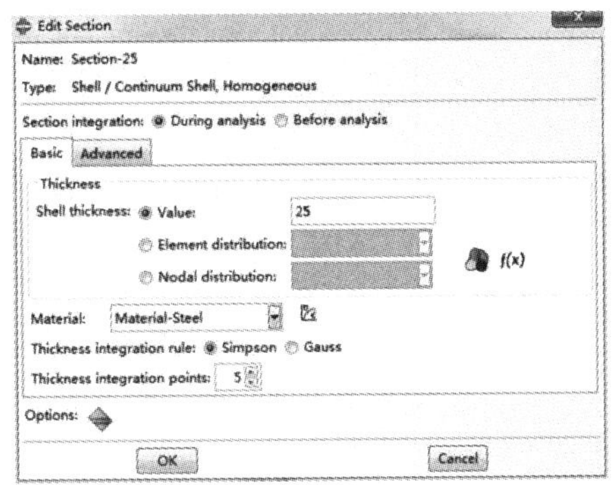

图 9-7　编辑截面

采用同样的方法，创建厚度为 30 mm 的截面，如图 9-8 和图 9-9 所示，单击“OK”按钮。

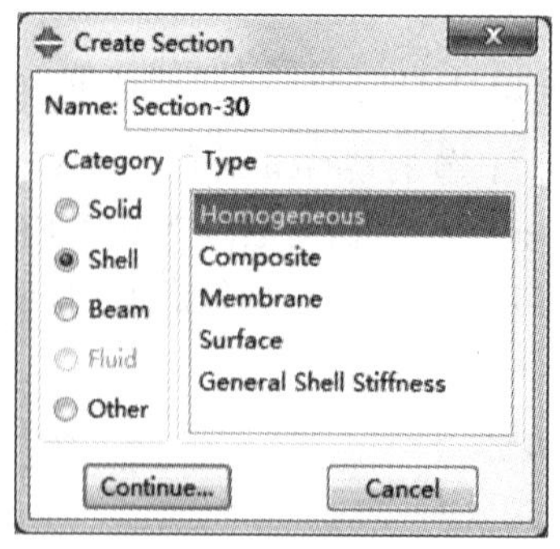

图 9-8　创建截面

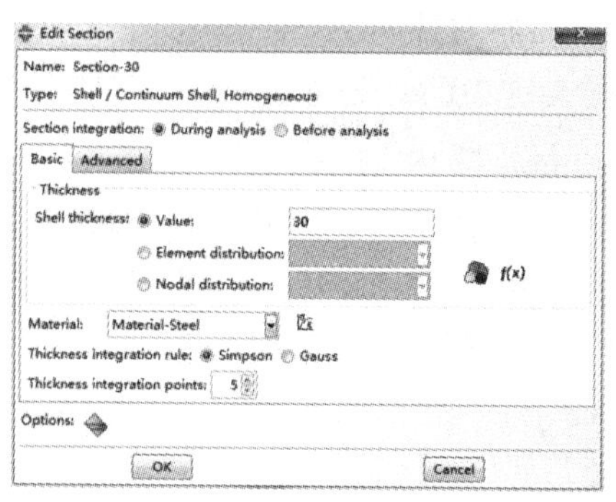

图 9-9　编辑截面

3. 赋予截面属性

单击工具区中的 Assign Section(分配截面)，在提示区中“Create set”栏内输入“Set-shell”，选择圆柱壳板(按住 Shift 键依次选择圆柱壳板)，单击提示区的“Done”按钮，弹出“Edit Section Assignment”对话框，如图 9-10 所示，在“Section”列表中选择“Section-25”，单击“OK”按钮，完成对圆柱壳板截面的属性赋予。

采用同样的操作流程，按照各自厚度，分别完成肋骨和封板的截面属性定义。

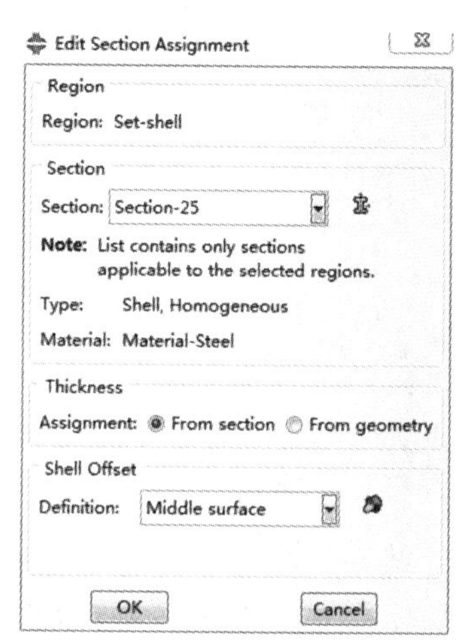

图 9-10　编辑(圆柱壳板)截面属性

9.2.3　水域模型的建立

1. 创建部件

单击工具栏中的 Create Part(创建部件)，弹出“Create Part”对话框，在“Name”栏内输入“Part-water”；在“Modeling Space”栏内选择“3D”；在“Type”栏内选择“Deformable”；在“Base Feature Shape” 栏内选择“Solid”→“Revolution”；在“Approximate size”栏内输入“20”。单击“Continue...”按钮，进入草图绘制界面。在草图绘制界面内，按照环肋圆柱壳的外形线，绘制图 9-11 所示的草图。

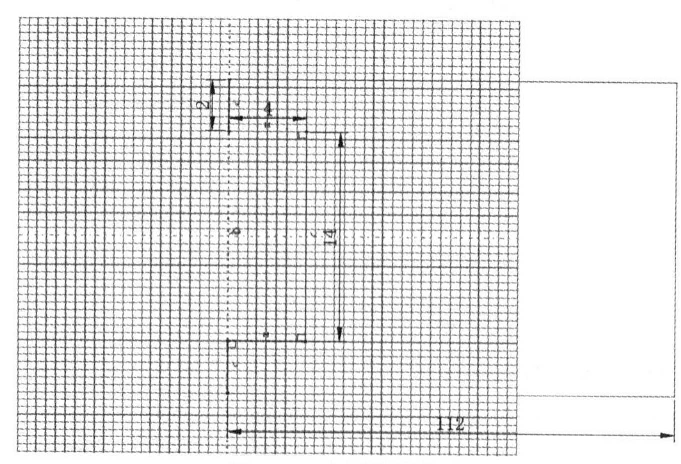

图 9-11　水域模型草图

单击视图区中的“Done”选项，退出草图绘制界面，Abaqus 即弹出“Edit Reolution”对话框，在该窗口输入旋转角度 360°。然后单击“OK”选项，建立水域三维模型，如图 9-12 所示。同时，为便于进行模型后续相关操作，基于辅助面将水域分割为四等份。

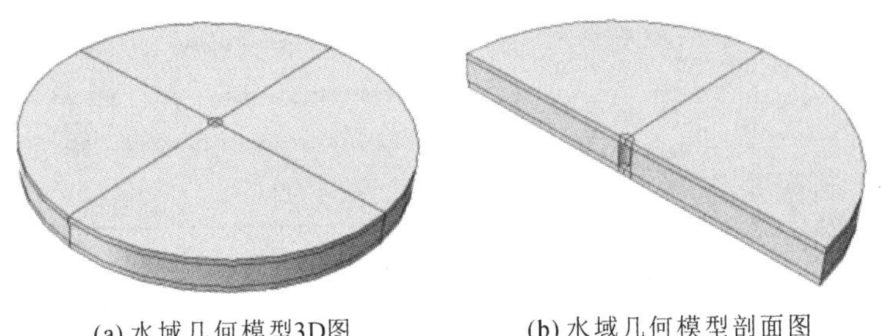

(a) 水域几何模型3D图　　(b) 水域几何模型剖面图

图 9-12　水域三维模型

2. 设置材料和截面特性

1) 定义材料属性

单击工具区中的 Create Material(创建材料)，弹出“Edit Material”对话框，命名为“Material-water”。如图 9-13 所示，按照如下操作定义水域声学介质属性。

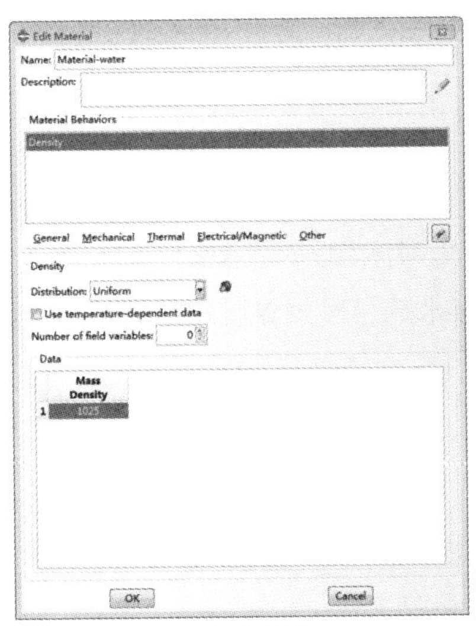

(a) 密度设置

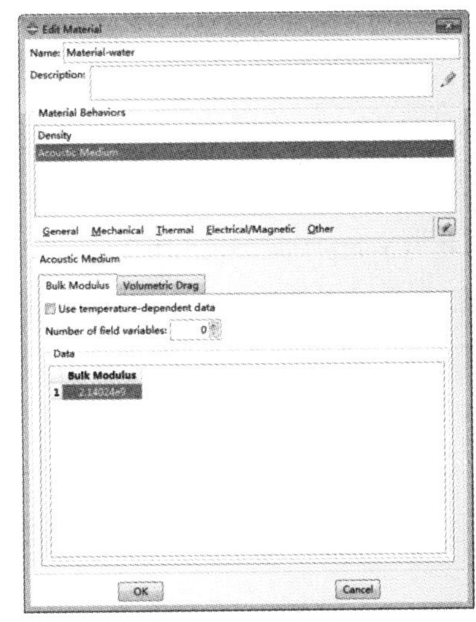

(b) 体积模量设置

图 9-13　设置水域声学介质参数

选择“General”→“Density”命令，在“Mass Density”中输入“1025”(海水密度为 1.025×10^3 kg/m^3)。选择“Other”→“Acoustic Medium”命令，在“Bulk Modulus”中输入“2.14024e9”(海水体积模量为 2.14024 GPa)。单击“OK”选项，完成材料属性定义。

2) 创建截面特性

单击工具区中的 Create Section(创建截面)，弹出“Create Section”对话框，创建水域声学介质截面特性。在“Name”栏内输入“Section-water”，在“Category”栏内选择“Solid”，在“Type”栏内选择“Homogeneous”。单击“Continue...”按钮，弹出“Edit Section”对话框，在“Material”栏内选择“Material-water”，如图 9-14 所示，单击“OK”按钮。

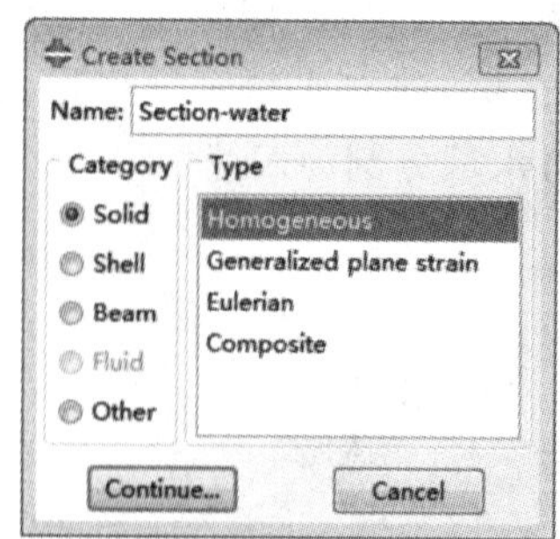

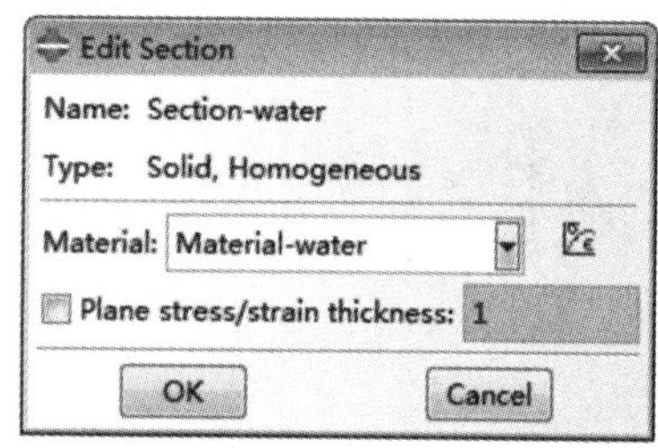

图 9-14 创建水域声学介质截面特性

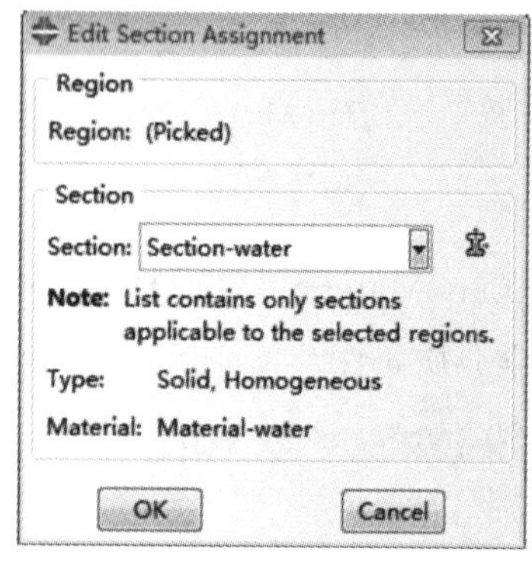

图 9-15 赋予水域截面属性

3）赋予截面属性

单击工具区中的 Assign Section（分配截面），选择所建立的水域几何模型，单击提示区的“Done”按钮，弹出“Edit Section Assignment”对话框，如图 9-15 所示，在“Section”列表中选择“Section-water”，单击“OK”按钮，完成对水域截面属性的设置。

9.2.4 定义装配

在环境栏的 Module（模块）列表中选择 Assembly（装配）功能模块。单击工具区中的 Create Instance（创建部件实体），弹出“Create Instance”对话框，选择创建部件“Part-Cyclinder”和“Part-water”，单击“OK”选项，调入装配。通过相关操作调整结构与水域相对位置，保证结构外形与水域良好配合，完成部件组装。

9.2.5 分析步设置

在环境栏的 Module（模块）列表中选择 Step（分析步）功能模块。单击工具区中的“Create Step”（创建分析步），弹出“Create Step”对话框，在“Name”栏内输入“Step-Frequency”，在“Procedure type”列表中选择“Linear perturbation”→“Frequency”，单击“Continue...”按钮，弹出“Edit Step”对话框，在“Value”栏中输入“10”，单击“OK”按钮，完成此分析步的创建。

水下振动分析步的建立在“板架的振动模态分析”实例中已经阐述，此处不再详细阐述。

9.2.6 接触属性定义

在环境栏的 Module（模块）列表中选择 Interaction（接触）功能模块。

首先建立一对接触面。选择菜单里的“Tools”→“Surface”→“Manager”，单击“Create”。命名为“Surf-1”，类型选择“Geometry”，选择“Part-Cyclinder”环肋圆柱壳的外表面。同理，创建“Surf-2”，选择水域“Part-water”的内表面（即与环肋圆柱壳配合的面）。

然后设计约束属性。单击图标 (Create Constraint)，名称默认为"Constraint-1"，"Type"选择"Tie"，单击"Continue..."按钮。"master surface"设置为"Surf-1"，"slave surface"设置为"Surf-2"，完成两个面的 Tie 连接，以达到声固耦合的目的，如图 9-16 所示。

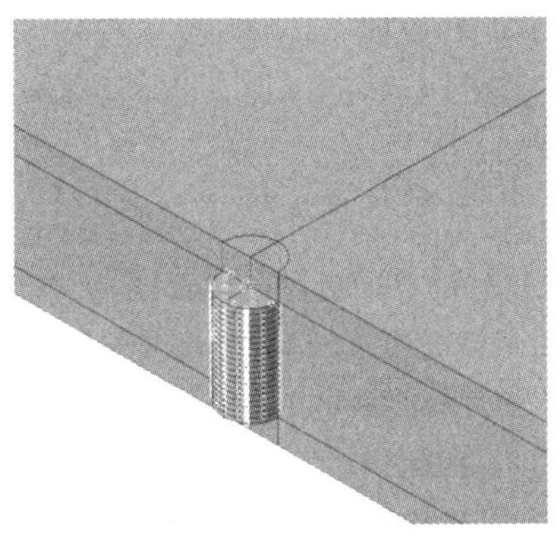

图 9-16　环肋圆柱壳外表面与水域的配合

9.2.7　定义边界条件

进入 Load 模块，单击 (Create Boundary Condition)，名字默认为"BC-1"，在"Step"中选择"Initial"，设置为"Mechanical"→"Symmetry/Antisymmetry/Encastre"。选定环肋圆柱壳两端封板后单击"Done"选项，在类别中选择"ENCASTRE"，即限制 x、y、z 轴三个方向的位移和转动，成为固支边界条件，如图 9-17 所示。水域无须施加边界条件。

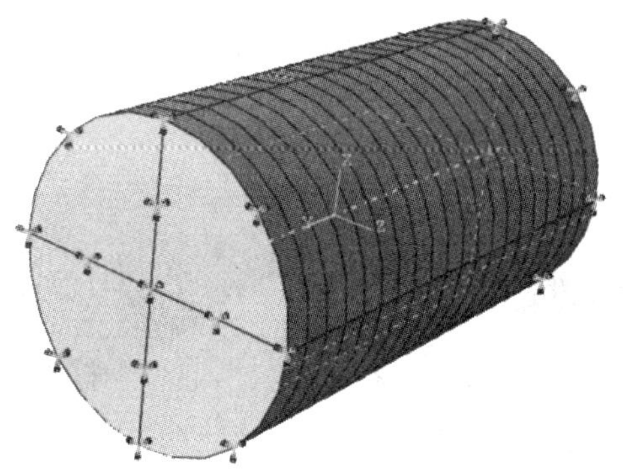

图 9-17　环肋圆柱壳两端固支

9.2.8　划分网格

进入 Mesh 模块，分别划分环肋圆柱壳与水域的网格。

(1) 环肋圆柱壳结构的网格尺寸为 0.2 m，选择"part-Cyclinder"，单击 (Seed Part)进行设置即可；设置完成后，单击 (Mesh Part)完成网格划分，如图 9-18 所示。单元类型选择

“S4R”(四节点缩减积分壳单元)。

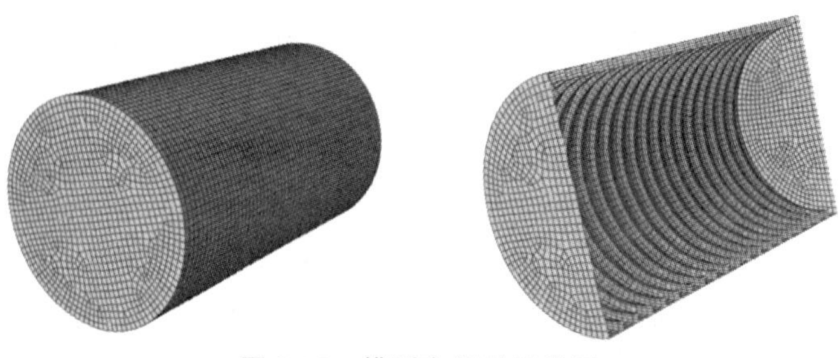

图 9-18 模型有限元网格图

(2) 对于水域部分,为实现良好的 Tie 接触,其与环肋圆柱壳接触面处的网格大小要与环肋圆柱壳基本一致,而对外表面网格的要求较低,可以采用尺寸较大的网格,因而需要设置网格由内到外逐渐变稀(尺寸由内到外越来越大)。此时,可以使用尺寸梯度变化的网格划分技术。如图 9-19 所示,单击(Seed Edges),“Method”选择“By size”,“Bias”选择“Single”,选择半径方向和轴向方向,网格尺寸设置为由 0.2 m 过渡到 4 m。

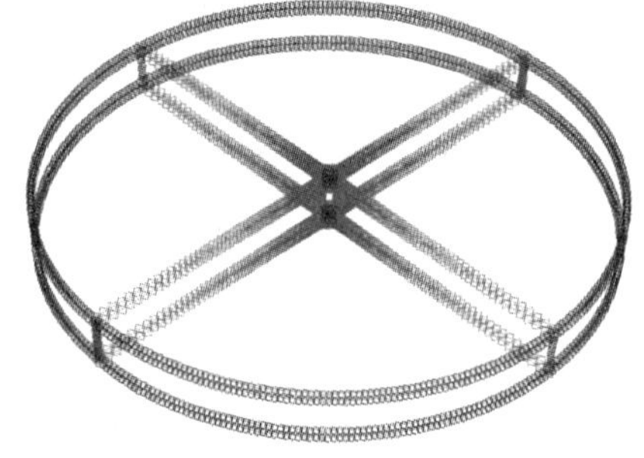

图 9-19 网格尺寸变化设置

设置完成后,单击(Mesh Part)完成网格划分。水域有限元网格图如图 9-20 所示。单元类型选择三维八节点线性声学(Acoustic)单元——AC3D8R。

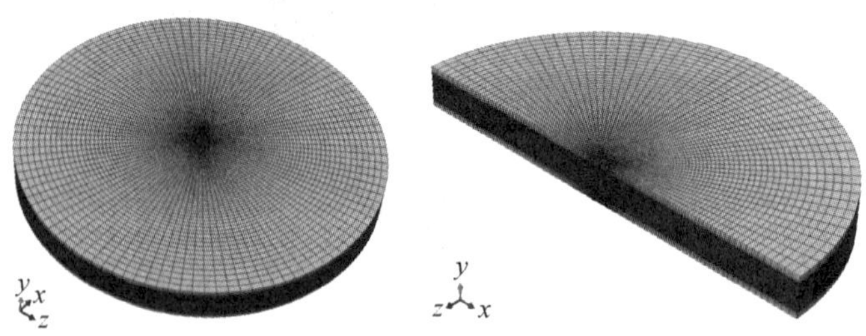

图 9-20 水域有限元网格图

9.2.9 运行分析

在环境栏的 Module(模块)列表中选择 Job(分析作业)功能模块。单击工具区中的“Create Job”,创建“Job-Frequency”;单击“Continue...”按钮,弹出“Edit Job”对话框,接受默认参数,单击“OK”按钮,完成作业定义;单击工具区中的 Job Manager(作业管理器),单击

“Submit”选项，提交作业。等分析结束后，单击“Results”选项，进入可视化模块。

9.2.10　结果后处理

单击作业管理器中的 Results(结果)选项，Abaqus/CAE 随即进入 Visualization(可视化)功能模块。在 Visualization 模块中，单击工具区中的“Plot Contours on Deformed Shape”(变形图上查看云图)，参量选择位移“U”，可直观地看出各阶振型。前两阶振动模态如图 9-21 所示。

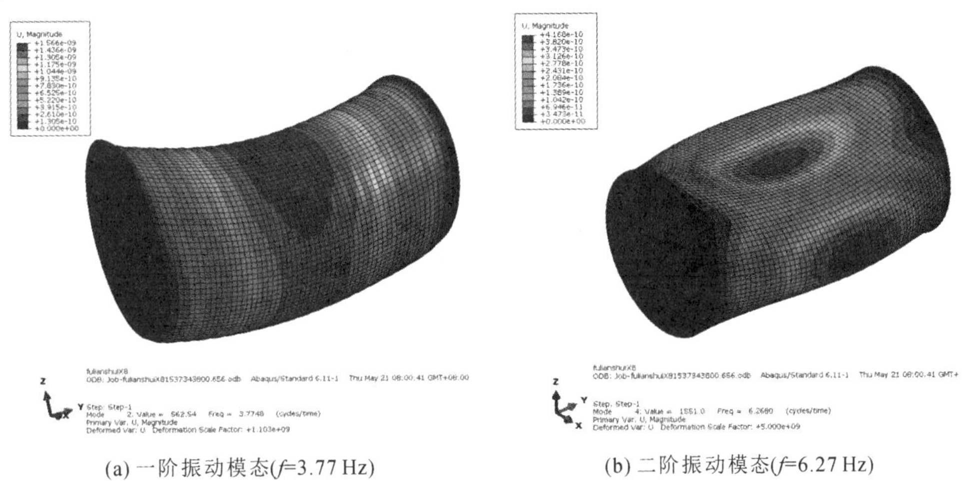

(a) 一阶振动模态(f=3.77 Hz)　(b) 二阶振动模态(f=6.27 Hz)

图 9-21　圆柱壳体水下振动模态

而在空气中，不考虑附连水质量时，本节中的环肋圆柱壳结构的前两阶振动模态如图 9-22所示。可见，在附连水质量的影响下，结构中同一振型的固有频率会大幅降低；同时，不同振型的附连水质量是不同的，会导致同一振型出现的阶数发生变化。例如，梁式振动在空气中是第三阶模态，在水下时则是第一阶模态。

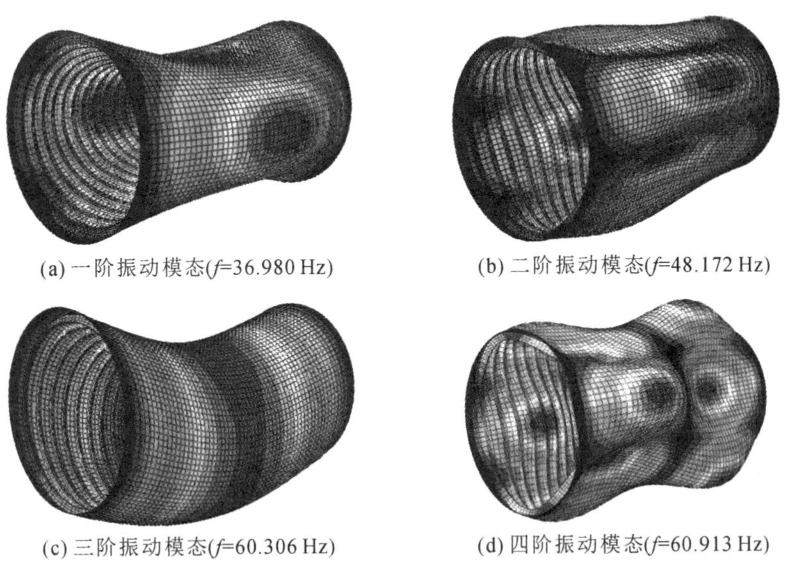

(a) 一阶振动模态(f=36.980 Hz)　(b) 二阶振动模态(f=48.172 Hz)

(c) 三阶振动模态(f=60.306 Hz)　(d) 四阶振动模态(f=60.913 Hz)

图 9-22　圆柱壳体空气中振动模态

思　考　题

1. 简述舷外水对船舶结构水下振动特性的影响。
2. 船舶结构水下振动计算中，附连水质量的模拟方法有哪些？各类方法有什么优缺点？
3. 采用声固耦合法进行船体结构水下振动模态的计算时，水域建模范围应满足什么条件？

第10章　船舶结构振动响应的有限元分析

本章知识要点

① Abaqus 稳态动力学分析方法

② Abaqus 中的阻尼分类与定义

③ 使用 Abaqus 对悬臂梁结构进行稳态振动响应分析的方法和步骤

10.1　概　　述

10.1.1　船舶振动的危害

当船舶在海上航行时，船体结构不可避免地会出现振动，过大的船体振动通常是有害的，其危害主要体现在以下几方面：

（1）导致船体结构和机械部件产生疲劳破坏；

（2）影响船上机器、设备和仪表的正常运转，降低使用精度，缩短使用寿命；

（3）船体振动以及由此产生的舱室噪声可能影响船员居住的舒适性和正常工作，长期处于振动环境中时，船员易产生疲劳，影响工作效率，甚至危害身体健康；

（4）结构振动产生的辐射噪声影响舰船的隐身性能。

10.1.2　船舶的主要激励源

船舶是一种完全自由漂浮在水中的弹性体，在航行过程中，不可避免地会受到各种激励作用，从而发生总体或局部振动。船舶所受激励按照时间特性可分为瞬时性激励和持续性激励（或稳态激励）两类，持续激励又可分为周期性激励和随机激励。

海浪对船体的砰击，空中、水面或水下爆炸冲击波对船体的冲击，火炮或导弹发射时的气浪及后坐力等，都是非周期性或瞬时的激励，其激起的船体总体或局部振动随时间衰减。船舶抛锚时，若突然刹住锚链，船身会发生颤动，这也是一种瞬时激励下的船体瞬态振动。

船舶在风暴天气和恶劣海况下，会发生急剧的升沉与纵摇，船艏底部将受到海浪产生的强烈瞬态冲击——砰击。当船速较高时，砰击力可能达到很大的数值，不仅可能引起艏部船底局部结构的振动和损坏，还会使船舶受到很大的总纵弯曲动弯矩，对船舶总强度产生很大的影响，可能导致船体梁发生包含一阶、二阶或更高阶模态的总体瞬态振动。与船舶静止在波浪上的中拱或中垂弯矩相比，砰击力所产生的动弯矩也会引起较大的船体结构振动与应力，对于军用船舶或特殊需要的船舶而言，往往需要考虑这种瞬态性的船体振动。

在绝大多数情况下，船体振动需要解决的问题是船体上出现的稳态振动。引起船舶稳态振动的主要因素是船上往复式机器的不均衡惯性力、螺旋桨产生的干扰力以及高速船附体附近的空泡引起的干扰力。其他如汽轮机和电动机等回转机械一般比较容易满足静平衡和动平衡要求，运转时不会出现过大的激振力，但发电机或电动机的定子与转子之间的磁力作用有时会产生高频激励。柴油发电机、空气压缩机和各类泵也会产生干扰力，但数值有限，一般只引起局部结构振动。

船舶在波浪中航行时，浮力变化会导致中垂和中拱弯矩的周期性作用，但此类载荷的周期性变化比船舶首阶自由振动的周期性变化大得多，故可视为静力作用，只会引起船舶的静力变形而不会发生船体振动。但对于某些大型、超大型船或高速铝合金船，在一定的航速与航向条件下，当波浪的遭遇频率与船体基频一致时，会引起船体的波激振动，这是一种特殊的稳态船体总振动——弹振，近年来受到了相当程度的关注。

综上所述，船上激振力复杂，船舶结构多样，要完全避免船舶发生各种总体与局部的振动是不现实的。船舶结构工程师的职责是在设计阶段较准确地预报船舶在各种激励载荷作用下的振动响应，早发现隐患，以采取必要措施避免严重的总体或局部结构共振或过大的振动响应。这就需要了解引起船舶稳态振动的振源、激振力的特点和大小、激振力的计算以及如何有效控制，相关知识可参阅船体振动学相关书籍。

近年来，关于船体振动的研究在国内外受到了越来越多的关注并得到迅速的发展。同时，随着计算机技术的发展，复杂结构振动分析的能力大大提高。然而，船体结构极为复杂，船舶振动与水流相互影响，且船上装有各种机器设备、油、水与货物等，精确地分析船体振动是很困难的。

本章将主要讨论如何应用 Abaqus/Standard 中的线性稳态动力学计算方法，进行简谐激励载荷作用下的船舶结构强迫振动分析。

10.2 线性稳态动力学简介

在工程中，船舶结构的振动大多是受迫振动，即系统在外界干扰力或干扰位移作用下产生的振动。由于外界不断对振动系统输入能量，因此振动能够维持，不会因阻尼的存在而随时间衰减。根据外界激励形式的不同，受迫振动可分为简谐激振、周期激振、脉冲激振、阶跃激振和任意激振。

在简谐激振作用下的受迫振动包含过渡过程和稳态响应两部分。由于结构中存在阻尼力，过渡过程只存在于结构振动的初始阶段，是迅速衰减的瞬态振动，与系统的稳态响应相比，瞬态振动在某些问题中并不重要，可以不考虑。而稳态响应振动是不衰减的，本章所讨论的稳态动力学分析（steady state dynamics）是指在简谐激励作用下的系统稳态响应。

理论研究表明，系统在简谐激振作用下的稳态响应频率与激励频率相同，但振动相位与激励不同。Abaqus/Standard 中的稳态动力学分析提供了线性动力学方程的解，可以得到给定频率激励下系统响应的幅值与相位。

10.2.1 Abaqus 中的稳态动力学分析方法

Abaqus 中的稳态动力学分析包括以下三种方法：直接稳态动力学分析（direct-solution

steady-state dynamic analysis)、模态稳态动力学分析(mode-based steady-state dynamic analysis)与子空间稳态动力学分析(subspace projection steady-state dynamic analysis)。下面分别予以介绍。

1. 直接稳态动力学分析

在直接稳态动力学分析中,系统的稳态谐波响应是通过对模型的原始方程直接积分计算得到的。

在定义直接稳态动力学分析步时,首先要定义扫频范围和频率点数量,这样就能得到包括频率范围边界点的分析结果,其中,频率可以通过振动周期的形式给出。扫查频率间隔有两种设置方式:线性或者对数形式(Abaqus 的默认方式),可以任选其一。整个频率轴(线性或对数刻度)能够刚好被频率间隔等分,也可以通过在某一频率范围引入一个偏置参数的方式定义非均匀的频率点分布。

当系统存在非对称刚度、包含模态阻尼以外的其他形式阻尼、必须考虑黏弹性材料特性(具有频变特性)等情况时,无法提取系统的特征模态,所以不能应用模态方法来计算其稳态响应,但此时可以应用直接法进行稳态响应的计算和分析。这是因为进行直接稳态动力学分析不需要提取系统的特征模态,而是在每个频率点对整个模型进行复杂的积分运算。因此,对于具有大阻尼和频变特性的模型,应用直接求解法比模态分析法精确,但是耗时较长。

结构稳态响应的求解过程是一个线性过程,但在稳态响应分析步之前可以设置线性分析步或者非线性分析步。若在直接法稳态动力学分析之前的任何分析步中包含几何非线性影响,那么在稳态动力学响应分析中可以通过参数设置增加初始应力和载荷刚度的影响。

2. 模态稳态动力学分析

模态稳态动力学分析基于模态叠加法求解系统的稳态响应。在求解模态稳态响应前,必须先提取无阻尼系统的特征模态,经变换使系统解耦,得到一组用模态坐标表示的单自由度运动方程。然后,通过求解各个单自由度运动方程得到系统在模态坐标下的稳态响应,最后经变换得到系统在物理坐标下的稳态响应。

模态稳态动力学分析具有以下特点:分析速度快、耗时最短(相较于直接法和子空间法),计算精度低于直接法和子空间法,不适于分析具有大阻尼特性的模型,不适于分析具有黏弹材料(频变特性)的模型。另外需要注意,使用基于模态的分析方法时,用户必须确定需要保留的特征模态,以确保用这些模态能准确描述系统的动力学特性。

3. 子空间稳态动力学分析

与模态稳态动力学分析不同,子空间稳态动力学分析是把运动方程投影到一组特征模态上再求解。子空间稳态动力学分析的基本思路是:首先提取无阻尼、对称系统的特征模态,选取合适的特征向量组成特征模态子空间,然后将稳态动力学方程组投影到特征模态子空间上,通过直接法求解子空间下的稳态动力学方程。

子空间法假设在所关注的频率范围内的无阻尼特征模态能精确表达强迫运动的稳态动力学响应,所以其子空间必须包含足够数量的特征模态向量,其数量由用户自主定义。系统的动力学方程组投影到模态子空间后将形成一个低维(并不解耦)的方程组,通过求解这个缩减的动力学方程组,可将结果返回到得到物理坐标的节点位移与应力响应。

子空间稳态动力学分析有以下特点:分析过程可以定义任意形式的阻尼,可以处理具有非对称刚度矩阵的模型,能有效、快速地分析具有频变特性的模型,与直接法相比可节省大量的时间,在模型规模急剧增加时计算成本优势更加明显,但其计算精度低于直接法。

10.2.2　激励和输出参数设置

1. 扫频范围和密度

1）划分扫频区间

Abaqus 提供了两种划分扫频区间的方法。

（1）用户自定义划分扫频区间。

用户自定义划分方式是 Abaqus 的默认设置。用户可根据需要，不勾选图 10-1 中选项，将扫频范围划分为若干区间。

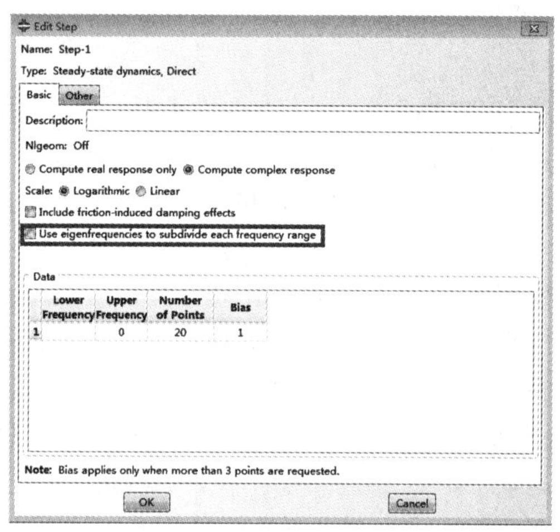

图 10-1　扫频区间划分方式选项

（2）根据系统的特征频率划分扫频区间。

如果在进行稳态分析之前已提取了系统的特征模态，则可以按照特征频率划分扫频区间（勾选图 10-1 中选项），此时的扫频区间划分方式如图 10-2 所示。同时，若在稳态响应分析步之前定义了模态分析步，直接稳态响应分析步中也可以应用特征频率划分方式。

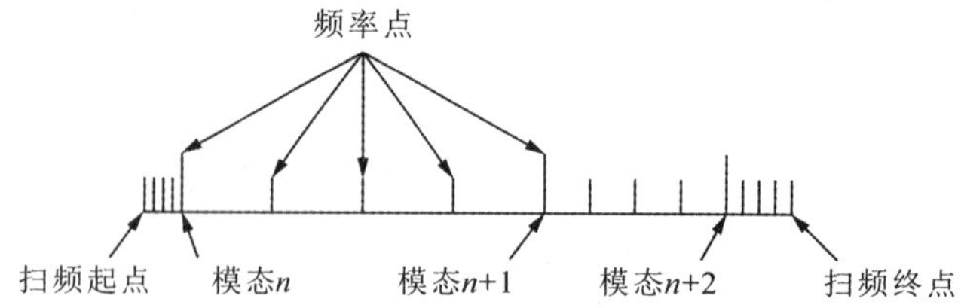

图 10-2　以特征频率划分扫描区间

2）定义扫频间隔

如图 10-3 所示，Abaqus 中扫频间隔可以定义为线性或者对数形式，默认设置为对数间隔。

3）设置偏置参数

如图 10-4 所示，Abaqus 提供了偏置参数来控制扫频区间内频率点的非均匀分布。设置不同的偏置参数值可以调整频率点向扫频区间两端集中或向扫频区间中部集中。图 10-5 说明了偏置参数对频率点分布的影响。

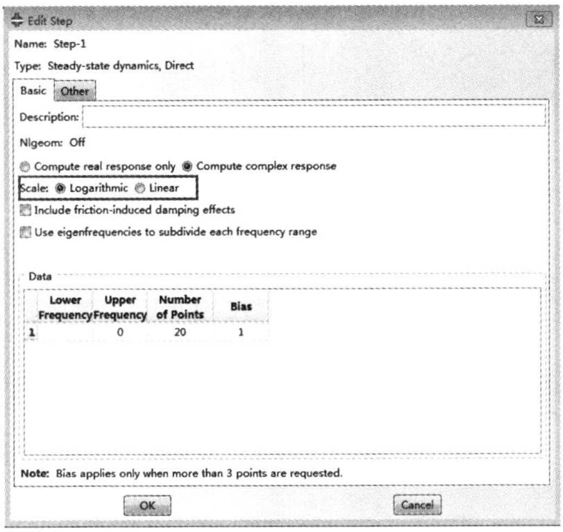

图 10-3　扫频间隔的定义方式

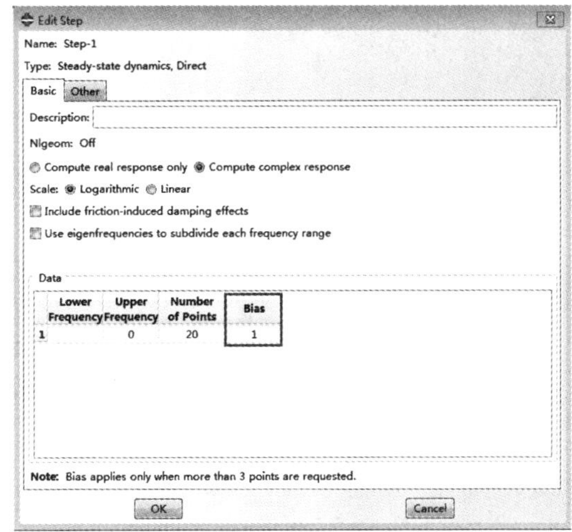

图 10-4　偏置参数的定义方式

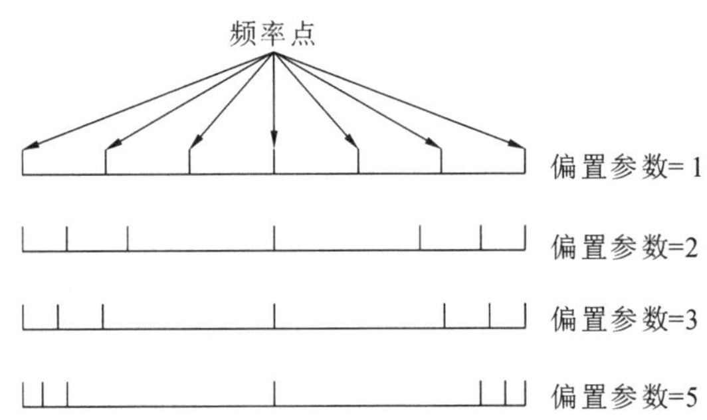

图 10-5　不同偏置参数下的频率点分布(区间内包括 7 个频率点)

设 f_k 为偏置函数,其可以表示为

$$f_k=\frac{1}{2}(f_1+f_2)+\frac{1}{2}(f_2-f_1)\mid y\mid^{1/p}\operatorname{sign}(y) \tag{10-1}$$

$$y=-1+2(k-1)/(n-1) \tag{10-2}$$

式中:n——扫频区间内频率点的数量(包括区间边界点);

k——扫频区间内第 k 个频率点;

f_1——频率区间的下限;

f_2——频率区间的上限;

p——偏置参数。

当偏置参数 p 大于 1.0 时,频率点向扫频区间两端集中;若偏置参数 p 小于 1.0,则频率点扫频向区间中部集中,如果偏置参数 p 等于 1.0,则频率点在扫频区间内均匀分布。当用自定义方式划分区间时,p 默认为 1.0;当用特征频率方式划分区间时,p 默认为 3.0。

4) 定义多个扫频区间

如图 10-6 所示,Abaqus 可设定多个扫频区间,每个扫频区间又可以分别定义频率点数和偏置参数。如果还希望得到其他单个频率点的输出,则必须先定义扫频区间,再定义频率点。

2. 阻尼的定义

在稳态动力学分析的直接法和子空间法中,能够定义的阻尼包括减振器阻尼、与材料和单

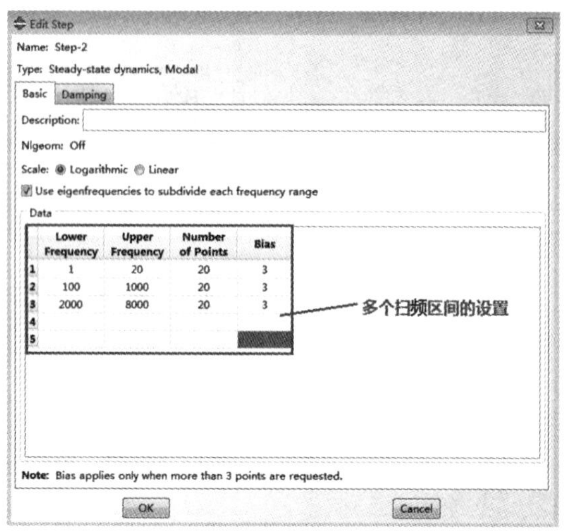

图 10-6　多个扫频区间设置方式

元相关的瑞利阻尼以及具有频变特性的黏弹性阻尼。在模态叠加法中，则只能定义模态阻尼。有关 Abaqus 中阻尼的类型与定义方式将在下节详细阐述。

3. 载荷

在稳态动力学分析中，可定义的载荷包括施加在节点自由度(自由度方向 1～6)上的集中载荷、施加在特定单元上的分布压力和体力载荷。

稳态动力学分析过程中的载荷随时间按正弦规律变化，如 $P\sim\sin\omega t$。Abaqus 将载荷定义为实部和虚部两部分。例如，在某个节点定义两个集中载荷，其中一个作用在 1 方向上，实部值为 10.0；另一个作用在 2 方向上，虚部值为 50.0，可按图 10-7 所示进行定义。同时，Abaqus 可以通过 Amplitude 定义载荷随频率变化的幅度。

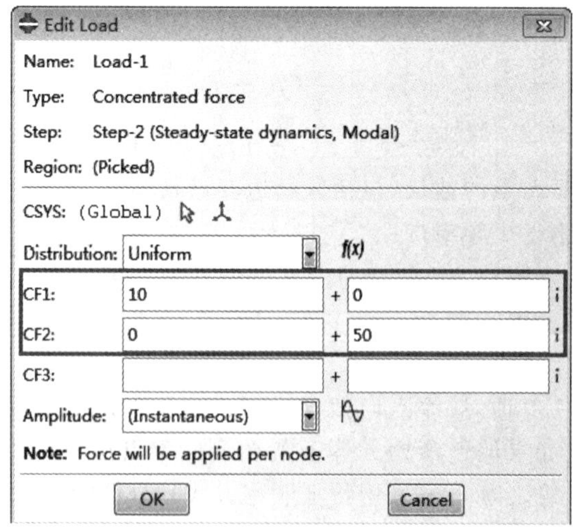

图 10-7　集中激励载荷的设置

4. 材料

稳态动力分析考虑了结构的惯性效应，因此必须输入材料的密度。同时，一些材料属性的定义在模态稳态动力学分析中是无效的，如材料的塑性、热属性、传播特性、电特性(除压电分析中的电动势外）和毛细流体流动特性等其他非弹性属性。

与模态叠加法不同的是，在直接法和子空间法的稳态动力学分析中可以考虑材料的频变特性，因此可在模型中定义黏弹性材料属性。

5. 单元

Abaqus 稳态动力学分析中可以使用的单元类型包括：应力/应变单元（不包括带有扭曲的广义轴对称单元）、声学单元、压电单元和流体静力单元。

6. 输出

稳态动力学分析计算出的部分变量（如应力、应变）结果为复数形式，Abaqus 除输出变量的实部和虚部外，还提供了这些复数变量的幅值、相位。

复数变量的幅值 u_0 和相位角 u_Ψ 分别定义为

$$u_0 = \sqrt{u_R^2 + u_I^2} \tag{10-3}$$

$$u_\Psi = \arctan\left(\frac{u_I}{u_R}\right) \tag{10-4}$$

式中：u_R——变量的实部；

u_I——变量的虚部。

Abaqus 稳态动力学分析可输出的变量非常完备，如表 10-1 所示。

表 10-1　Abaqus 稳态动力学分析可输出的变量

参量	关键字	变量含义
单元积分变量	PHS	应力的幅值和相位
	PHE	应变的幅值和相位
	PHEPG	电动势梯度的幅值和相位
	PHEFL	电通量的幅值和相位
	PHMFL	流体连接器单元内质量流动率幅值和相位
	PHMFT	流体连接器单元内总体质量流动率幅值和相位
连接器单元变量	PHCTF	连接器总体受力幅值和相位
	PHCEF	连接器弹性力幅值和相位
	PHCVF	连接器黏性力幅值和相位
	PHCRF	连接器反力幅值和相位
	PHCSF	连接器摩擦力幅值和相位
	PHCU	连接器相对位移幅值和相位
	PHCCU	连接器基本位移幅值和相位
	PHCV	连接器相对速度幅值和相位
	PHCA	连接器相对加速度幅值和相位
节点变量	PU	节点平动/转角所有分量幅值和相位
	PROR	节点流体、噪声或小孔压力幅值和相位
	PHPOT	节点电动势幅值和相位
	PRF	节点所有反力/反力矩幅值和相位

续表

参量	关键字	变量含义
绝对运动变量（不包括直接稳态动力学分析）	TU	节点位移
	TV	节点速度
	TA	节点加速度
	PTU	节点绝对位移幅值和相位
	BM	基础运动
模态变量（仅包括模态稳态动力学分析）	GU	广义位移
	GV	广义速度
	GA	广义加速度
	GPU	广义位移相位
	GPV	广义速度相位
	GPA	广义加速度相位
	SNE	模态应变能
	KE	模态动能

10.3　Abaqus 中的阻尼

系统结构特征值和模态是在无阻尼情况下求解得到的，而在动力学问题中，任意结构都存在阻尼，阻尼的大小将会对系统动力学响应产生一定的影响。本章主要讨论在动力学分析中如何应用 Abaqus 软件定义系统的阻尼特性。

当系统做无阻尼自由振动时，由于没有能量输入与输出，系统机械能守恒，系统的振幅为常数。然而，在实际结构中，无阻尼自由振动并不存在，结构运动时能量将发生耗散，振幅将逐渐减小直至停止振动。能量耗散源于诸多因素，包括结构连接处的摩擦和局部材料的迟滞效应，这种能量耗散就称为阻尼(damping)。

通常假定阻尼为黏性的，其大小正比于速度，方向与速度方向相反。有阻尼结构系统的动力学方程为

$$\boldsymbol{M}u + \boldsymbol{I} - \boldsymbol{P} = \boldsymbol{0}$$
$$\boldsymbol{I} = \boldsymbol{K}u + \boldsymbol{C}u \tag{10-5}$$

式中：$\boldsymbol{C}$——结构的阻尼矩阵；

u——结构的速度。

10.3.1　阻尼对特征模态与结构振动的影响

在 Abaqus/Standard 中，特征模态的计算是针对无阻尼系统的。然而，大多数工程问题都包含某种阻尼，尽管阻尼可能很小。对于每一模态，有阻尼固有频率和无阻尼固有频率之间的关系为

$$\omega_d = \omega\sqrt{1-\xi^2} \tag{10-6}$$

$$\xi = \frac{c}{c_c} \tag{10-7}$$

式中：ω_d——有阻尼固有频率；

ξ——模态临界阻尼比；

c——模态实际阻尼；

c_c——模态临界阻尼。

当临界阻尼比 ξ 取较小值（$\xi<0.1$）时，有阻尼特征频率和特征向量与无阻尼系统非常接近；随着 ξ 的增加，采用无阻尼系统求得的特征频率就会开始变得不准确，当 ξ 接近 1 时，无阻尼特征频率和特征向量就失效了。但是，大多数用线性动力学分析的结构问题只有很小的阻尼，因而可以采用无阻尼特征频率。

当结构处于临界阻尼状态时，即 $\xi=1$，施加一个扰动后，结构不会振荡，而是尽可能迅速地恢复到它的初始静止构形，如图 10-8 所示。

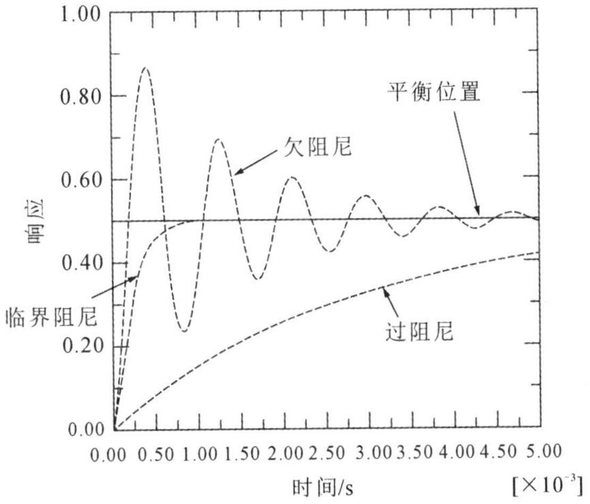

图 10-8　阻尼对结构振动响应的影响

10.3.2　Abaqus 中阻尼的定义

在 Abaqus 中，阻尼可以应用于多种动力学分析过程，如非线性问题直接积分求解（显式分析或者隐式分析）、直接或子空间稳态动力学分析、模态动力学分析（线性）。

对于模态动力学分析过程，Abaqus/Standard 中可定义多种不同类型的阻尼，包括直接模态阻尼（direct modal damping）、瑞利阻尼（Rayleigh damping）、复合模态阻尼（composite modal damping）和结构阻尼（structure damping）。通常在分析步中定义阻尼，且每阶模态可以定义不同量值的阻尼。

1. 直接模态阻尼

采用直接模态阻尼可以定义对应于每阶模态的临界阻尼比 ξ，其典型的取值范围是临界阻尼的 1%～10%。直接模态阻尼允许用户精确定义系统的每阶模态的阻尼。

在“Edit Step”对话框中定义直接模态阻尼的方法如图 10-9 所示，激活直接模态阻尼选项

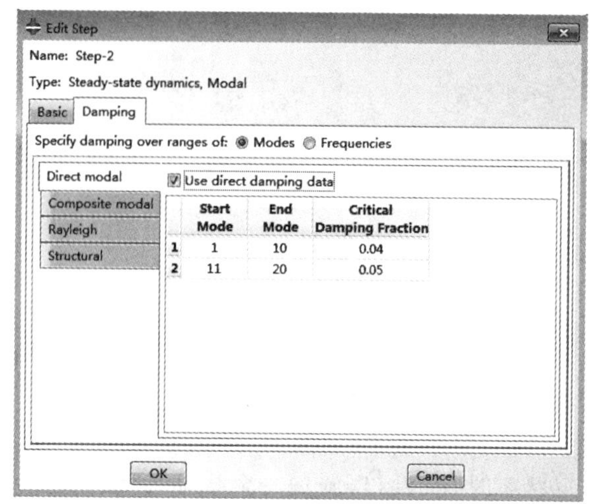

图 10-9　直接模态阻尼的定义

(Direct modal)，并在数据行内输入数据：起始模态序号、终止模态序号和临界阻尼比。图 10-9 中前 10 阶振型的阻尼定义为 4%(模态临界阻尼比)的模态临界阻尼，11～20 阶振型的阻尼为 5%(模态临界阻尼比)的模态临界阻尼。

2. 瑞利阻尼

瑞利阻尼假设阻尼矩阵可表示为质量矩阵和刚度矩阵的线性组合，即

$$\boldsymbol{C} = \alpha\boldsymbol{M} + \beta\boldsymbol{K} \tag{10-8}$$

式中：α 和 β——用户根据材料特性定义的常数。

瑞利阻尼假设阻尼正比于质量和刚度，并没有严格的物理基础，但人们对阻尼分布的真实情况知之甚少，也不能保证其他更为复杂的模型是正确的。通常，瑞利阻尼模型对于大阻尼系统(阻尼值超过 10%临界阻尼)是不可靠的。

使用瑞利阻尼有许多方便之处。例如，定义瑞利阻尼后，系统的特征频率仍与对应的无阻尼系统特征值一致；相对于其他形式的阻尼，通过瑞利阻尼可以精确地定义系统每阶模态的阻尼；在 Abaqus/Standard 中可将各阶模态的瑞利阻尼转换为直接模态阻尼进行动力学计算。

对于一个给定模态 i，假设其临界阻尼比为 ξ_i，则它与瑞利阻尼系数 α 和 β 的关系为

$$\xi_i = \frac{\alpha_i}{2\omega_i} + 2\beta_i\omega_i \tag{10-9}$$

式中：ω_i——模态 i 的固有频率。

式(10-9)表明，瑞利阻尼的质量比例阻尼部分在系统响应的低频段起主导作用，而刚度比例阻尼部分在高频段起主导作用。

在“Edit Step”对话框中定义瑞利阻尼的方法如图 10-10 所示，首先激活瑞利阻尼选项(Reyleigh)，并输入数据。如果需要定义多阶模态的阻尼值，则可在菜单内单击鼠标右键，通过“insert row before”或者“insert row after”来增加数据行。图 10-10 中，对于前 10 阶振型，定义 $\alpha=0.2525$ 和 $\beta=2.9\times10^{-3}$；对于 11～20 阶振型，定义 $\alpha=0.2727$ 和 $\beta=3.03\times10^{-3}$。

3. 复合模态阻尼

对每种材料定义一个临界阻尼比，进而得到整体结构的复合阻尼值。当某种结构由多种材料组成时，采用复合模态阻尼描述其系统的阻尼特性是非常简便有效的。

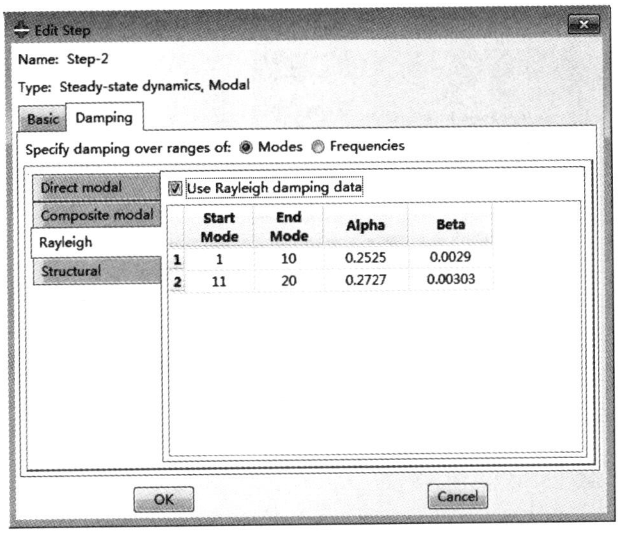

图 10-10　瑞利阻尼的定义

Abaqus 将材料的复合模态阻尼加权平均得到模态临界阻尼比，两者的转换关系为

$$\xi_i = \frac{1}{m_i}\boldsymbol{\phi}_i^M \sum_j (\xi_j \boldsymbol{M}_j^{MN})\boldsymbol{\phi}_i^N \tag{10-10}$$

$$m_i = \boldsymbol{\phi}_i^M \boldsymbol{M}_j^{MN} \boldsymbol{\phi}_i^N \tag{10-11}$$

式中：ξ_i——模态 i 的临界阻尼比；

ξ_j——材料 j 的阻尼比；

$\boldsymbol{M}_j^{MN}$——与材料 j 相关的质量矩阵；

$\boldsymbol{\phi}_i^M$——模态 i 的振型；

m_i——模态 i 的质量。

在 Abaqus 中，可通过以下两个步骤定义结构系统的复合阻尼。

第一步，在材料属性中定义与该材料对应的复合模态阻尼，如图 10-11 所示。

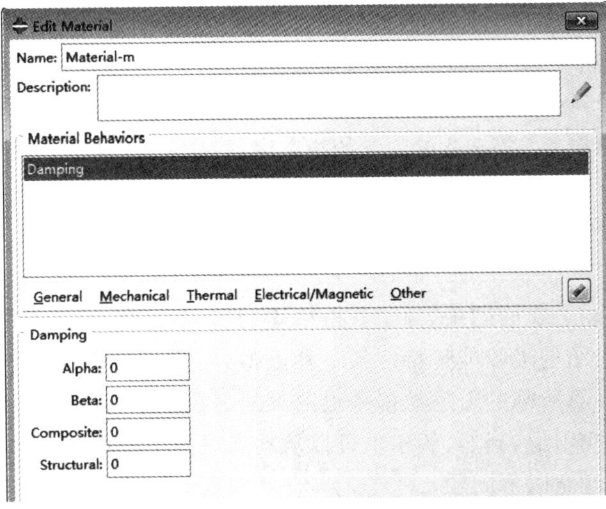

图 10-11　在材料属性中定义复合模态阻尼

第二步，在分析步中引用复合模态阻尼，如图 10-12 所示，需输入起始和终止模态序号。

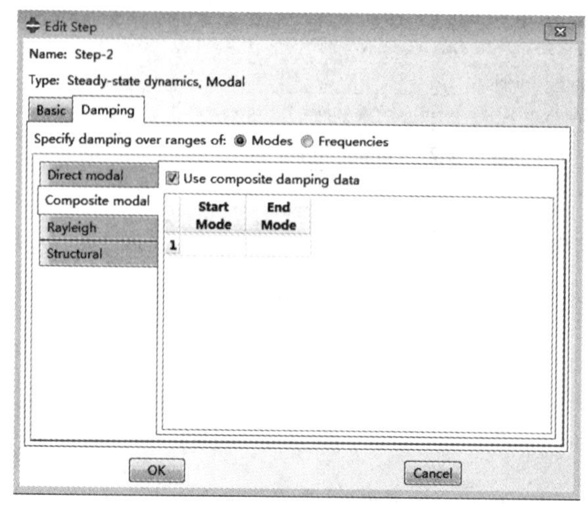

图 10-12　选定复合模态阻尼

4. 结构阻尼

系统的结构阻尼特性与结构或者材料的内摩擦机制有关。其他形式的阻尼属于黏性阻尼，即阻尼力与运动速度成正比；而结构阻尼力与位移成正比，同时结构阻尼力不会随着激振频率的变化而变化。

结构阻尼力可用下式表示：

$$F_{\mathrm{D}}^{N} = \mathrm{i}sI^{N} \tag{10-12}$$

式中：F_{D}^{N}——阻尼力；

s——结构阻尼因子；

I^{N}——结构的变形力；

i——虚数单位，$\mathrm{i}=\sqrt{-1}$。

结构阻尼力的方向与速度方向相反，与其位移相比滞后 90°。只有当位移和速度的相位差为 90°时，结构阻尼假设才能成立，因此激励必须是正弦激励。使用结构阻尼假设的动力学分析包括稳态响应分析和随机响应分析，其他如瞬态动力学分析则不能直接应用结构阻尼；对于某些问题，若只能得到结构阻尼，则必须依据一定的准则将结构阻尼转换为等效黏性阻尼。图 10-13 所示为结构阻尼定义。需依次输入起始模态序号、终止模态序号和对应的结构阻尼因子。

10.3.3　阻尼选择

在大多数的线性动力学问题中，为了获得精确的结果，需定义合适的阻尼类型和阻尼值。然而，由于阻尼只是对结构吸收能量特性的一种近似，无法真实模拟造成阻尼的物理机制，因此，要准确确定模型计算所需的阻尼数据是很困难的。在一些问题的计算过程中，有时不得不根据工程经验确定结构阻尼，当然，偶尔也可以从动态试验中获得这些数据。在定义阻尼类型和选取阻尼值时需要注意以下问题。

(1) 在许多实际工程中，材料阻尼是主要的影响因素。一些材料的阻尼力在本质上是黏性的，且与材料的刚度成正比。这种阻尼可通过瑞利阻尼进行定义，其中 $\alpha=0$ 和 $\beta\neq0$，β 值可

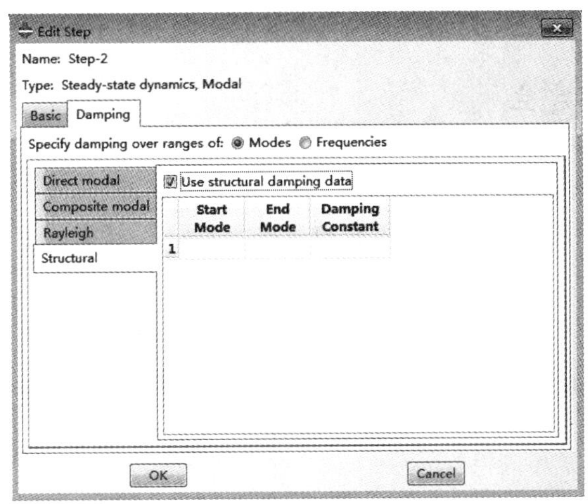

图 10-13　结构阻尼定义

通过试验数据确定。

(2) 若某些材料的阻尼应力在本质上是摩擦力，且同时需要研究系统的稳态响应，此时可以应用结构阻尼，结构阻尼因子 s 可根据摩擦应力占总应力的百分比来确定。

(3) 在某些情况下，可以测量不同频率下的结构阻尼。若这些数据是可靠的，则可将结构特征频率下的阻尼作为模态阻尼，直接应用于模态动力学分析中。

(4) 少数情况下，可以从动力学试验中获得阻尼的数据。但大多数情况下，不得不通过经验或参考资料获得数据，此时，需十分谨慎地评价模拟仿真结果，并通过参数分析评估模拟结果对阻尼值的敏感性。

(5) Abaqus 中可同时定义不同类型的阻尼，此时的分析结果将反映各种阻尼的综合效果。

10.4　实例——悬臂梁结构稳态振动响应分析

10.4.1　问题描述

本节将采用模态叠加法对钢质悬臂梁结构在自由端简谐激励下的稳态振动响应特性进行计算。

悬臂梁为管状结构，长度为 1 m，内径为 100 mm，厚度为 5 mm。激励载荷位于自由端，频段为 1～1000 Hz，载荷幅值为 1 mN。加载方式如图 10-14 所示。

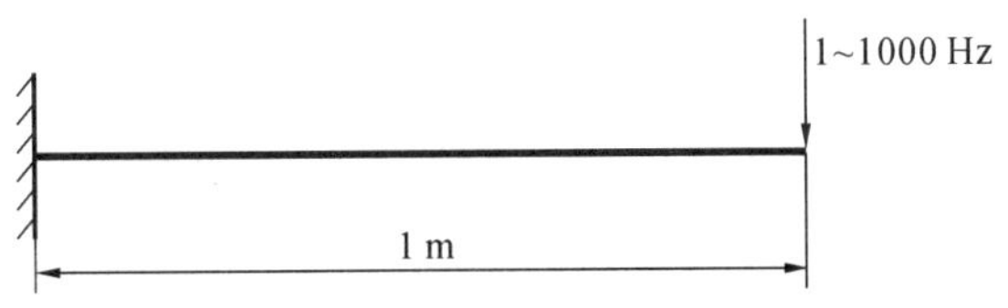

图 10-14　圆管振动激励加载示意图

单位制：mm、kg、s。

10.4.2 模型建立

建立新文件，模型文件命名为 Pipeline。对于此模型的建立，可以采用壳单元，也可采用实体单元，本节介绍采用实体单元的主要建模过程。Abaqus 建模的主要步骤如下。

1. 创建部件

单击工具区中的 Crate Part(创建部件)，弹出“Create Part” 对话框，如图 10-15 所示。在“Name”栏内输入“Part-Pipeling”；“Modeling Space”选择“3D”；“Type”选择“Deformable”；“Base Feature” 选择“Soild”→“Extrusion”；在“Approximate size”栏内输入“150”；单击“Continue...”选项。

2. 绘制草图

单击工具区中的 Create Circle：Center and Perimeter(创建圆：圆心和周长)，在草图区的右侧按结构参数绘制一个内径为 100 mm、厚度为 5 mm 的空心圆截面草图。草图绘制结束后，单击提示区中的“Done”按钮。弹出“Edit Base Extrusion”对话框，在“Depth”中输入“1000”。单击“OK”选项，完成 1 m 长管道的绘制，如图 10-16 所示。

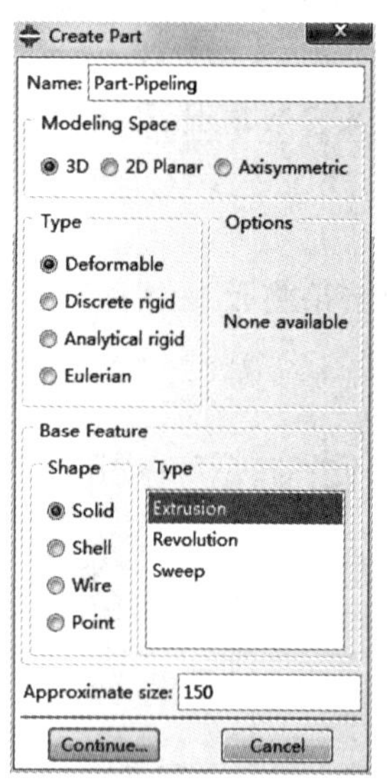

图 10-15 “Create Part”对话框

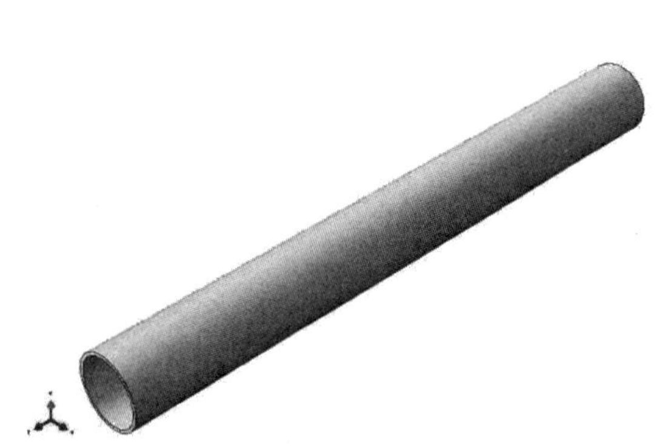

图 10-16 管状悬臂梁三维模型

10.4.3 设置材料和截面特性

在环境栏的 Module(模块)列表中选择 Property(特性)功能模块。

1. 定义材料属性

单击工具区中的 Create Material(创建材料)，弹出“Edit Material”对话框，在“Name”栏内输入材料名称“Material-Steel”；选择“General”→“Density”；在“Mass Density”中输入

"7.8e-6"(见图 10-17)。选择"Mechanical"→"Elasticity"→"Elastic";在"Young's Modulus"中输入"210e6",在"Poission's Ratio"中输入"0.3"(见图 10-18)。单击"OK"选项,完成材料属性的定义。

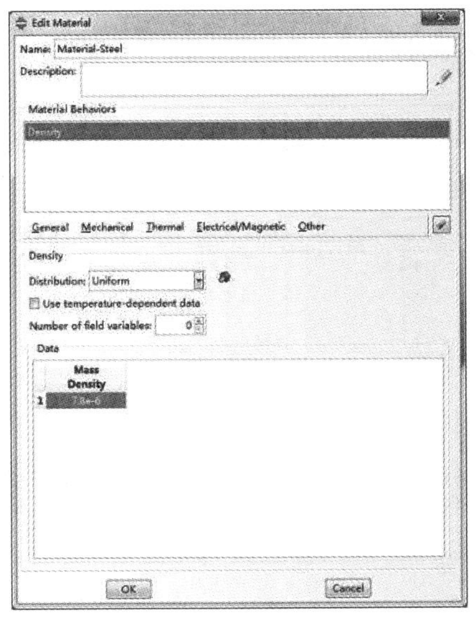

图 10-17　定义密度参数

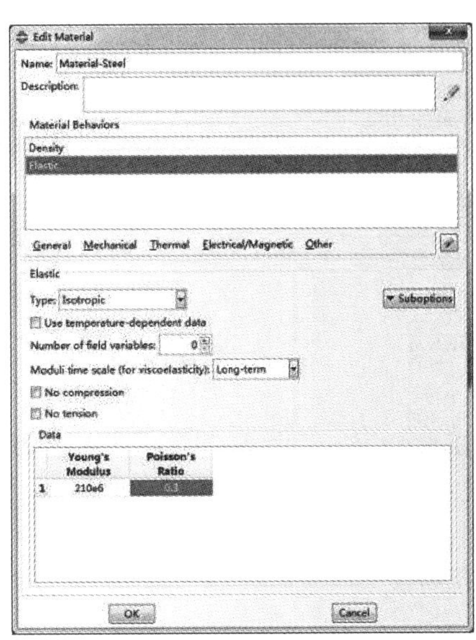

图 10-18　定义杨氏模量及泊松比

2. 创建截面特性

单击工具区中的 Create Section(创建截面),弹出"Create Section"对话框,如图 10-19 所示,创建截面特性。在"Name"中输入"Section-pipeline",在"Category"栏内选择"Soild",在"Type"栏内选择"Homogeneous"。单击"Continue..."按钮,弹出"Edit Section"对话框,如图 10-20 所示,单击"OK"选项,完成截面特性的创建。

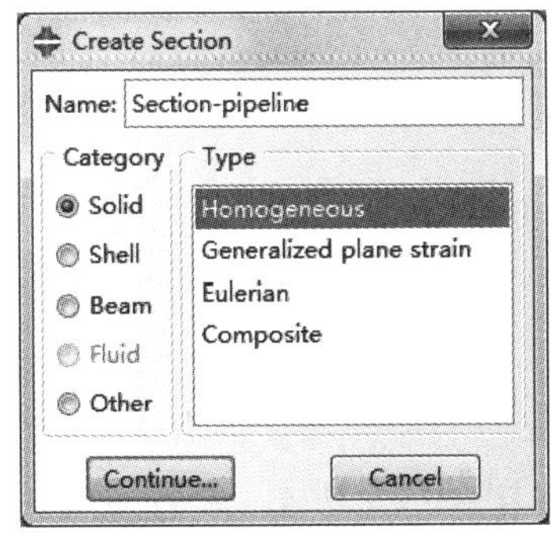

图 10-19　创建截面

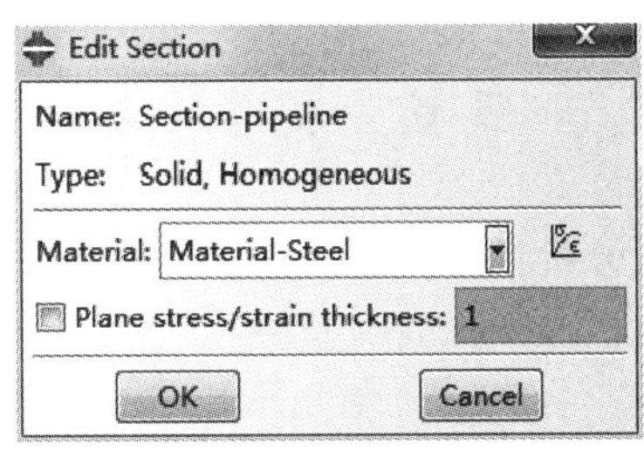

图 10-20　编辑截面

3. 赋予截面属性

单击工具区中的 Assign Section(指派截面),选择绘制的模型,在提示区"Creat set"栏内输入"Set-pipeline",单击"Done"选项,在弹出的"Edit Section Assignment"对话框(见图 10-21)中,默认为软件提示参数,单击"OK"选项,完成截面属性的赋予。

图 10-21　截面属性赋予

10.4.4　定义装配

在环境栏的 Module(模块)列表中选择 Assembly(装配)功能模块。单击工具区的 Create Instance(创建部件实体)，弹出“Create Instance”对话框，选择“Part-Pipeline”，单击“OK”选项。创建实体如图 10-22 所示。

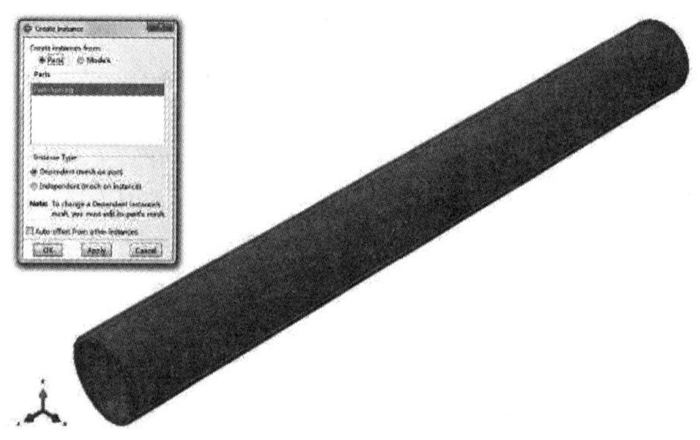

图 10-22　创建实体

10.4.5　设置分析步和输出变量

1. 设置分析步

在环境栏的 Module(模块)列表中选择 Step(分析步)功能模块。单击工具区中的 Create Step(创建分析步)，弹出“Create Step”对话框，如图 10-23 所示，命名为“Step-1”，选择“Linear perturbation”→“Frequency”。

单击“Continue...”选项，弹出“Edit Step”对话框，如图 10-24 所示，定义频率计算的频段为 1～1000 Hz，勾选“Minimum frequency of interest(cycles/time)”，并输入“1”；在“Maximum frequency of interest(cycles/time)”处输入“1000”。

继续创建第二个分析步，单击工具区中的 Create Step(创建分析步)，弹出“Create Step”对话框，如图 10-25 所示，命名为“Step-2”，在“Procedure type”中选择“Linear perturbation”→“Steady-state dynamics，Model”，单击“Continue...”选项，在弹出的“Edit Step”对话

框中，选择“Linear”，并在表格中输入图 10-26 所示的参数值。单击“Damping”选项卡，选择“Direct modal”，在表格中输入图 10-27 所示的参数值“0.02”，完成分析步的定义。

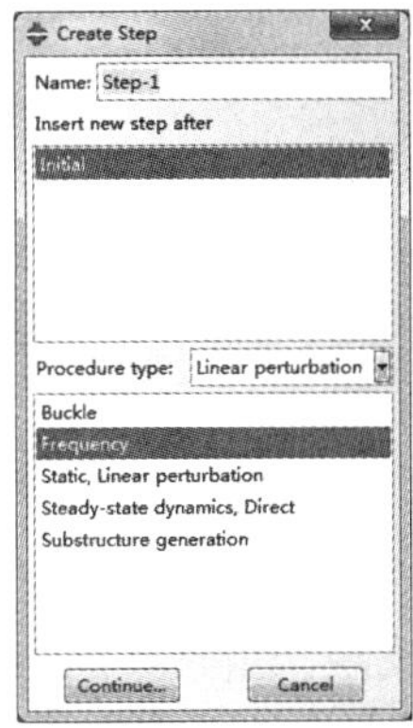

图 10-23　“Create Step”对话框

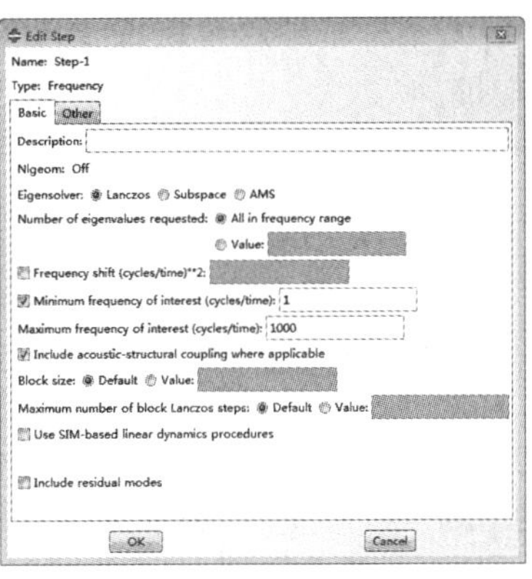

图 10-24　“Edit Step”对话框

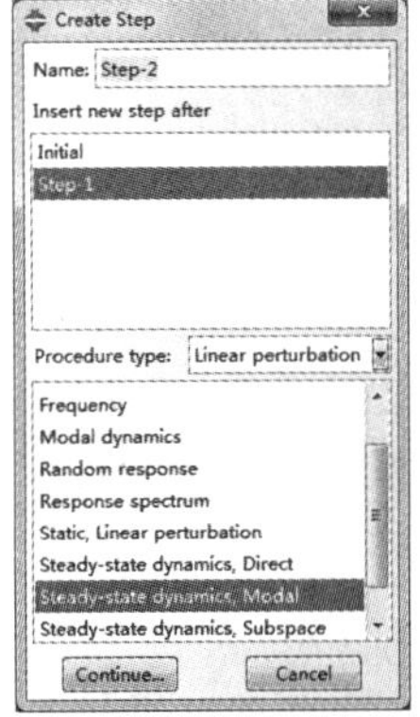

图 10-25　创建分析步

图 10-26　编辑分析步中 Basic 参数

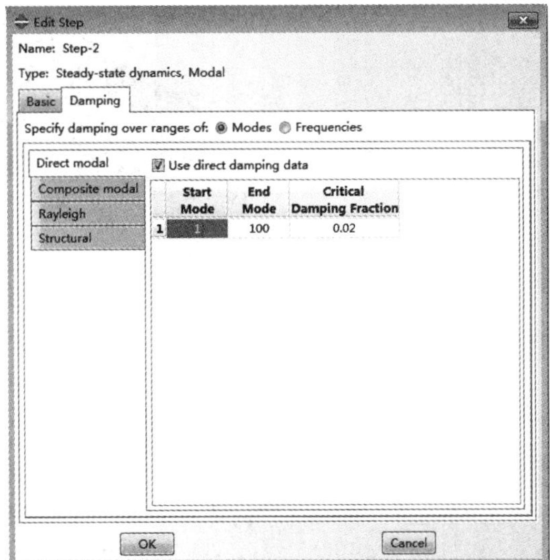

图 10-27　编辑分析步中 Damping 参数

2. 设置输出变量

单击工具区中的 Field Output Manager(文件输出管理器)，在弹出的“Field Output Request Manager”对话框中可以看到 Abaqus/CAE 已经自动生成了名为 F-Output-1、F-Output-2 的场输出变量。

通过选定相应的输出请求，并单击“Edit”按钮，在弹出的“Edit Field Output Request”对话框中，可以增加或者减少某些量的输出，然后单击“OK”按钮，完成输出变量的定义。

10.4.6 施加载荷与边界条件

1. 加载点的创建

在环境栏的 Module(模块)列表中选择 Interaction 功能模块。由于激励源在直管自由端处，因此选择在直管端面的轴心处建立参考点。单击工具区中的 Create Reference Point(创建参考点)，选择直管自由端圆心位置点，单击鼠标中键，完成参考点的创建(见图 10-28)。

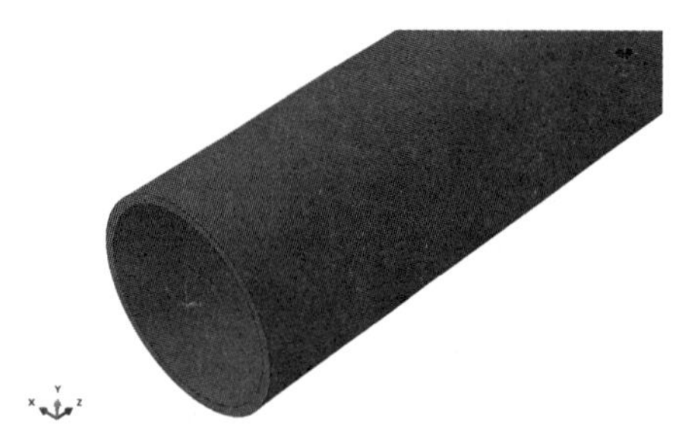

图 10-28 创建参考点

创建多点约束。选择工具栏中的 Create Constraint(创建约束)，弹出“Create Constraint”对话框(见图 10-29)，选择“MPC Constraint”，单击“Continue...”选项，控制点(Control Point)选择前面所建立的参考点 RP-1，从节点(Slave Nodes)选择整个端面，单击鼠标中键，弹出“Edit Constraint”对话框，按照软件默认提示，单击“OK”选项，完成创建，如图 10-30 所示。

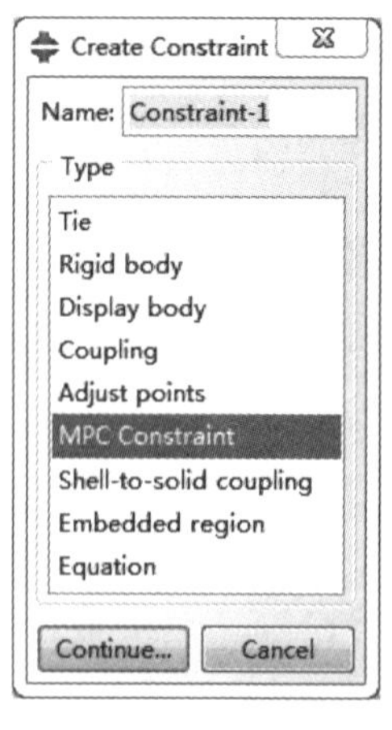

图 10-29 创建约束

图 10-30 创建多点约束

2. 施加载荷

在环境栏的 Module(模块)列表中选择 Load(载荷)功能模块。

单击工具区中的 Create Load(创建载荷)，弹出“Create Load”对话框，如图 10-31 所示，依次选择“Step-2”→“Mechanical”→“Concentrated force”，单击“Continue...”选项，加载点选择前面所创建的参考点 RP-1，单击鼠标中键，进入“Edit Load”对话框，按照图 10-32 所示

输入加载力(1 mN)。

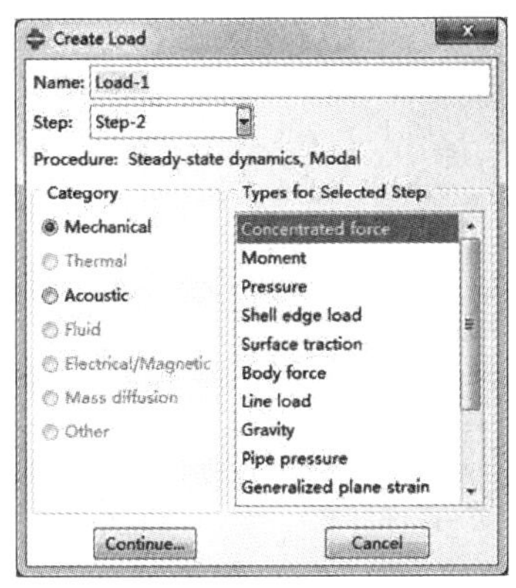

图 10-31　创建载荷

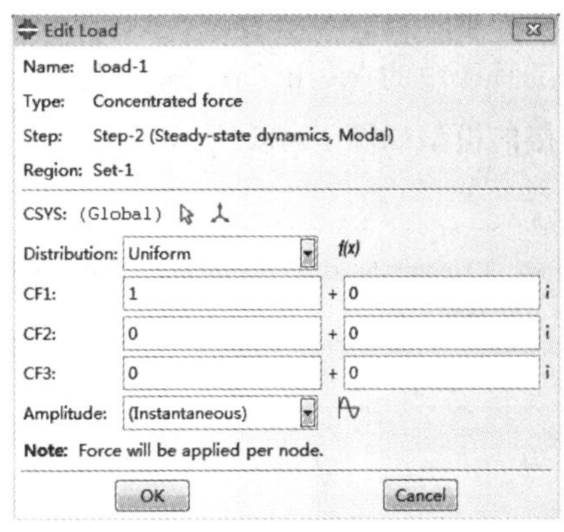

图 10-32　编辑载荷

3. 施加边界条件

单击工具区中的 Create Boundary Condition ，弹出“Create Boundary Condition”对话框，命名为“BC-1”，依次选择“Step-1”→“Mechanical”→“Symmetry/Antisymmetry/Encastre”(见图 10-33)，选定悬臂梁固支端面区域(见图 10-34)，单击“Done”选项，在类别中选择“ENCASTRE”，限制 x、y、z 三个方向的位移和转动自由度，施加固支边界条件。

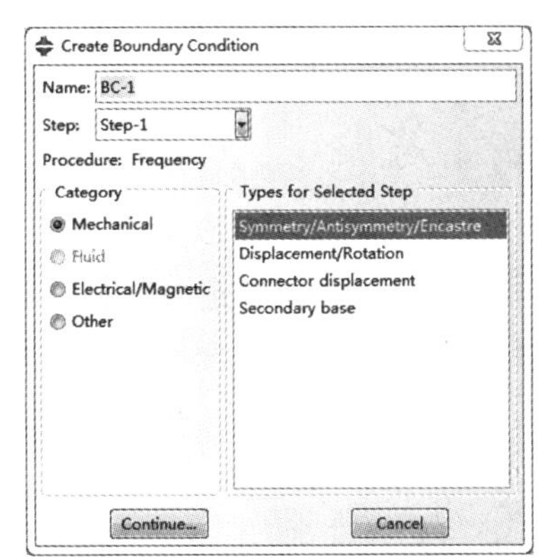

图 10-33　创建边界条件

图 10-34　编辑边界条件

10.4.7　划分网格

在环境栏的 Module(模块)列表中选择 Mesh(网格)功能模块。

1. 设置网格密度

单击工具区中的 Seed Part(撒种子)，弹出“Global Seeds”对话框，在“Approximate global size”栏内输入“5”(单元大小)，单击“OK”按钮。单击，在圆管厚度方向上设置单元数目(By number)为“3”。

2. 选择单元类型

单击工具区中的 Assign Element Type (分配单元类型)，在图形区框选整个模型，单击“Done”按钮，弹出图 10-35 所示的“Element Type”对话框，选择默认的单元为“C3D8R”，单击“OK”按钮，完成单元类型的定义。

3. 划分网格

单击工具区中的 Mesh Part （划分部件），单击提示区的“Yes”选项，完成网格的划分。划分好网格的模型如图 10-36 所示。

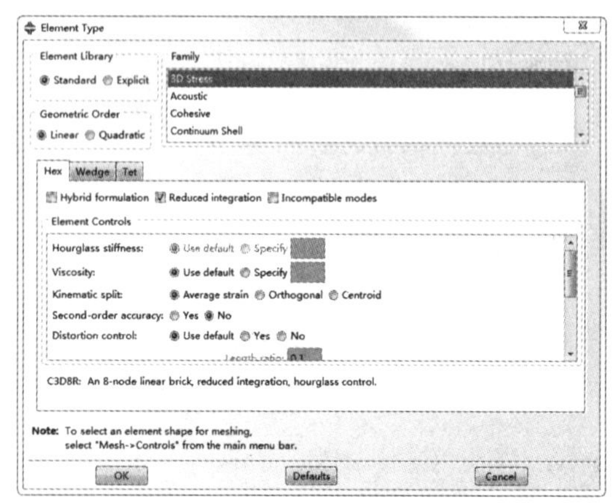

图 10-35　选择单元类型

图 10-36　划分网格

10.4.8　运行分析

在环境栏的 Module（模块）列表中选择 Job（作业）功能模块。

单击工具区中的 Create Job（创建作业），弹出“Create Job”对话框。创建“Job-Pipeline”，单击“Continue...”按钮，弹出“Edit Job”对话框，接受默认参数，单击“OK”选项，完成作业的定义。

单击工具区中的 Job Manager（作业管理器），弹出“Job Manager”对话框，单击“Submit”选项，提交作业。

等分析结束后，单击“Results”选项，进入可视化模块。

10.4.9　结果后处理

进入 Visualization 模块中，通过目录树，分别选择 Step-1 和 Step-2 的结果，得出的计算结果如下。

1. 振动模态分析

所得钢制圆管的前四阶振型如图 10-37 所示。

2. 振动响应分析

为考察圆管在 1～1000 Hz 频率的径向激励载荷作用下的振动响应情况，在圆管上均匀分布 11 个输出点，即沿轴向每间隔 100 mm 取圆管横截面 x 轴正方向上的点输出结构振动加速度。输出点布置图如图 10-38 所示，其中，输出点 1 处位于径向频率激励源处。

绘制 11 个输出点处的加速度-频率曲线，如图 10-39 所示。

通过该曲线，可以得到钢制圆管的两个共振峰的频率为 101.15 Hz 和 579.796 Hz，1 mN

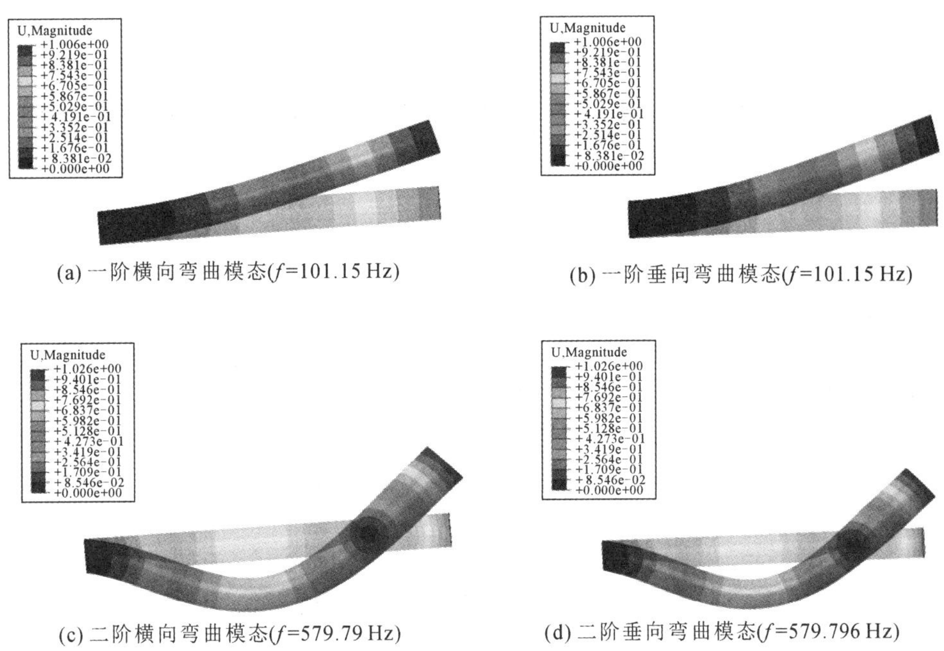

(a) 一阶横向弯曲模态(f=101.15 Hz)　(b) 一阶垂向弯曲模态(f=101.15 Hz)

(c) 二阶横向弯曲模态(f=579.79 Hz)　(d) 二阶垂向弯曲模态(f=579.796 Hz)

图 10-37　悬臂圆管四阶振型图

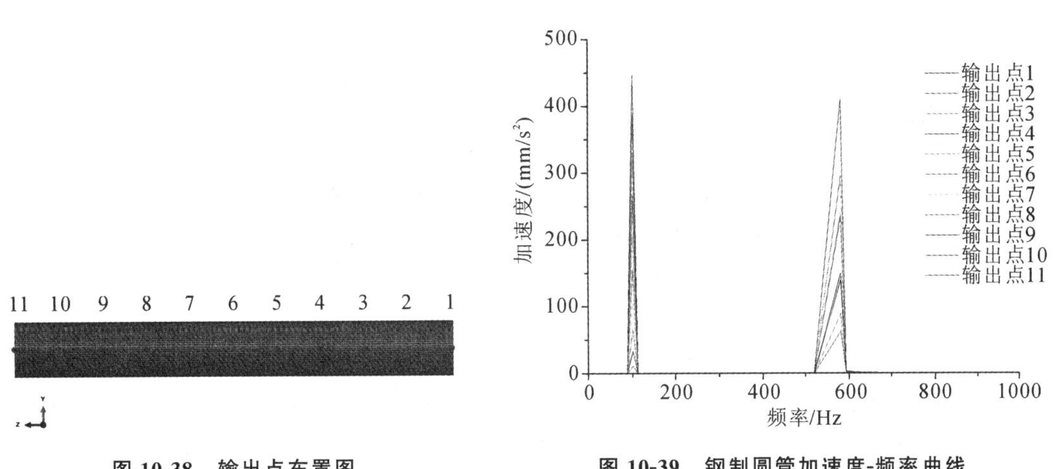

图 10-38　输出点布置图　　**图 10-39　钢制圆管加速度-频率曲线**

激励载荷下，峰值对应的最大加速度达到了 450 mm/s^2 左右，这与结构阻尼大小的设置有重要的关系。

思　考　题

1. 船舶振动响应的主要影响因素有哪些？主要激励源有哪些？
2. Abaqus 中稳态动力学分析的方法有哪三类？各方法的优缺点是什么？
3. 请简述 Abaqus 中模态叠加法的基本原理与步骤。
4. Abaqus 中阻尼定义的方法有哪些？分别适用于什么情况？
5. 在 Abaqus 中应如何选择阻尼定义的方式？

第11章　船舶结构优化设计技术

本章知识要点

① 结构优化设计的基础知识

② Abaqus Optimization 模块的基本功能与优化分析步骤

③ Abaqus 中拓扑优化与形状优化相关参数的定义方法

④ 使用 Abaqus 进行悬臂板结构拓扑优化设计的步骤与操作

11.1　结构优化设计概述

结构优化设计(structural optimum design,SOD)最早起源于1854年的 Maxwell 理论和1904年的 Michell 桁架,属于一门交叉学科,目前在交通、机械、建筑、电子等多领域得到广泛应用。

结构优化设计是设计者根据设计要求和预定目标,求出满足约束条件下工程结构最优方案的设计方法。作为一种新兴的、科学的设计方法,该方法将传统的结构设计过程,由“假设—分析—校核—重新设计”转化为“假定—分析—搜索—最优设计”。其中,搜索过程是一个修改并优化的过程,其首先判断设计方案是否达到最优(包括满足各种给定的条件),若未达到最优,则按某种规则进行修改,逐步逼近预定的最优指标。结构优化设计所得到的结果,不仅是“可行的”,而且是“最优的”。这里所说的“最优”是相对设计者预定的要求而言的,随着科学技术的发展及设计条件的变动,最优的标准也会发生变化。

结构优化设计的目的是得到既满足使用要求又保证安全的最经济的结构。它将数学的最优化理念结合计算机技术应用于结构设计领域。这种新型设计方法的理论综合性强,其发展是计算力学、数学规划、计算机科学以及工程科学相互交叉与渗透的结果。它使结构设计由被动分析、校核上升为主动设计、优化。

11.1.1　结构优化设计的基本概念

结构优化设计常涉及以下基本概念。

(1) 设计变量。优化设计中待确定的描述结构特性的某些参数,称为设计变量。一个结构的设计方案通常是由若干变量来描述的,这些变量可以是构件的截面相关尺寸,如面积、惯性矩等几何参数,也可以是结构的形状布置几何参数,如高度、跨度等,还可以是结构材料的力学或物理特性参数。这些参数中的一部分是按照某些具体要求事先给定的,它们在最优化设计过程中始终保持不变,称为预定参数;另一部分在最优化设计过程中是可以变化的量,即设计变量。设计变量是最优设计数学模型的基本成分,是最优化设计最终所需确定的参数。

(2) 目标函数。优化设计时用于判别设计方案优劣标准的数学表达式称为目标函数。它是设计变量的函数,代表所设计结构的某个最重要特征或指标。优化设计就是从众多可行设计方案中,以目标函数为标准,找出这个函数的极值(极小值或极大值),从而选出最优设计方案。结构的体积、刚度、承载力、造价、自振特性等都可以根据需要作为优化设计中的目标函数。

(3) 约束条件。在寻求目标函数极值时,某些限制条件被用于优化设计,这些条件称为约束条件。它反映了设计规范、计算规程、运输、安装、施工、构造等多方面的要求,部分约束条件还反映优化设计者的设计意图。总体而言,约束可以分为两大类,即几何约束和性态约束。几何约束是从几何尺寸方面对设计变量加以限制,如构件截面尺寸约束、预应力混凝土的裂缝约束等。性态约束是对结构的工作性态所施加的一些限制,如强度约束、刚度约束、稳定性约束、频率约束等。

11.1.2　结构优化设计的主要特点

与一般的优化问题不同,结构优化设计具有如下特点。

(1) 结构优化受到的多方面制约(环境、载荷、几何特性、材料、施工、费用等)往往极为复杂,必须抓住问题的主要方面和主要矛盾,删繁就简,抽象形成数学模型,这样才能进行优化。因此,优化设计的价值与有效性取决于所用的数学模型与相应的寻优算法,特别与所选用的设计变量、所考虑的约束条件和规定的目标或评价函数有密切关系。优化提供的最优解或最优设计只是一个相对的最优结构,它仅在所选用的约束和评价函数条件下才是最优的。

(2) 结构优化设计大多属于离散变量优化问题,但也存在一些连续变量,这给优化设计带来很大的困难。离散变量优化问题的基本特征是变量取值的离散性,可行解集在设计空间中呈散点状分布,即可行域是可行离散解集。数学模型中的目标函数和约束函数不再具有连续性和可微性,许多在原有连续变量优化中有效的解析算法,如各种梯度模型算法,都无法应用。另外,离散变量优化的数学模型必然属于非凸规划,这使各种对偶算法在很大程度上失去有效性。解析数学方法不易解决离散变量优化问题,需要采用组合数学的方法,而这些方法大多属于非多项式算法,即在数学上出现了复杂的 NP(nondeterministic ploynomial,非确定多项式)求解问题。

(3) 结构优化设计的数学模型一般为约束优化问题,且约束条件常为隐式约束,求解时需要做大量的结构迭代分析工作,计算量大。

(4) 就优化对象而言,结构优化设计大致可分为三个层次,即结构材料优选和结构类型选择、结构布局优化(包括结构拓扑优化和结构形状优化等)、结构的截面尺寸优化等。结构优化的内容包括结构的静力特性优化与结构的动力特性优化、单一目标的优化与多目标的优化等。目前,一般的优化设计都是针对特定结构的特定优化水平进行的,由于优化问题自身的复杂性、优化设计水平的局限性以及计算能力的不足,很难实现结构全过程的优化。

(5) 结构优化的思想始终贯穿于结构设计的整个过程。

11.1.3　结构优化设计的数学模型

结构优化设计的数学模型所采用的参数主要包括设计变量、目标函数和约束条件。对于结构的优化设计问题,数学模型与优化效果直接相关。因此,结构优化设计的一项重要内容是建立正确的结构优化设计数学模型。

结构优化设计的数学模型如下。

求设计变量：

$$\boldsymbol{x} = [x_1 \quad x_2 \quad \cdots \quad x_n]^{\mathrm{T}} \tag{11-1}$$

满足约束条件：

$$\begin{cases} g_i(x) \leqslant 0, & i = 1,2,\cdots,p \\ h_j(x) = 0, & j = 1,2,\cdots,q \end{cases} \tag{11-2}$$

使目标函数 $F(x)$ 最小。

式(11-2)中 p 个不等式约束和 q 个等式约束规定了问题的可行域。

用最优化方法求得的一组设计变量 $\boldsymbol{x}^* = [x_1^* \quad x_2^* \quad \cdots \quad x_n^*]^{\mathrm{T}}$ 代表了一个最优设计方案，其称为最优设计点，对应一个最优目标函数值：

$$F^* = F(x_p^*) = F(x_1^*, x_2^*, \cdots, x_n^*) \tag{11-3}$$

最优点和最优目标函数值共同构成了一个优化问题的最优解。若目标函数 $F(x)$ 和约束表达式 $g_i(x) \leqslant 0$、$h_j(x) = 0$ 都是设计变量 $x_1, x_2, \cdots, x_n$ 的线性函数，则此优化问题称为线性规划问题，反之，则称为非线性规划问题。

结构优化设计的部分参量以变量形式出现，在满足规范的前提下，这些变量的值表示全部可能的结构设计方案域。结构优化设计需要利用数学手段，按设计者预先设定的要求，从域中选出一个可行且最优的设计方案。结构优化设计需要根据既定的结构类型及形式、工况、材料和规范所规定的各种约束条件，建立数学模型。

为将结构优化设计技术投入实际使用，除了需要建立可靠的模型外，还需要采用合适的优化算法求解数学模型，从而达到结构优化的目的，使设计结果既满足安全性、适用性和耐久性的要求，又具有良好的经济性。

11.1.4 结构优化设计的分类

根据结构优化设计变量选取的不同，结构优化可分为三类：拓扑优化、形状优化和尺寸优化。以上优化设计均遵循一系列优化目标和约束。

拓扑优化(topology optimization)：在分析过程中通过不断修改最初模型中指定优化区域的单元材料性质，有效地从分析模型中移除/增加单元，进而获得最优的设计目标，可以得到结构的构造模式、主承力结构的布局形式以及特定载荷下的最优结构形式，从而实现创新设计。拓扑优化中的设计变量包括元件、连接点及支持条件的数目与空间排列顺序等。

形状优化(shape optimization)：在分析中对指定的优化区域不断移动表面节点，改变结构的几何形状(边界形状或者内部结构形状)，这样不仅可以减轻结构重量，还可以实现减小局部应力集中的优化目标。

尺寸优化(sizing optimization)：又称为截面优化，是指在确定的形状和拓扑结构下，对结构元件的截面尺寸，如杆元件的截面面积、板元件的厚度以及元件的截面惯性矩等进行优化。尺寸优化是最基本的一种优化问题，目前大部分的优化算法都可以解决此类问题。

11.2 Abaqus 结构优化模块简介

Abaqus 结构优化模块(Optimization)是一个可帮助用户进行精细化设计的迭代模块，其提供了拓扑优化、形状优化和尺寸优化计算功能。结构优化模块用户界面如图 11-1 所示。

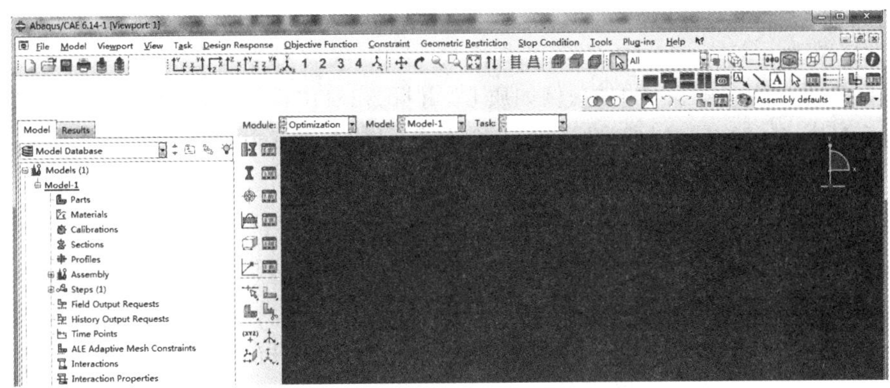

图 11-1　结构优化模块用户界面

11.2.1　操作界面与术语简介

Abaqus Optimization 模块的主要功能按钮如图 11-2 所示，主要包括优化任务、设计响应、目标函数、约束条件、几何限制和停止条件的创建与管理。其中涉及的相关术语如下。

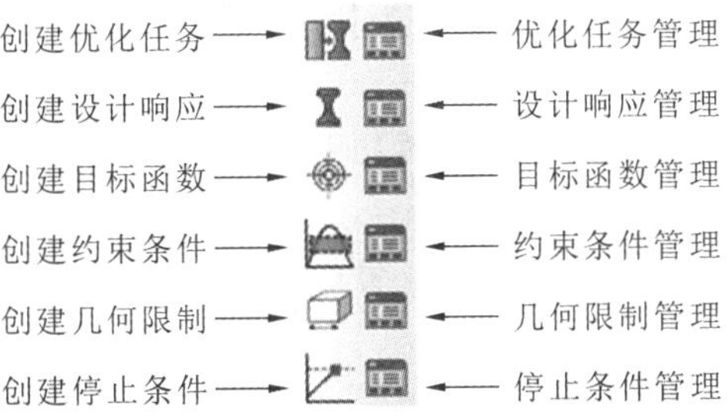

图 11-2　Abaqus Optimization 模块操作菜单

设计区域(Design area)：设计区域即模型需要优化的区域，此区域既可以是整个模型，也可以是模型中的一个或几个局部区域。在一定的边界条件、载荷及人为约束下，拓扑优化通过增加/删除区域中单元的材料来实现最优化设计，而形状优化则是通过移动区域内的节点来达到优化目的。

设计变量(Design variables)：设计变量即优化设计中需要改变的参数。在 Abaqus 的拓扑优化中，设计变量为设计区域中的单元密度。在优化迭代过程中不断改变单元密度并将其耦合到刚度矩阵中，其将模型中单元移除的方式是让单元的质量和刚度充分变小从而使该单元不再参与整体结构响应。对于形状优化而言，设计变量是设计区域内表面节点的位移。优化时，Abaqus 将节点位置向外移动、向内移动或不移动。在此过程中，约束会影响表面节点移动的幅度及其方向。优化只直接修改边缘处的节点，而边缘内侧的节点位移通过边缘处节点插值得到。

设计循环(Design cycle)：优化分析是一个不断更新设计变量的迭代过程，通过执行 Abaqus 来修改模型、查看结果以及确定是否达到优化目的。其中每次迭代叫作一个设计循环。

优化任务(Optimization task)：优化任务包含对优化过程的所有相关参量定义，如设计响应、目标、限制条件和几何约束。

设计响应(Design responses):优化分析的输入量称为设计响应。设计响应可以直接从Abaqus的结果输出文件.odb中读取,比如刚度、应力、特征频率及位移等;或者Abaqus从结果文件中计算得出模型的设计响应,例如质心、重量、相对位移等。设计响应与模型紧密相关,并且其也可针对一定的模型范围进行设定,例如模型某个区域内的最大应力或者体积。此外,设计响应还与分析步及载荷状况相关。

目标函数(Objective functions):目标函数决定了优化的目标。目标函数从设计响应中获取一定范围内的值,如最大位移和最大应力。一个目标函数可以用多个设计响应的计算公式来表示。如果将目标函数设定为某个设计响应的最小化或者最大化,Abaqus拓扑优化模块会将此设计响应的数值不断代入目标函数进行计算。另外,如果存在多个目标函数,可以使用权重因子来定义每个目标函数的影响程度。

约束(Constraints):约束也是从设计变量中获取的一定范围的数值,不能由设计响应集合形成。约束限定了设计响应,比如可以指定体积必须降低45%或者某个区域的位移不能超过1 mm。约束也可以指定制造约束或者几何约束,比如轴承面的直径不能改变。

停止条件(Stop conditions):全局停止条件决定了优化的最大迭代次数。局部停止条件在局部达到最大值/最小值之后指定优化停止。

11.2.2 Abaqus/CAE 结构优化步骤

Abaqus/CAE结构优化设计的基本步骤如下。

(1) 创建需优化的Abaqus模型。

(2) 创建优化任务。

(3) 创建设计响应。

(4) 利用设计响应创建目标函数和约束。

(5) 创建优化进程,提交分析。

(6) 达到最大迭代数或达到指定停止条件时,迭代或设计循环停止。

Abaqus优化设计流程如图11-3所示。

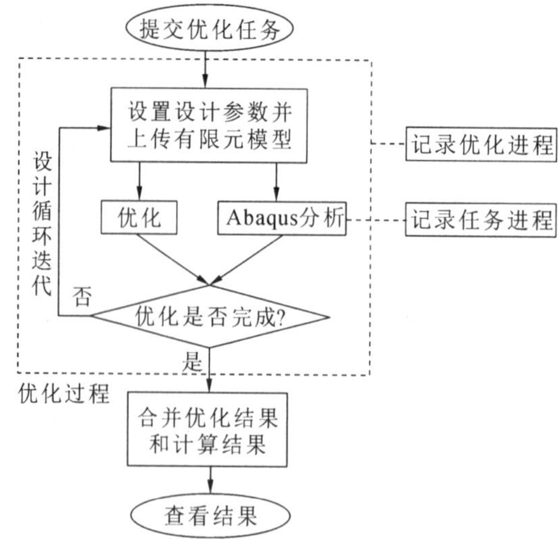

图11-3　Abaqus优化设计流程

拓扑优化起始于包含指定条件(例如边界条件和载荷)的初始设计。在满足优化约束(比如最小体积或者最大位移)的前提下,优化分析过程改变初始设计区域的单元密度和刚度,从而确定结构新的材料分布方式。同时,Abaqus 在拓扑优化过程中可以应用多种目标,主要有应变能(结构刚度的度量值)、特征频率、内力和支座反力、重量和体积、重心、惯性矩等。此外,其拓扑优化过程同样可以考虑标准产品制造过程,例如铸造和冲压,还可以冻结指定区域,并应用数量、尺寸、对称性及耦合等约束条件。

11.3　Abaqus 中拓扑优化和形状优化的定义

11.3.1　拓扑优化任务的参数定义

进入图 11-1 所示的 Optimization 模块界面,单击▮。如图 11-4 所示,选择 Topology optimization(拓扑优化),单击"Continue..."选项,选择需要进行拓扑优化的区域,单击鼠标中键,创建优化任务,出现图 11-5 所示的任务创建菜单。

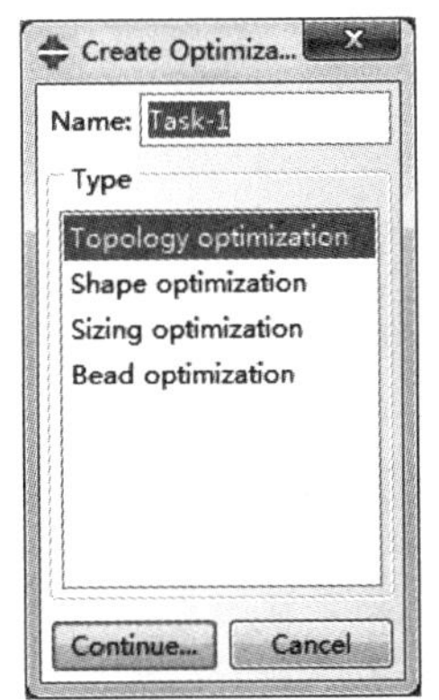

图 11-4　优化任务创建菜单

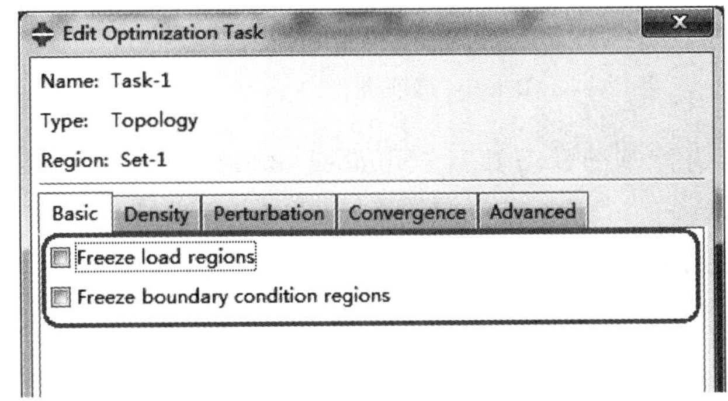

图 11-5　"Basic"选项卡

Abaqus 的拓扑优化运算法则主要包括两类(在高级选项中设置):基于敏感度的通用优化(General optimization)和以应变能为目标函数、以体积为约束的条件优化(Condition-based optimization)。两类优化设计中各选项卡的设置如下所述。

1. 基于敏感度的通用优化

(1) 基本参数设置(Basic)。

当优化区域包含载荷施加区域和边界条件区域时,勾选图 11-5 所示的相应选项,冻结边界条件区域和载荷施加区域,从而使上述区域不再参与优化设计,这有利于优化收敛。

(2) 密度参数设置(Density)。

优化设计过程中的"Density"选项卡如图 11-6 所示,其主要可以设置以下参数。

密度更新策略(Density update strategy):一般选择正常模式(Normal),当设计响应很敏感或无法完全满足约束条件时,可以选择保守模式(Conservative)。

初始密度(Initial density):当结构体积作为目标函数,而不是约束条件时,可以进行设定,其取值范围为 0～1。

最小密度(Minimum density)与最大密度(Maximum density):一般不推荐改变,建议采用默认值。对于最小密度值,可以根据优化需要进行调整。

单个迭代步长最大改变量(Maximum change per design cycle):迭代过程中每个迭代步长的最大密度改变量,推荐值为 0.25,当设计响应复杂时,推荐值为 0.1,但此值越小,优化迭代步数越多。

(3) 扰动参数设置(Perturbation)。

如图 11-7 所示,“Perturbation”选项卡专用于模态分析,其主要针对结构固有频率的优化设计。

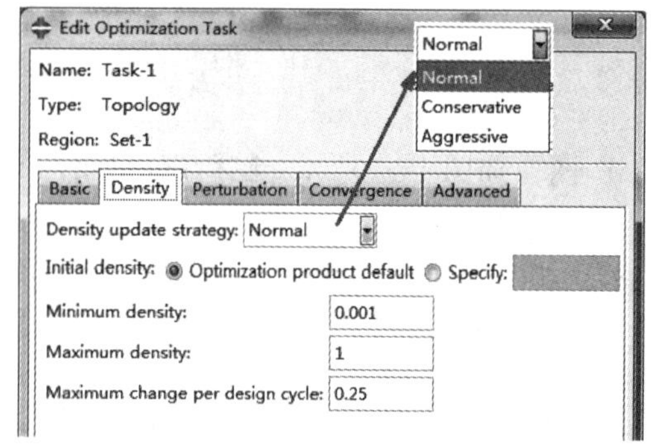

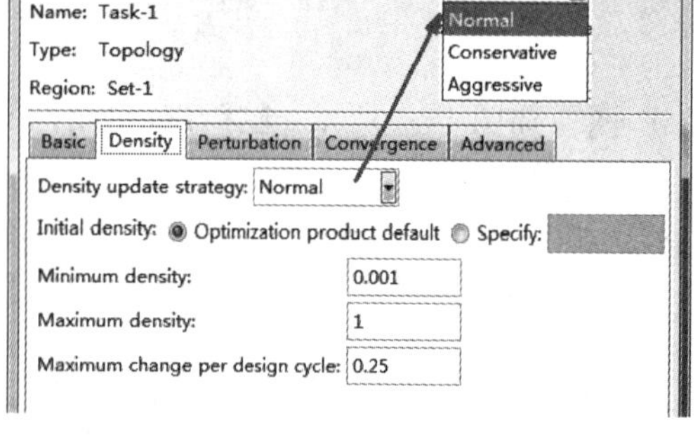

图 11-6　“Density”选项卡

图 11-7　“Perturbation”选项卡

所需计算的模态数目(Number of modes to track):当设计响应采用 Kreisselmaier - Steinhauser方程进行特征值计算时,不必勾选此选项。

跟踪区域(Tracking region):选择优化区域中用于计算特征频率的区域。

(4) 收敛性参数设置(Convergence)。

如图 11-8 所示,“Convergence”选项卡用于定义收敛标准。允许用户定义通用拓扑优化的收敛标准。

一是指定何时开始检查收敛性(First design cycle used to evaluate criteria),用户可以指定优化模块开始检查收敛条件的迭代步,在收敛条件参数未达到之前,优化将持续进行。默认值是 4(即第 4 迭代步后开始检查收敛性)。

二是指定要检查的收敛标准,收敛标准主要包括以下两类。一类是目标函数收敛标准(Objective function delta criterion),其基于目标函数从一次迭代到下一次迭代的相对变化量定义收敛标准,若小于此数值,迭代将结束。默认值:0.001。另一类是单元密度收敛标准(Element density delta criterion),其指定从一次迭代到下一次迭代的单元密度的平均变化量作为收敛标准,若小于此数值,迭代将结束。默认值:0.005。

以上条件,可以指定满足其中任意一个或两个均满足时结束优化。默认值是必须同时满足两个条件。

(5) 高级参数设置(Advanced)。

如图 11-9 所示,“Advanced”选项卡主要用于定义运算法则、软单元删除及材料插值计算方法。

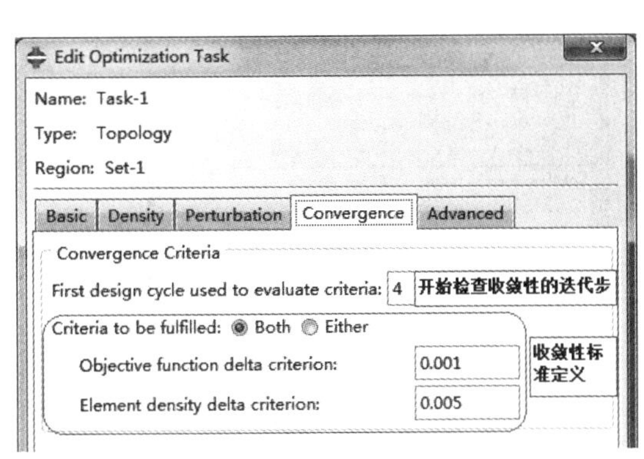

图 11-8　“Convergence”选项卡

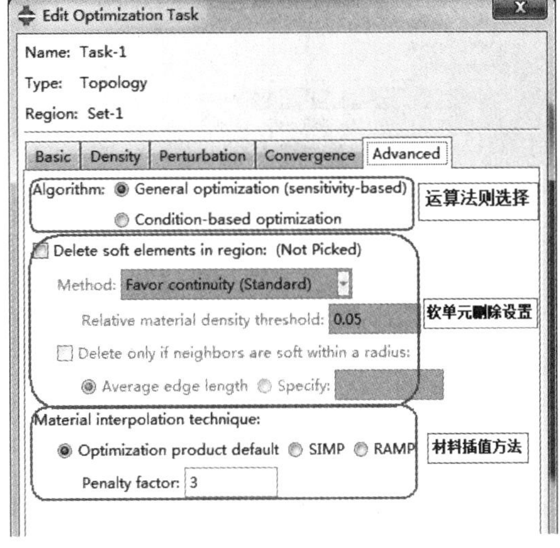

图 11-9　“Advanced”选项卡

在优化计算过程中，拓扑优化模块会自动为优化区域分配一个指定的质量以满足约束和目标函数。在优化结束时，整个优化区域的结构包含硬单元(hard elements)和软单元(soft elements)，其中软单元对结构的刚度没有任何影响，但影响结构的自由度，因而会影响优化计算的速度。在计算过程中，用户需设定一个单元材料密度的阈值(Relative material density threshold)，低于该阈值的单元被认定为软单元；在用户指定的区域内，当一个(些)单元周围指定半径内的单元均为软单元时，软件将会自动删除这个(些)单元。

拓扑优化通过一定的算法(即 Material interpolation technique)，根据单元的密度值计算该单元的刚度，对于静态问题，适合采用 SIMP 算法，其惩罚系数(Penalty factor)应大于 1，推荐值为 3；对于动态问题，适合采用 RAMP 算法，其惩罚系数(Penalty factor)应大于 0，推荐值为 3。

2. 条件拓扑优化

(1) 基本参数设置(Basic)。

该选项与通用优化设计(general topology optimization)设置一样，可参照其设置方式。

(2) 高级参数设置(Advanced)。

条件拓扑优化的“Advanced”选项卡如图 11-10 所示。其软单元的删除可参照通用优化设计分析进行设置。

单元体积变化速率(Size of increment for volume modification)参数用于设置在拓扑优化计算过程中修改材料特性的速率，同时 Abaqus 会根据设定的速率自动计算合适的优化周期来满足该速率的计算要求。当选择动态(Dynamic)时，用户只需设置最大的优化周期，默认值为 15，该值最小为 10，软件会自动设置第一个优化周期内所删除区域的体积。当选择动态(Dynamic)以外的选项，如中等(Medium)时，如图 11-11 所示，用户需设置第一次优化过程中删除区域的百分比(默认为 5%)或者具体的体积数，当优化区域较大且应力较小时，可以适当增大该数值，有利于提高优化计算速度；但不可过大，否则可能导致错误的结论。

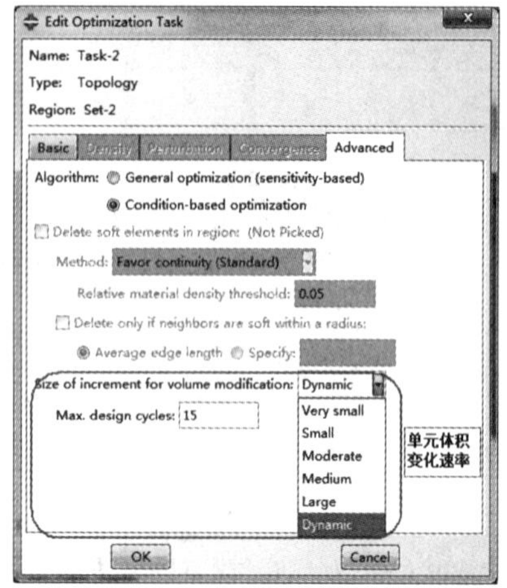

图 11-10 条件拓扑优化的"Advanced"选项卡

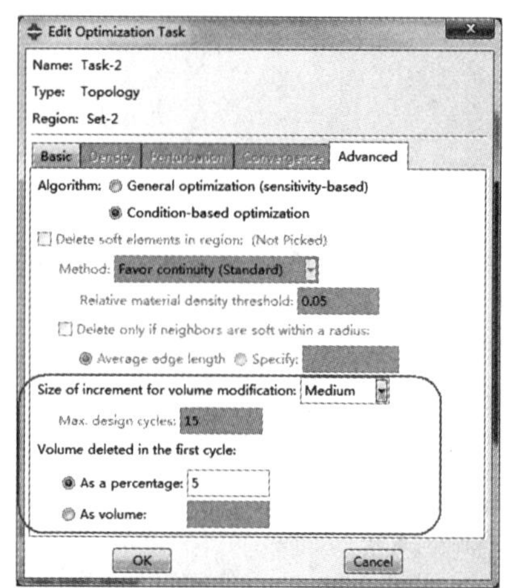

图 11-11 单元体积变化速率选择 Medium 时的参数设置

3. 注意问题

(1) 通用优化算法在开始优化前并不知道其迭代循环次数，但这个次数通常为 30～45；条件优化算法需要在优化前就设定一个最大迭代循环次数(默认值为 15)，当优化迭代达到最大循环次数时，就意味着优化结束。

(2) 通用优化算法支持线性与非线性的静态分析类型，同时支持线性模态分析类型；分析过程也可以定义接触、非线性材料。

(3) 拓扑优化只能定义一个目标函数，但可以定义多个约束，条件拓扑优化只能使用应变能作为目标函数，使用材料体积作为约束条件。

(4) 通常，条件拓扑优化主要用于最大化刚度优化。

(5) 由于软单元容易过度扭曲，从而导致收敛困难，因而，建议在"Advanced"选项卡中勾选"Delete soft elements in region"。

11.3.2 形状优化任务的参数定义

1. 相关参数的定义

进入图 11-1 所示的 Optimization 模块界面，单击，在图 11-5 所示窗口内选择"Shape optimization"(形状优化)，单击"Continue..."选项，选择需要进行拓扑优化的区域(即设计节点集)，单击鼠标中键，创建优化任务，出现图 11-12 所示的任务创建菜单。

(1) 基本参数设置(Basic)。

在图 11-12 所示界面内进行基本参数的设置，与拓扑优化不同的是，形状优化是通过控制曲面上的某些单元节点(称为设计区域或设计节点)的位移来实现应力平均化和满足目标函数与约束的。在优化过程中，系统只能修改模型表面节点而不会控制内部节点，因此会出现网格扭曲现象，为了解决这一问题，形状优化运用了网格平滑(mesh smoothing)技术来调整内部节点，以配合外表面节点的调整。目前，网格平滑技术只能应用于三角形单元、四边形单元和四面体单元，不适用于其他单元类型。同时，使用网格平滑技术的单元节点不能被固定，也不能处于冻结区域。

在形状优化的"Basic"选项卡中，主要对网格平滑的相关参数进行设置：选择需要平滑的区域和定义优化区域附近自由单元节点的移动(此选项默认为“Fix all”,即不需要移动)。自由单元节点是指没有施加几何约束,且处于设计区域边界处的非设计节点,图 11-12 中设置的层数参数是针对单元的角节点而言的,中间积分点不计入。

(2) 网格平滑质量选项参数(Mesh Smoothing Quality)。

如图 11-13 所示,“Mesh Smoothing Quality”选项卡用于控制在采用网格平滑技术调整内部单元节点后的单元质量,其相关参数可采用默认值,若有需要则可以更改单元质量表格中的相关参数。单元质量表格中的参数是判断单元是否合格的判据,勾选“Halt optimization upon criteria violation”(基于临界判据终止优化)选项后,当出现不合格单元时,优化分析将终止。

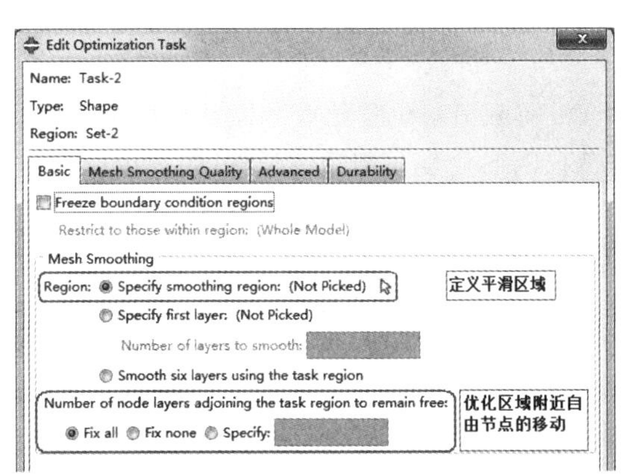

图 11-12　形状优化任务参数设置“Basic”选项卡

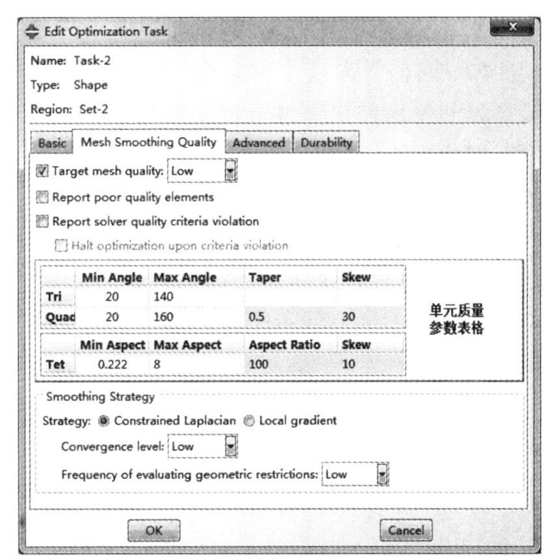

图 11-13　“Mesh Smoothing Quality”选项卡

(3) 高级参数设置(Advanced)。

“Advanced”选项卡(见图 11-14)的相关参数通常可采用默认值,无须修改。

(4) 耐久性参数设置(Durability)。

“Durability”选项卡(见图 11-15)主要用于开展以改善结构疲劳性能为目的的形状优化分析。

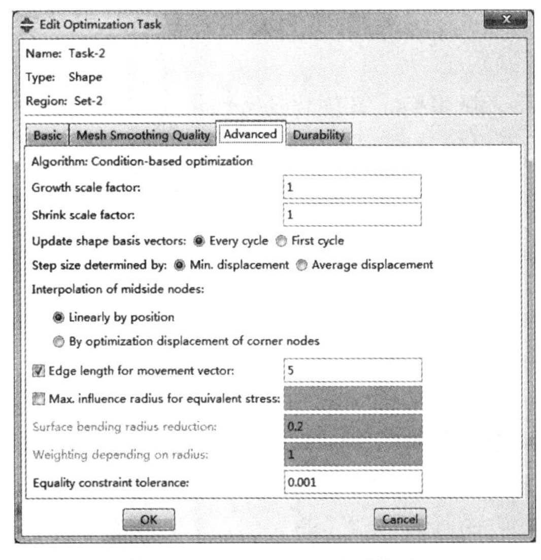

图 11-14　“Advanced”选项卡

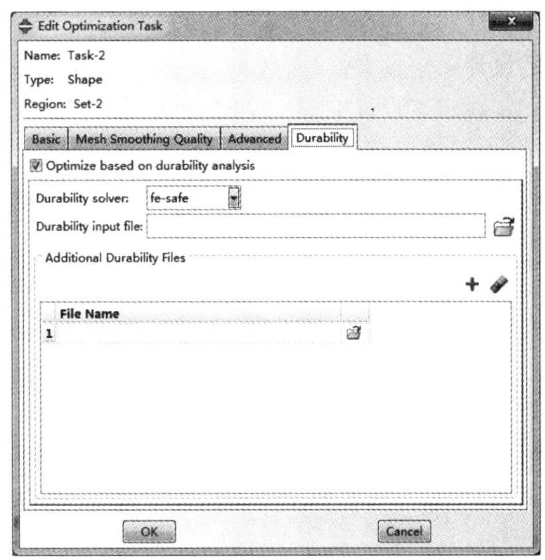

图 11-15　“Durability”选项卡

2. 注意问题

(1) 通常情况下形状优化用于降低结构的局部应力集中,其设计变量是设计节点(需优化区域的结构表面节点)的位移。通过应力分析,不断调整与修改局部指定区域表面单元节点的位置,从而使该区域表面应力均匀,直到其应力水平低于指定值。

(2) 形状优化本质上是基于条件的优化,改变设计节点的位置是为了让目标函数值趋向于一个参考值(默认情况下,该参考值由软件自动计算,其值等于设计节点的目标函数值的平均值),即通过均匀化使目标函数值最小。

(3) 形状优化可以使用的目标函数包括:应力、接触应力、固有频率、弹性应变/塑性应变/总应变、应变能密度等。同时,形状优化只能使用体积作为约束,但可以使用多个几何约束。

(4) 网格平滑技术可应用于设计区域的单元,也可应用于设计区域相邻的非设计单元,以提高单元变形的协调性。但是网格平滑技术的计算量较大,因此只能在期望形状优化的区域进行网格平滑,不允许只在非设计区域使用,即使用网格平滑技术的单元集必须包含设计区域的单元。

(5) 对于位于非优化设计区域的自由表面节点(没有载荷与位移约束),默认情况下,若无几何约束,在形状优化过程中会固定这些表面节点的所有自由度。但通过设置,用户可以选择允许这些自由表面节点沿着指定的几层节点移动,这里所说的几层节点是指与优化设计区域相邻的非设计节点,命名时,设计节点所在单元为第 1 层。

(6) 设计节点不仅要位于优化区域的边界上,还应位于应用网格平滑技术的单元集的边界上。

(7) 网格平滑技术默认使用约束的拉普拉斯网格平滑算法(constrained Laplacian mesh smoothing algorithm),当应用网格平滑技术的单元节点少于 1000 个时,用户可以选择局部渐变网格平滑算法(local gradient mesh smoothing algorithm)。

11.3.3 设计响应的定义方法

在优化设计过程中,需要输出设计响应变量,该变量既可以作为目标函数,也可以作为约束条件。在图 11-1 所示的 Optimization 模块主界面中,单击 I 图标,以进行优化设计分析中的设计响应设置。

在定义设计响应变量时,需要指定响应区域,该区域可与定义优化任务时所指定的区域一致,也可根据用户需求进行指定。设计响应变量不可以随便指定,只能使用 Abaqus 软件指定的变量。同时,设计响应应是一个标量,不能为矢量与张量,应保证其值可以从模型数据和结果数据库中计算得出。

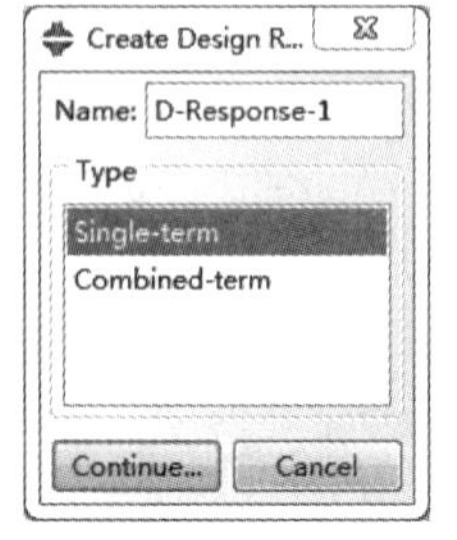

图 11-16　设计响应定义选项卡

1. 单一设计响应的定义方法

在图 11-16 的选项卡中,选择“Single-term”,单击“Continue...”选项,选择设计响应的区域类型,并定义设计响应的输出区域,进行单一设计响应的定义。

可以定义的参量列表如图 11-17 所示,根据优化设计需要,用户可以选择应力、应变、体积、重量等作为设计响应,同时可以选择参量数值的计算法则(最大值、最小值或求和)。在选择时,用户可按照设计响应变量的用途(目标函数或约束条件)对参量进行分类,以便于查看和选择。

在“Steps”选项卡中,如图 11-18 所示,可以指定基于某个分析步的输出响应作为设计响应变量。

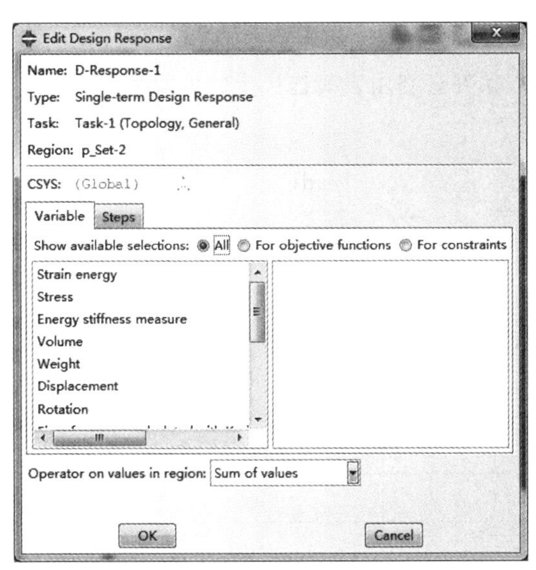

图 11-17　设计响应可选参量列表

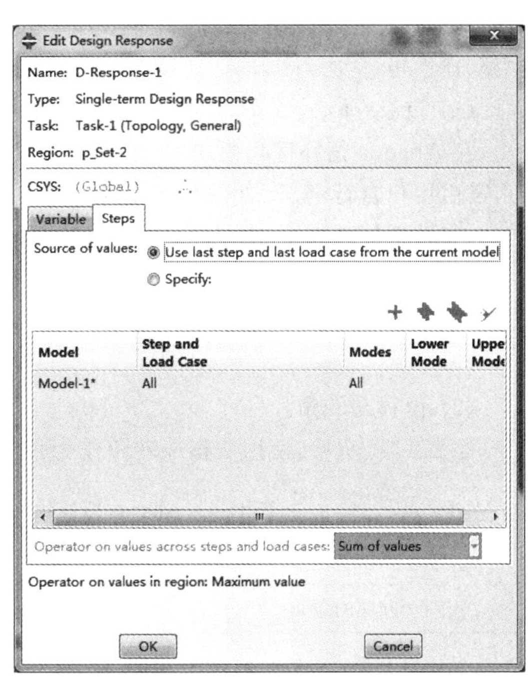

图 11-18　设计响应输出的分析步设置

2. 联合设计响应定义方法

建立多个单一设计响应后,可以采用对多个单一设计响应进行数学运算的方法,创建联合设计响应(combined design response)。创建方法是:在图 11-16 的选项卡中,选择“Combined-term”,单击“Continue...”选项,进行联合设计响应的定义。

对于基于敏感度的一般(通用)拓扑优化,其联合设计响应只支持对单一设计响应进行求差、加权求和以及求绝对值差三种数学运算;而条件拓扑优化和形状优化支持的数学运算更多。同时,对于不同的优化类型,可以设置的联合设计响应的个数和操作函数也不同,详情参考帮助文件。

3. 不同优化可用设计响应类型说明

1) 条件拓扑优化中的设计响应参量

对于这类优化,Abaqus 软件只提供了应变能与体积两种设计响应参量。

(1) 应变能。

结构柔度是指结构所有单元的应变能之和,其是刚度的倒数。在力载荷(分布载荷或集中力)作用下,应变能最小化就等于刚度最大化。但是在热载荷作用下,当结构变软时,其结构应变能也随之降低。

拓扑优化中所指的应变能是指整个结构所有单元的应变能总和,而不仅仅指设计区域的单元应变能之和。条件拓扑优化中,应变能只能作为目标函数,不能作为约束。

(2) 体积。

体积是指设计区域所有单元的体积和,对于大多数优化问题,必须定义一个体积作为约束，因为当想提高结构的刚度时，如果没有体积作为约束条件，则软件会在设计区域填满材料来提高结构的刚度。

2）基于敏感度的一般（通用）优化的设计响应参量

对于通用拓扑优化设计分析，Abaqus 拓扑优化模块提供了重心/质心、位移和转角、固有频率、惯性矩、内力/内力矩、支反力/支反力矩、应变能、体积和重量等参量作为设计响应。

（1）重心/质心。

在 Abaqus 拓扑优化模块中，该参数可以是整个结构的质心，也可以是特定设计区域的质心，需由用户自行定义。在每一个优化迭代过程中，软件会利用当前迭代步的单元密度来计算质心，其计算原理如下：

$$x_g = \frac{\int \rho x \, dV}{\int \rho dV}, \quad y_g = \frac{\int \rho y \, dV}{\int \rho dV}, \quad z_g = \frac{\int \rho z \, dV}{\int \rho dV} \tag{11-4}$$

（2）位移与转角。

如表 11-1 所示，使用位移或转角作为目标函数或约束，可以提高优化计算效率。

表 11-1　Abaqus 拓扑优化中的位移与转角设计响应类型

类别	位移	转角
i 方向的参量	u_i	θ_i
合成参量	$\sqrt{u_i^2+u_j^2+u_k^2}$	$\sqrt{\theta_i^2+\theta_j^2+\theta_k^2}$
i 方向参量的绝对值	$\sqrt{u_i^2}$	$\sqrt{\theta_i^2}$

（3）固有频率。

拓扑优化分析设计响应中可使用的模态固有频率数据如下：

① 最低固有频率最大化；

② 所选固有频率最大化；

③ 特定固有频率高于或低于某给定数值；

④ 某一模态的固有频率最大化或最小化；

⑤ 结构固有频率与某个指定频率错开。

Abaqus 拓扑优化模块支持两种计算结构固有频率的方法：模态分析（modal analysis）与 Kreisselmaier-Steinhauser 公式。在这两种方法中，Kreisselmaier-Steinhauser 公式效率更高，建议尽可能使用该方法来计算结构的特征值。对于模态分析方法而言，其唯一的优点是能够使用固有频率之和作为约束，而 Kreisselmaier-Steinhauser 公式不支持此功能。

当用户尝试使最低固有频率最大化时，建议不仅要考虑第 1 阶频率，至少还要考虑第 2 阶和第 3 阶频率。在优化过程中，各个频率可根据其与第 1 阶频率的距离远近采用不同的权重，距离越近，权重越大。

当尝试最大化最低固有频率或最大化一个以上最低固有频率时，推荐使用 Kreisselmaier-Steinhauser 公式，用户不必采用模态跟踪第 1 阶固有频率，但必须跟踪更高的频率。

（4）惯性矩。

用户可以采用结构整体模型或局部设计区域的惯性矩作为目标函数或约束，绕三个主坐标轴方向或三个主平面的惯性矩公式如下：

$$
\begin{aligned}
I_x &= \int \rho(y^2 + z^2)\,\mathrm{d}V \\
I_y &= \int \rho(x^2 + z^2)\,\mathrm{d}V \\
I_z &= \int \rho(x^2 + y^2)\,\mathrm{d}V \\
I_{xy} &= I_{yx} = -\int \rho xy\,\mathrm{d}V \\
I_{xz} &= I_{zx} = -\int \rho xz\,\mathrm{d}V \\
I_{yz} &= I_{zy} = -\int \rho yz\,\mathrm{d}V
\end{aligned} \tag{11-5}
$$

（5）内力/内力矩。

用户可以将某个区域或整个结构内单元节点的内力或内力矩定义为目标函数或者约束。

（6）支反力/支反力矩。

可以使用单元节点支反力或支反力矩作为设计响应，这更有利于优化计算效率。

（7）应变能。

优化中的应变能指的是整个结构模型的应变能，而非仅仅指设计区域的应变能。

（8）体积。

优化中的体积是指设计区域中所有单元体积的总和，对于大多数优化问题，用户必须使用体积约束。

（9）重量。

优化中的重量是指设计区域中所有单元质量的总和，对于大多数优化问题，用户必须使用体积约束或者重量约束，二者任选其一即可。

3）形状优化中的设计响应

对于形状优化，软件提供了固有频率、应力和接触应力、应变、节点应变能密度、体积等设计响应，但只有体积设计响应可用于定义约束，其余的设计响应只能用于定义目标函数。

（1）固有频率。

当用户进行第 1 阶固有频率或前几阶固有频率最大化优化时，应使用 Kreisselmaier-Steinhauser 公式进行目标函数——固有频率的计算，同时不需要使用模态跟踪（mode tracking）。

（2）应力和接触应力。

在形状优化中，等效应力最为常用，优化模块会自动计算单元节点、高斯积分点或单元的应力，这些应力值都会插值为单元节点应力。目前，优化模块仅考虑某个区域的等效应力的最大值。

（3）应变。

当结构发生大变形时，考虑使用应变作为结构响应，可以使用的等效应变有：弹性应变、塑性应变、总应变（弹塑性应变之和）；应变作为设计响应仅适用于形状优化，不适用于拓扑优化。

（4）节点应变能密度。

在非线性材料中，节点应变能密度比应力能够更好地反映结构失效。

（5）体积。

在形状优化中，体积是唯一可以作为约束的设计响应，指的是设计区域所有单元的体积之和。

11.3.4 目标函数的定义方法

在图 11-1 所示的 Optimization 模块主界 面中，单击图标，进行优化设计分析目标函数的设置，设置菜单如图 11-19 所示。目标函数的定义只能源于先前已经定义好的设计响应。同时，目标函数主要是对指定的设计响应进行加权求和，参考值(Reference Value)为用户设定的常数，将设计响应减去该参考值，乘以相应的权重系数(Weight)，再求和，得到的值即目标函数值。

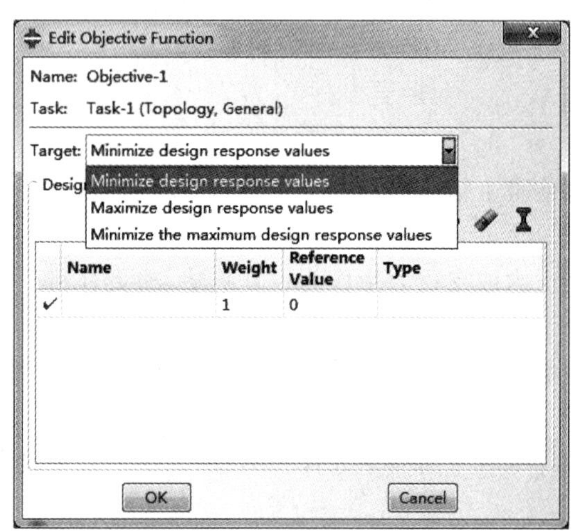

图 11-19　目标函数定义窗口

对于条件拓扑优化而言，参考值没有实际意义，因为目标函数只能是应变能，体积设计响应只能作为约束，目标函数不存在求和运算。

目标函数仍然是一个标量或数值(非矢量、张量)，它由一组设计响应计算得到，其计算法则分为三种，如下所述。

(1) 最小化(min)运算。

目标函数用于最小化 N 个设计响应，其计算公式如下：

$$\Phi_{\min} = \min\left(\sum_{i=1}^{N} W_i(\varphi_i - \varphi_i^{\mathrm{ref}})\right) \tag{11-6}$$

式中：φ_i——设计响应；

W_i——每个设计响应的权重系数；

φ_i^{ref}——参考值。

(2) 最大化(max)运算。

目标函数用于最大化 N 个设计响应，其计算公式如下：

$$\Phi_{\max} = \max\left(\sum_{i=1}^{N} W_i(\varphi_i - \varphi_i^{\mathrm{ref}})\right) \tag{11-7}$$

(3) 最小化最大设计响应(minimizing the maximum design response)。

$$\Phi_{\mathrm{minmax}} = \min(\max_i(W_i(\varphi_i - \varphi_i^{\mathrm{ref}}))) \tag{11-8}$$

通常情况下，权重系数和参考值无须修改，权重系数默认为 1.0；对于拓扑优化，参考值默认为 0.0，而对于形状优化，参考值由优化模块自动计算得出。

11.3.5　约束的定义方法

在图 11-1 所示的 Optimization 模块主界面中，单击图标，进行优化设计约束条件的设置，设置菜单如图 11-20 所示。

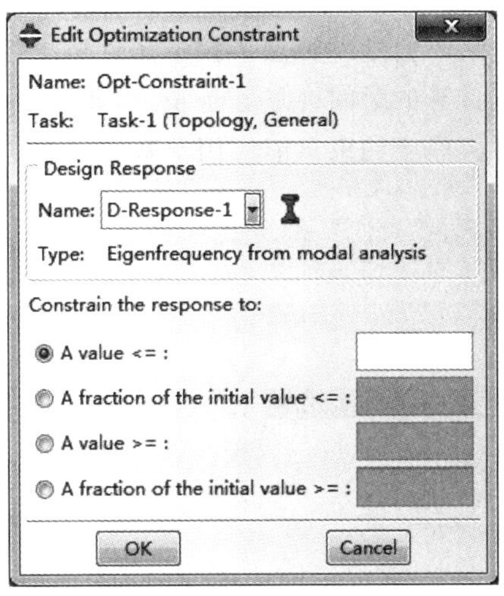

图 11-20　约束条件定义界面

优化问题可以用数学模型表示为

$$\min(\Phi(U(x),x)) \tag{11-9}$$

式中：Φ——目标函数（是状态变量 U 和设计变量 x 的函数）。

优化问题中的约束可以用数学模型定义为

$$\begin{aligned} &\Psi_i(U(x),x)\leqslant \Psi_i^* \\ &K_i(x)\leqslant K_i^* \end{aligned} \tag{11-10}$$

式中：Ψ_i——设计响应；

Ψ_i^*——设计响应的约束值；

K_i——设计变量的函数；

K_i^*——某一恒定值，如制造约束值。

通常，在模型的不同区域可以添加不同的约束，不同区域的材料属性可以不同或者一个区域材料属性可以变化，但是同一个区域或整个模型不可以施加多个体积约束。

11.3.6　几何约束的定义方法

在图 11-1 所示的 Optimization 模块主界面中，单击图标，进行几何约束条件的设置，可以设置的几何约束的类型菜单如图 11-21 所示。

几何限制是直接施加在设计变量上的约束，它允许用户定义设计限制和制造限制。下面对各类几何约束的定义进行阐述。

1. 定义冻结区域（Frozen area）

用户可以在优化区域指定一个区域（通过选择单元的方式）进行冻结，以避免优化过程中该区域改变(本质上,被冻结单元的相对密度恒定为 1)。对于设计区域中用于施加边界条件、载荷、接触条件和欲定义场的区域必须执行冻结操作。在定义优化任务时,可以选择自动冻结施加载荷和边界条件的区域。

2. 定义构件最大和最小尺寸(Member size)

为了避免在优化过程中出现过薄或过厚的区域,如图 11-22 所示,可以对构件的最小或最大尺寸要求进行定义。在进行定义时,最小尺寸必须大于单元边长的平均值,最大尺寸也必须大于单元边长的 2 倍,优化模块不会处理施加了预定条件要求的区域。定义区域构件的最小或最大尺寸约束要求后,优化计算的时间会显著延长,因此,必须严格控制添加尺寸要求约束的区域或单元数目。同时,最大厚度约束只能应用于基于敏感度的通用拓扑优化。

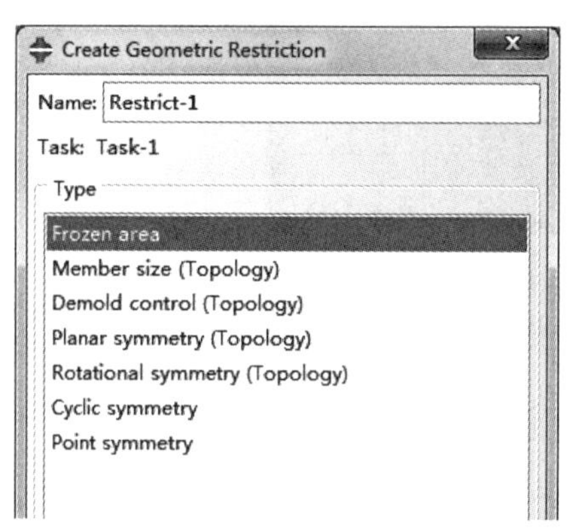

图 11-21 几何约束类型设置菜单

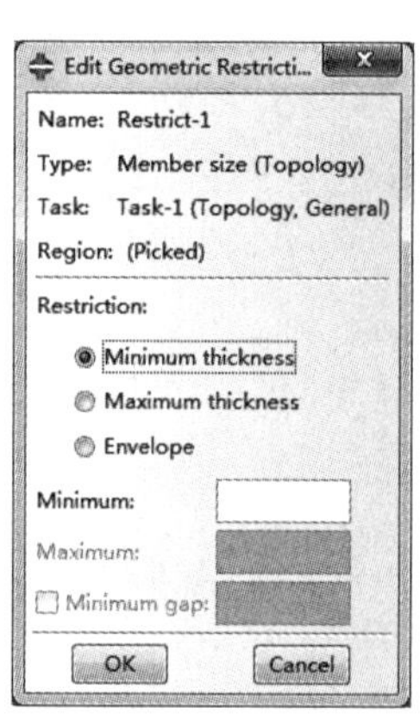

图 11-22 构件尺寸约束定义窗口

3. 定义拔模约束(Demold control)

当结构受到弯曲和扭转载荷作用时,拓扑优化所得的结构优化结果可能出现空心区域或者带有凹槽的区域,导致该结构无法进行浇铸脱模加工,所以需要从工艺性的角度设置相关拔模约束要求,如图 11-23 所示。

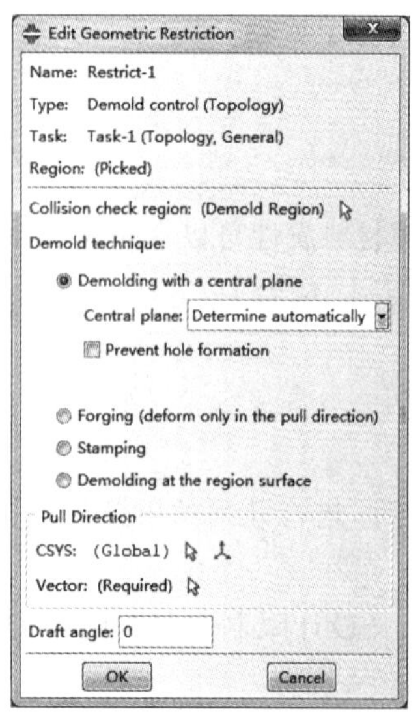

图 11-23 拔膜约束设置

4. 定义对称约束(symmetric)

根据结构对称性特点,对结构添加对称约束,可明显增加优化计算的速度,在 Abaqus 优化模块中,用户可以定义的对称约束主要包括:面对称(Planar symmetry)、点对称(Point symmetry)、圆周对称(Roational symmetry)及周期性对称(Cyclic symmetry)。

对于拓扑优化,施加几何对称约束时不要求原网格模型具有对称性;而对于形状优化,若要施加对称约束,则在计算前网格模型应该是对称的,这有利于模块识别对称节点,并且在优化过程中维持这些节点的对称性。

为避免因同时施加过多的几何约束而出现过约束现象,导致优化结果不可用,建议在实际计算分析过程中,先进行无几何约束的优化或者施加少量几何约束的优化计算,对计算结果进行分析后,再逐渐增加其他几何约束条件。

11.4　实例——悬臂板结构拓扑优化

11.4.1　问题描述

主要对金属悬臂板结构进行拓扑优化分析，通过该分析可以掌握其传力路径，实现结构的最优设计。

悬臂板(见图 11-24)的长度为 1000 mm、宽度为 400 mm、厚度为 50 mm，材料为普通钢，其弹性模量 E 为 210 GPa，泊松比 μ 为 0.3。悬臂板左侧端面为固支边界条件，上侧端面承受 50 MPa 均布载荷。本节应用 Abaqus/CAE 对其进行线性静态分析，采用 3D-Solid 实体建模技术。

单位制：mm、kg、s。

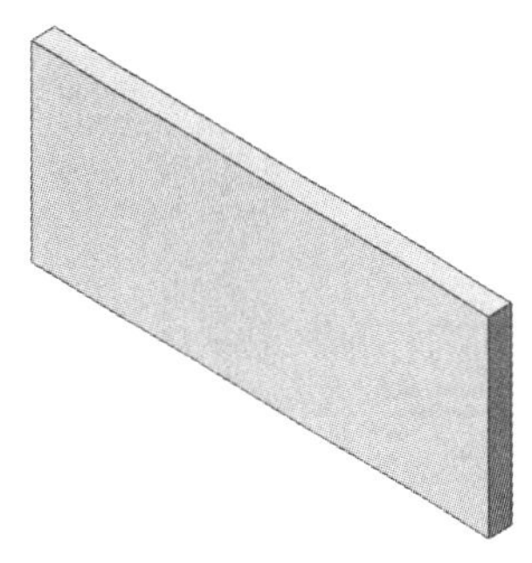

图 11-24　悬臂板

11.4.2　创建几何部件

打开 Abaqus/CAE 启动界面，成功启动 Abaqus 后，界面中出现 Abaqus 的第一个功能模块——Part(部件)模块，单击主菜单上的“Part”→“Create”命令，或者单击界面工具区(见图 11-25)中的 Create Part(创建部件)工具，将会弹出“Create Part”(创建部件)对话框，如图 11-26所示。

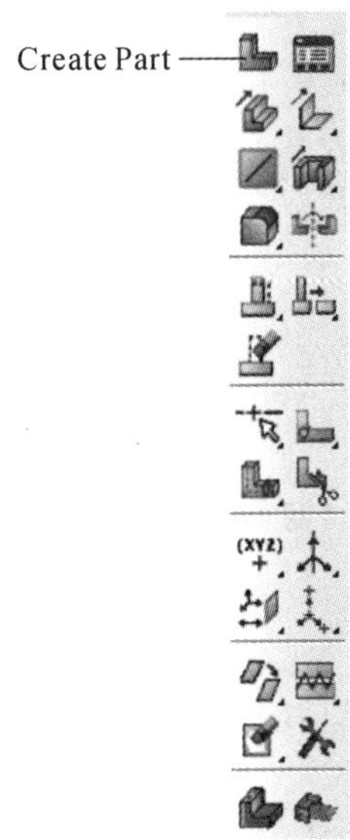

图 11-25　创建部件

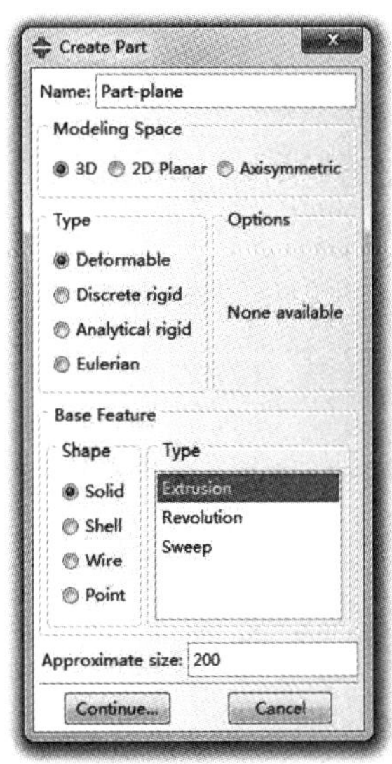

图 11-26　“Create Part”对话框

Step1：进入“part”模块，单击工具区按钮“Create Part”，进入图 11-26 所示的界面，选择“Modeling Space：3D”，其中“Type”选择“Deformable”，“Base feature”下的“Shape”选择“Solid”，“Type”选择“Extrusion”。“Name”栏内输入“Part-plane”，“Approximate size”栏内输

入“2000”(可取部件最大尺寸的两倍,其单位与模型的单位一致)。单击“Continue...”按钮,进入草图绘制界面,如图 11-27 所示。

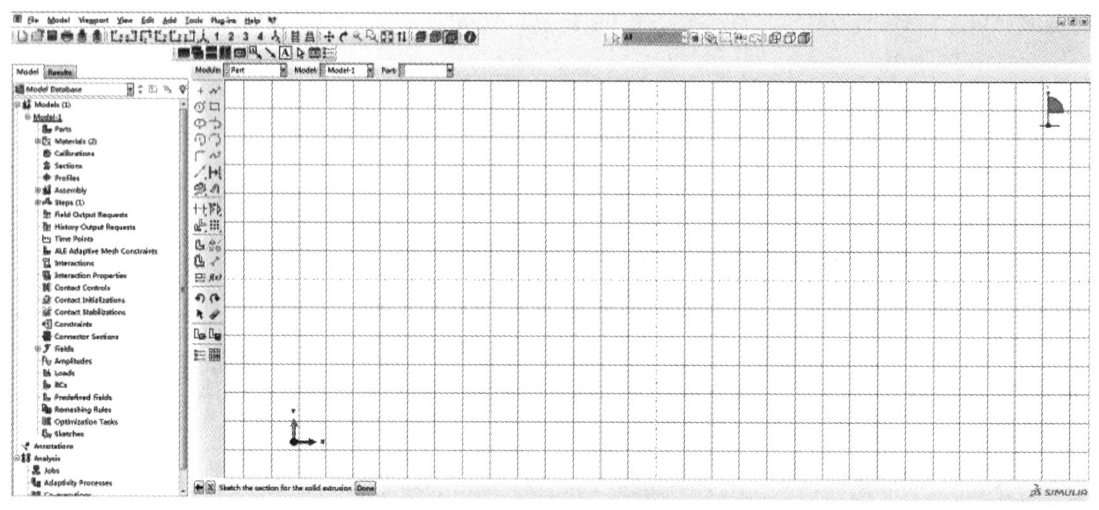

图 11-27　绘制草图的界面

Step2:单击绘图工具条中的“Create lines:Rectangle(4 lines)”,输入(-500,200)和(500,-200),在草图中绘制 1000 mm×400 mm 的矩形,单击“Done”按钮完成草图。在弹出的“Edit Feature”对话框中,如图 11-28 所示,在“Depth”栏内输入 50 mm,生成的悬臂模型如图 11-29 所示。

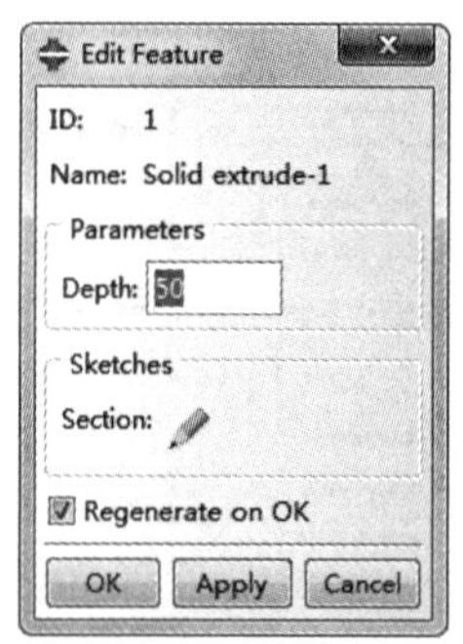

图 11-28　草图拉伸尺寸界面

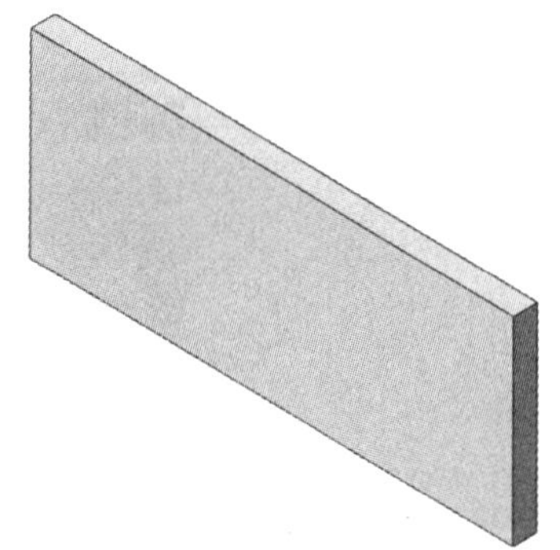

图 11-29　悬臂板模型

11.4.3　定义材料属性

在环境栏“Module”后面选择“Property”,进入 Property 模块,对悬臂板指定材料属性。

Step1:定义金属材料参数。单击工具区的 Create Material ,材料命名为“Material-steel”,进入材料参数编辑界面,选择“Mechanical”→“Elastic”,进入材料弹性参数设置界面,“Type”选择“Isotropic”,设置杨氏模量和泊松比,如图 11-30 所示,单击“OK”按钮完成。

图 11-30　定义金属材料属性

图 11-31　创建截面特性

Step2：创建截面属性。单击工具区的 Create Section ，在“Name”栏输入“Section-steel”，设置截面类型如图 11-31 所示，单击“Continue...”按钮，进入材料属性选择界面，如图 11-32 所示，选择“Material-steel”，单击“OK”按钮完成。

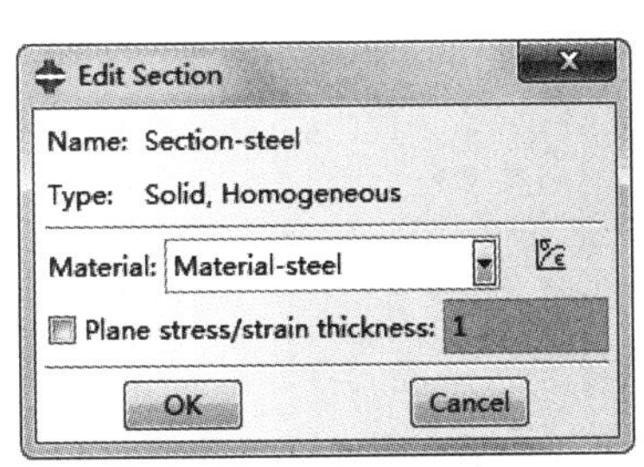

图 11-32　选择材料属性

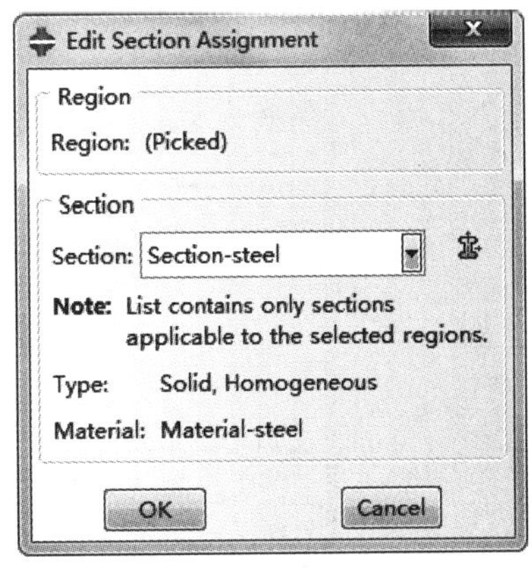

图 11-33　赋予截面属性

Step3：赋予截面属性。单击工具区的 Assign Section ，选中模型中间部分，单击鼠标中键，弹出图 11-33 所示窗口，“Section”选择“Section-steel”，单击“OK”按钮完成。

11.4.4　定义装配

在环境栏“Module”后面选择“Assembly”，进入 Assembly 模块。

单击工具区中的 Create Instance ，在该对话框中选择“Parts：Part-plane”，单击“OK”按钮完成，如图 11-34 所示。

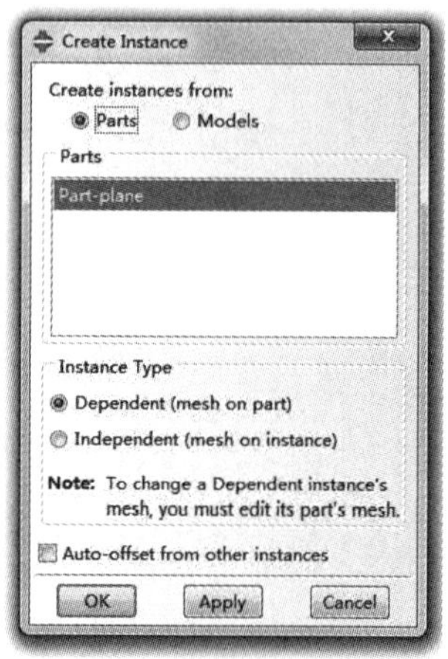

图 11-34　模型装配

11.4.5　创建分析步、设置输出变量

在环境栏“Module”后面选择“Step”，进入 Step 模块。

Step1：创建分析步。单击工具区中的 Create Step ，在“Create Step”对话框中，“Name”栏内名称默认不变，在 Initial 分析步中选择“Static，General”，单击“Continue...”按钮。在“Edit Step”对话框中，使用默认设置，单击“OK”按钮完成，如图 11-35 所示。

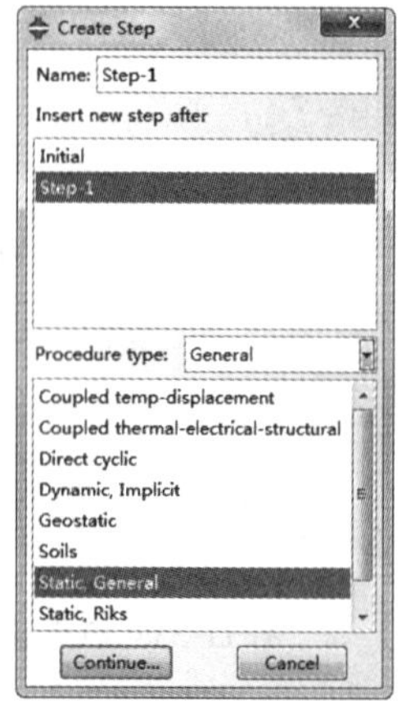

图 11-35　创建分析步

Step2：设置输出变量。单击工具区中 Field Output Manager ，在该对话框中，选中 F-Output-1，单击“Edit”按钮；在“Edit Field Request”对话框中，采用默认设置。单击“Edit Field Requests Manager”对话框中的“Create”按钮，单击“Edit Field”对话框中的“Continue...”按钮，在“Edit Field Output Request”对话框中，按照图 11-36 进行设置，单击“OK”按钮完成。

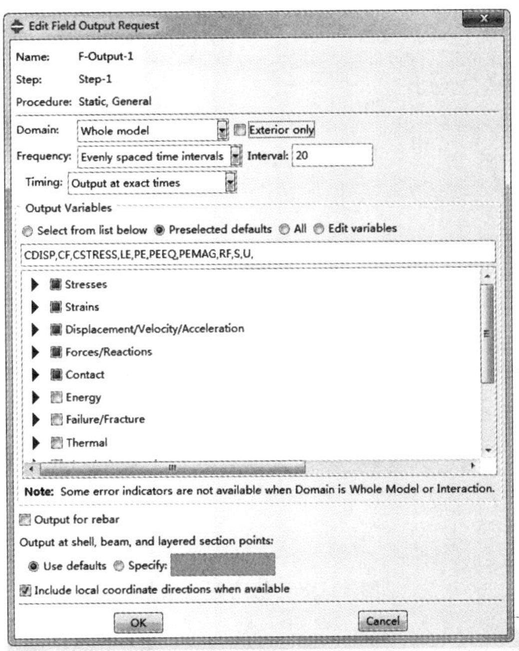

图 11-36　整体模型场变量输出

11.4.6　创建边界条件及加载

在环境栏“Module”后面选择“Load”，进入 Load 模块。

Step1：定义边界条件。单击工具区中 Create Boundary Condition ，在弹出的“Create Boundary Condition”对话框中，如图 11-37(a)所示，在“Name”栏输入“BC-fixed”，“Step”选择“Initial”，“Category”选择“Mechanical”，“Types for Selected Step”选择“Symmetry/Antisymmetry/Encastre”，单击“Continue...”按钮。在弹出的“Edit Boundary Condition”对话框中，如图 11-37(b)所示，选择“ENCASTRE(U1=U2=U3=UR1=UR2=UR3=0)”，单击“OK”按钮，完成边界条件设置。如图 11-37(c)所示，在视图区选择部件边界侧面区域，单击鼠标中键确认。

Step2：施加载荷。单击工具区中 Create Load ，在该对话框中的“Name”栏内输入“Load-1”，“Step”选择“Step-1”，“Category”选择“Mechanical”，“Types for Selected Step”选择“Pressure”，单击“Continue...”按钮，在视图区选择部件上表面，单击鼠标中键，在弹出的“Edit Load”对话框中的“Magnitude”栏内输入“5000”，单击“OK”按钮完成，如图 11-38 所示。

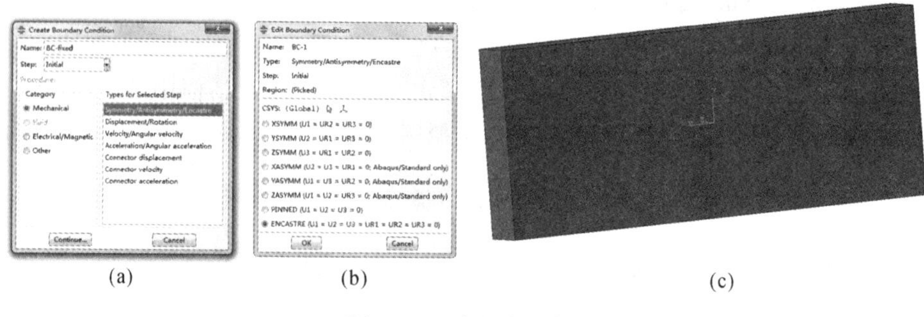

图 11-37　定义边界条件

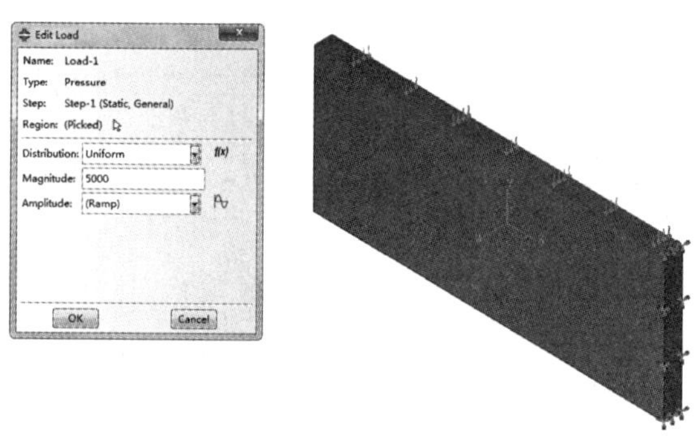

图 11-38　创建载荷条件

11.4.7　划分网格

在环境栏 Module 后面选择 Mesh，进入 Mesh 模块。环境栏中“object”选择“Part：Part-plane”。

Step1：布种子。单击工具区中 Seed Part ，在“Global Seeds”对话框中，在“Approximate global size”栏内输入“10”，单击“OK”按钮，完成全局网格布置，如图 11-39 所示；单击工具区中 Seed Edges ，选择视图区模型厚度方向边线，在“Basic”选项卡中“Method”选择“By number”，在“Sizing Controls”下的“Number of elements”栏内输入“3”，单击“OK”按钮，完成局部网格种子布置。

Step2：设置网格类型。单击工具区中 Assign Mesh Controls ，选中视图区中模型，单击鼠标中键，弹出“Mesh Controls”对话框，“Element shape”选择“Hex”，“Technique”选择“Structured”，其余参数采用默认设置，单击“OK”按钮，完成局部网格类型设置，如图 11-40 所示。

Step3：划分网格。单击工具区中 Mesh part ，单击鼠标中键，完成模型网格划分，如图 11-41 所示；单击工具区中 Assign Element Type ，选择视图区中模型，单击鼠标中键，弹出“Element Type”对话框，“Element Library”选择“Standard”，“Geometric Order”选择“Linear”，在“Family”选项卡中选择“3D stress”，单击“OK”按钮，完成网格单元类型选取，如图 11-42 所示。

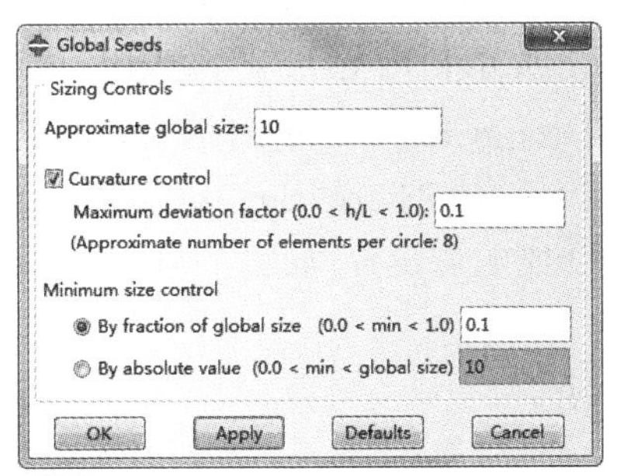

图 11-39　模型全局网格布置

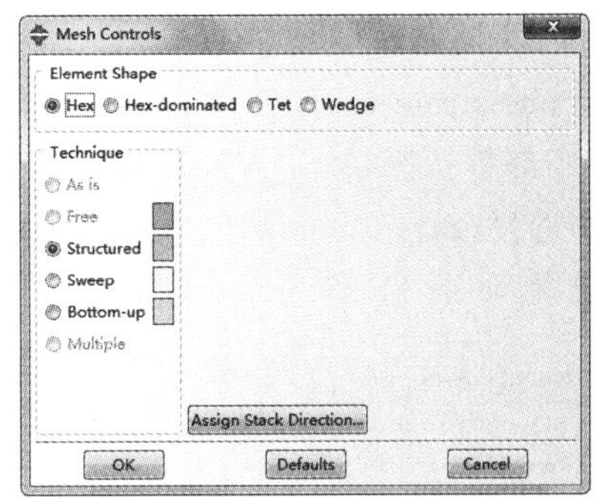

图 11-40　模型局部网格类型设置

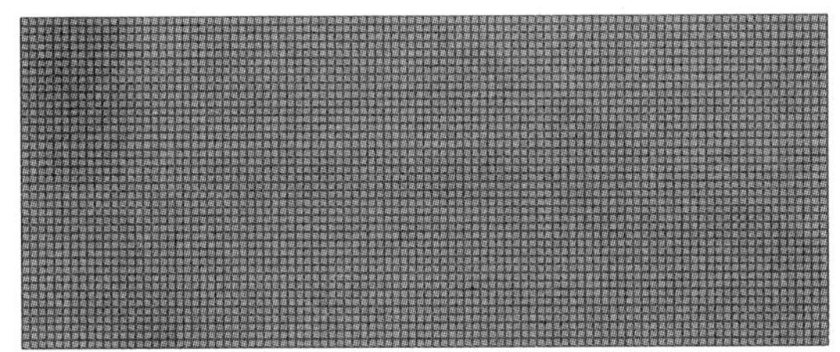

图 11-41　模型全局网格

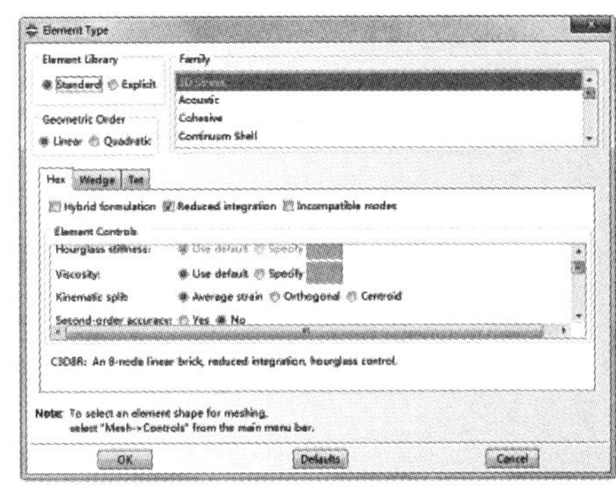

图 11-42　模型网格单元类型选取

11.4.8　创建优化任务及约束条件

在环境栏 Module 后面选择 Optimization，进入 Optimization 模块。

Step1：建立优化任务。在工具区中单击 Create Optimization Tasks ，选择优化方法为“Topology optimization”，如图 11-43 所示；单击“Continue...”按钮，在底部提示区取消勾选“Create Set”，选中整个模型，单击鼠标中键，弹出“Edit Optimization Task”对话框，勾选“Freeze load regions”和“Freeze boundary condition regions”复选框，单击“OK”按钮，如图 11-44所示。

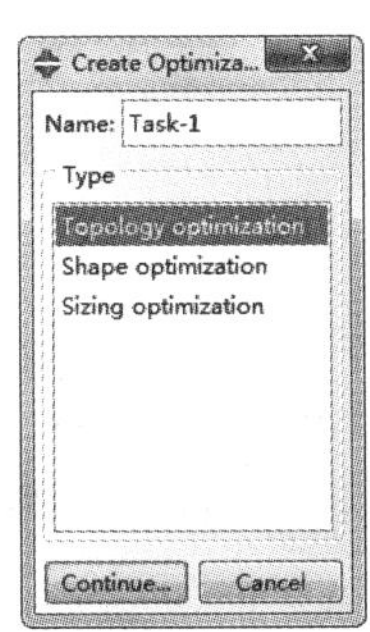

图 11-43　创建优化任务

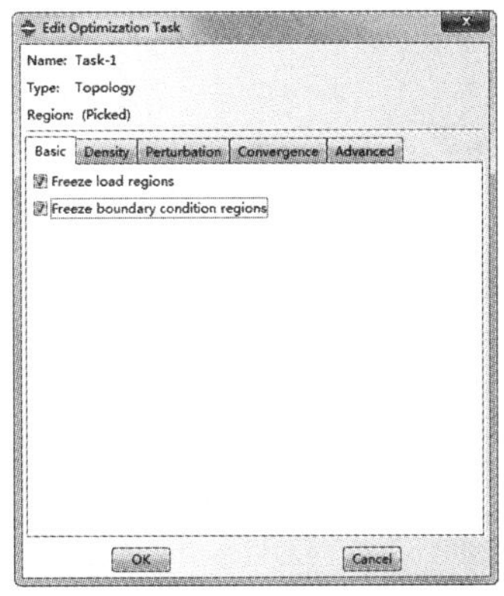

图 11-44　选取优化类型

Step2:建立设计响应。在工具区中单击 Create Design Response ，在“Name”栏内输入“D-Response-strain-energy”,“Type”选择“Single -term Design Response”,单击“Continue...”按钮;在底部提示区单击“Whole Model”,弹出“Edit Design Response”对话框,在“Variable”选项卡中选择“Strain energy”,“Operator on values in regions”选择“Sum of values”,其余采用默认设置,如图 11-45 所示,单击“OK”按钮,完成应变能响应设置,如图 11-46 所示。

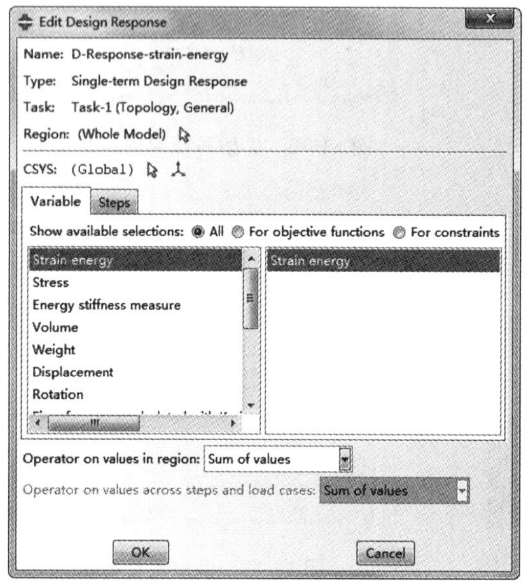

图 11-45　选择响应类型

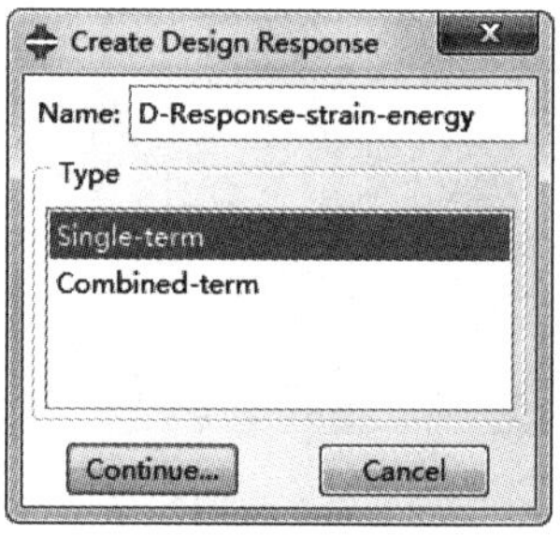

Create Design Response
Name: D-Response-strain-energy
Type
Single-term
Combined-term
Continue...
Cancel

图 11-46　定义应变能

同理,建立体积响应设置,在“Name”栏内输入“D-Response-volume”,在“Variable”选项卡中选择“Volume”,其余保持默认,单击“OK”按钮,完成体积响应定义,如图 11-47 所示。单击 Design Response Manager ,弹出“Design Response Manager”对话框,检查已经建立的设计响应,如图 11-48 所示。

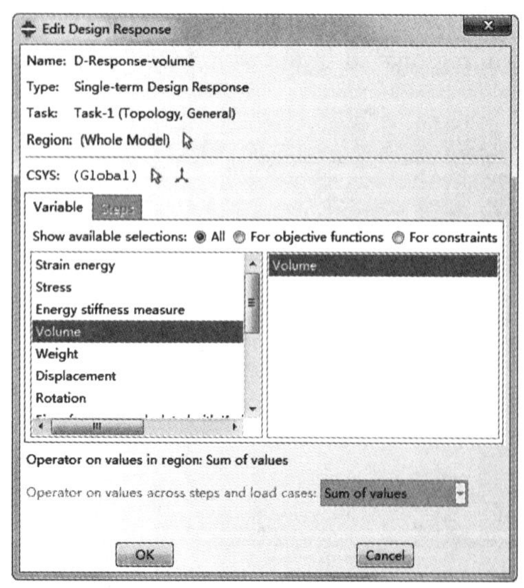

图 11-47　定义体积响应

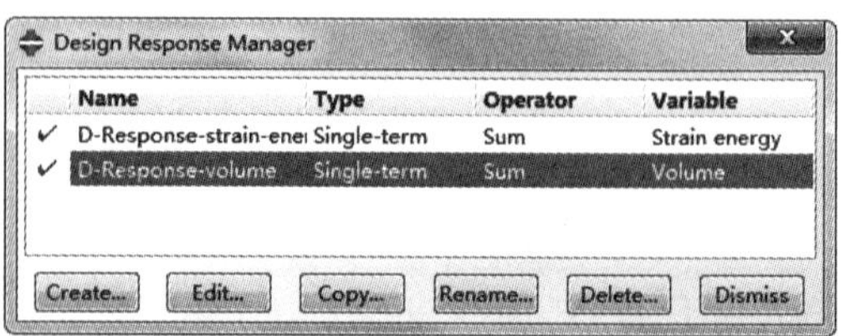

图 11-48　查看响应类型设计

Step3：创建目标函数。单击 Create Objective Function ，采用默认命名，单击“Continue...”按钮，弹出“Edit Objective Function”对话框，如图 11-49 所示，“Target”选择“Minimize design response values”，“Design Response”下的“Name”选择“D-Response-strain-energy”，其余采用默认设置，如图 11-49 所示。

Step4：建立优化约束。单击 Create Constraint ，采用默认命名；单击“Continue...”按钮，弹出“Edit Optimization Constraint”对话框，“Design Response”下的“Name”选择“D-Response-volume”，“Constraint the response to:”选择“A fraction of the initial value<=:”并在该选项中输入“0.5”，其余采用默认设置，如图 11-50 所示。

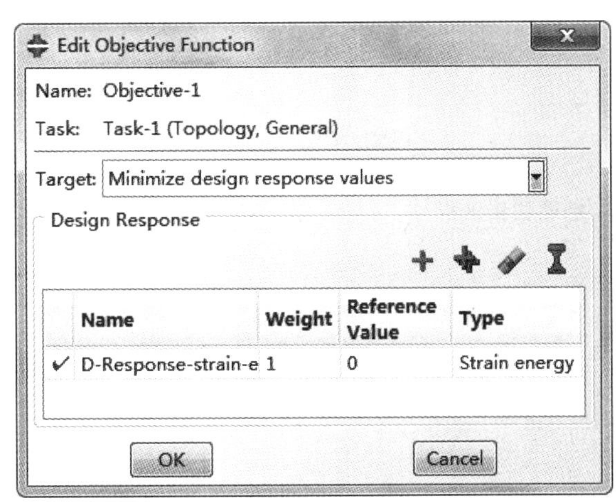

图 11-49　最小应变能响应

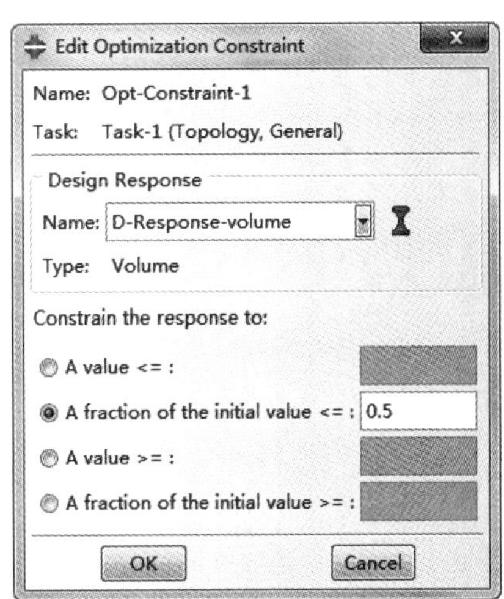

图 11-50　指定约束条件

11.4.9　创建并提交优化进程

在环境栏 Module 后面选择 Job，进入 Job 模块。

Step1：创建优化进程。单击工具区中的 Create Optimization Process ，弹出“Edit Optimization Process”对话框，在“Optimization”选项卡中的“Maximum cycles”栏内输入“20”，“Date save”选择“Every cycle”，其余采用默认设置，单击“OK”按钮完成，如图 11-51 所示。

Step2：提交优化进程。单击 Optimization Process Manager ，单击“Submit”按钮提交计算；在任务计算过程中，可以通过单击“Monitor”打开监视器对话框，实时查看任务计算进程，如图 11-52(a)所示；在“Optimization Monitor”对话框中，单击“Plot”按钮，可以图表方式查看不同周期后的优化结果，如图 11-52(b)所示。当“Opt-Process-1”状态由“Running”变为“Completed”时，计算完成，保存模型计算结果，如图 11-52(c)所示；单击“Combine...”按钮，弹出“Combine Optimization Results”对话框，如图 11-53(d)所示，“Optimization cycles to process”选择“All”，在“Models”栏内勾选复选框，其余采用默认设置，单击“Submit”按钮，完成优化结果组合。对于分析结果，仅在优化期间保留模型中的应力和位移，即场输出变量为 S 和 U。

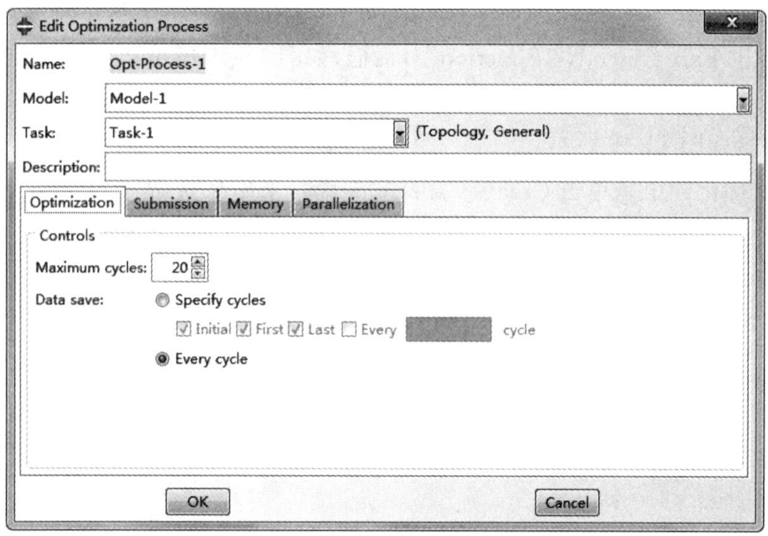

图 11-51 创建优化进程

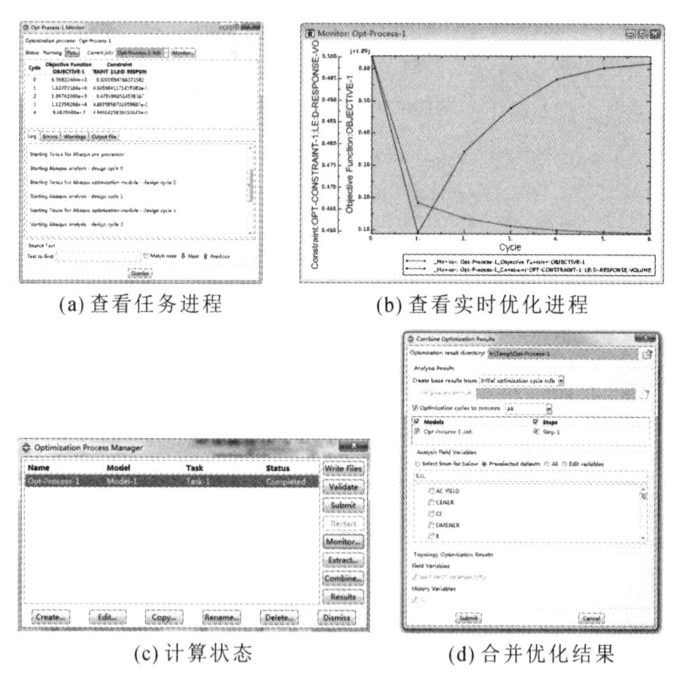

(a) 查看任务进程 (b) 查看实时优化进程

(c) 计算状态 (d) 合并优化结果

图 11-52 提交优化进程

11.4.10 查看优化结果

单击“Results”按钮，进入 Visualization 模块中查看优化结果。单击 Plot Contours on Deformed Shape ，单击 Frame Selector ，查看不同优化周期的结果，如图11-53所示。

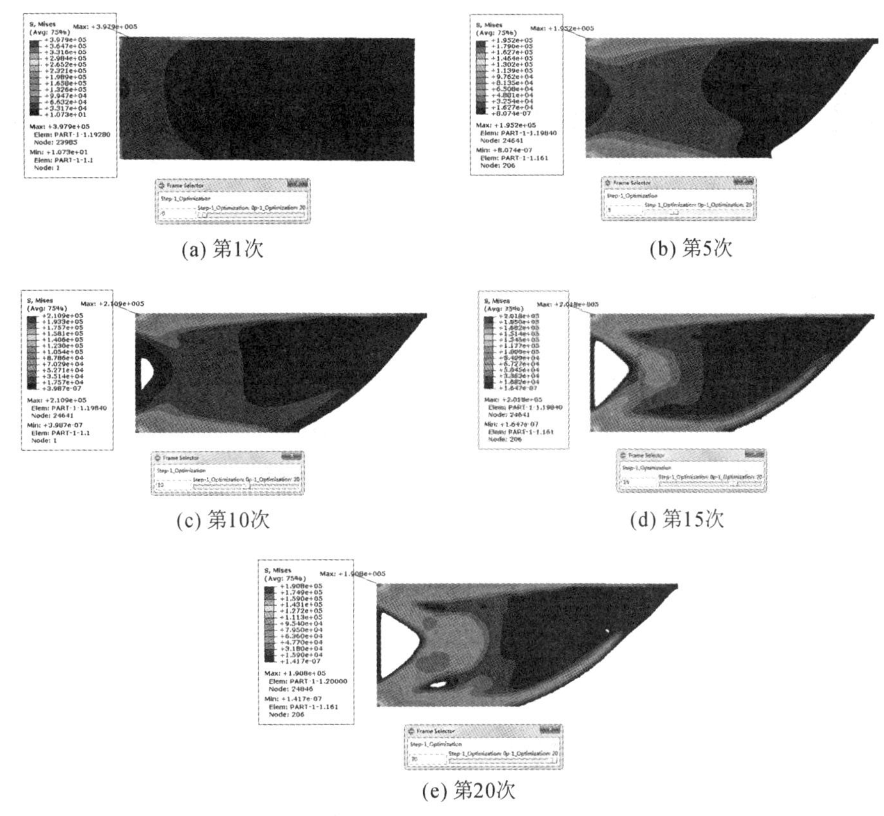

(a) 第1次　(b) 第5次　(c) 第10次　(d) 第15次　(e) 第20次

图 11-53　各个周期的优化结果

思　考　题

1. 为什么要进行结构的优化设计?

2. 什么是结构优化设计的设计变量、日标函数和约束条件?

3. 结构优化设计工作的特点是什么?

4. 结构优化设计问题可以分为哪几类? 各类优化设计的主要任务是什么?

5. 请简述采用 Abaqus Optimization 模块进行结构优化设计的主要步骤?

6. 为了进行结构的优化设计,在 Abaqus Optimization 模块中需要定义哪些参数? 应注意哪些问题?

第 12 章　船舶复合材料结构分析基础

本章知识要点

① 复合材料的基础知识

② Abaqus 中复合材料建模的基本方法

③ Abaqus 中的复合材料铺设工具(Composite Layup)的使用方法与参数定义

④ 使用 Abaqus 进行复合材料夹层板弯曲分析的步骤与操作

12.1　概　　述

12.1.1　复合材料简介

复合材料由两种或者两种以上的材料在微观上混合而成。其中,一种材料称为“基体相”,另外一种材料埋入其中,称为“增强相”。如图 12-1 所示,复合材料增强相具有多种不同的形式,如宏观离散颗粒、短切纤维、单向纤维和编织织物等。

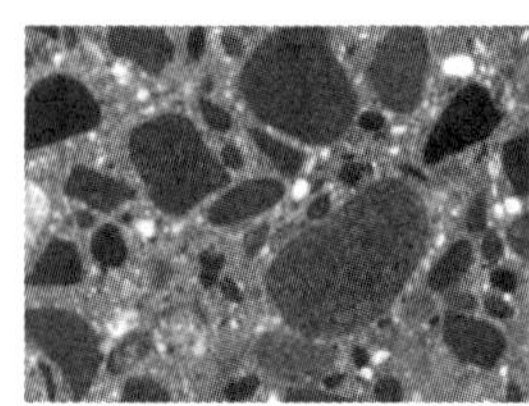
(a) 宏观离散颗粒

(b) 短切纤维

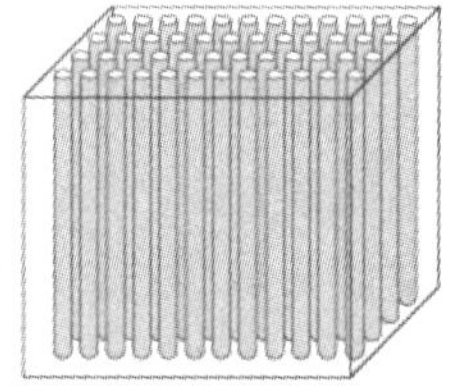
(c) 单向纤维

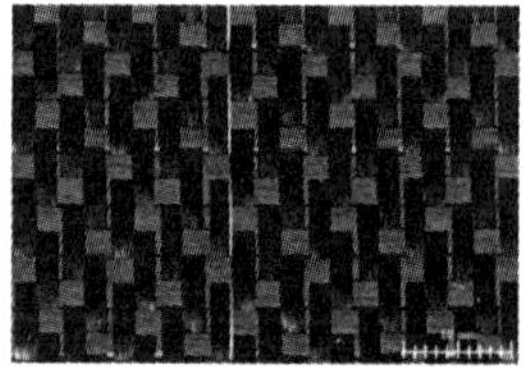
(d) 编织织物

图 12-1　复合材料增强相形式

复合材料基体相和增强相的形式及材料参数对其属性具有很大的影响,通过调整基体相和增强相的属性,可使复合材料具有以下先进性能:

(1) 高比强度(强度/密度)和比模量(模量/密度)(可根据需要对复合材料结构的强度或刚度的方向进行设计);

(2) 优良的表面性能:耐腐蚀、较高的表面光顺度;

(3) 优良的热性能:低导热系数、低热膨胀系数;

(4) 优良的电性能:高介电强度、非磁性、高透波率。

但以上设计目标往往是相互冲突的,一般不能同时实现。

12.1.2　复合材料的典型有限元计算方法

任何仿真计算都需要根据仿真分析的目的来选择仿真过程，选择繁简合适的建模方式。根据不同的分析目的，复合材料可以采用不同的建模技术。

（1）细观建模。

细观建模主要用于复合材料代表性单元——“纤维＋基体”的细观力学性能分析。此时，基体和增强材料分别采用连续变形体来建模，进而对纤维和基体的细观力学性能进行分析，如图 12-2 所示。

（2）宏观建模。

将复合材料简化为正交各向异性材料或各向异性材料，采用连续变形体进行建模，在此建模中不考虑复合材料各层的应力应变分布，此种建模方法主要用于刚度计算。

（3）混合建模。

复合材料结构整体为宏观连续变形体，但其由许多离散的、宏观上可模拟各层单层板的层组成。层合板的混合建模如图 12-3 所示。

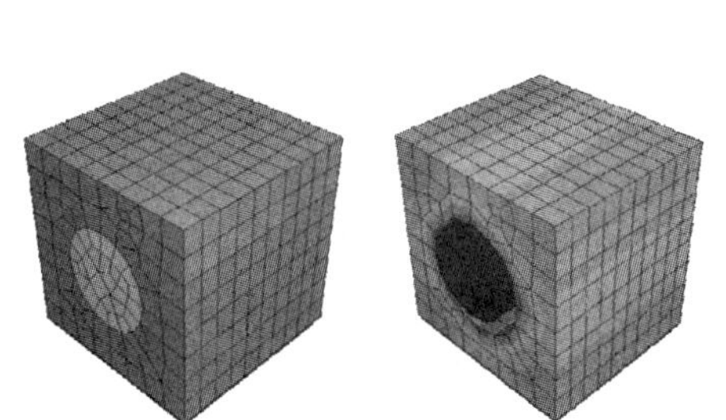

图 12-2　“纤维＋基体”单元模型

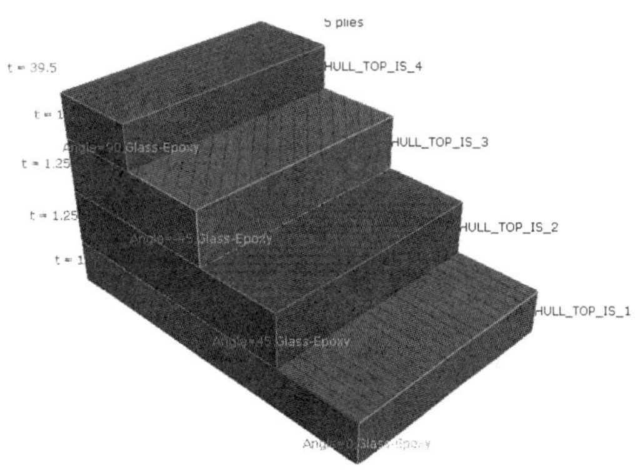

图 12-3　层合板的混合建模

（4）离散增强相建模。

采用离散单元或者其他建模工具（如 Rebar）对增强相进行模拟。

（5）子模型。

子模型可用于研究增强纤维尖端的应力集中问题。

12.1.3　复合材料计算的单元模型与仿真技术

目前，对于工程中可能遇到的大多数复合材料结构问题的有限元仿真，常用的单元类型主要包括：壳单元、实体单元和实体壳单元，如图 12-4～图 12-6 所示。

同时，在对复合材料结构进行仿真时，有时需要分析材料的累积损伤和界面的失效问题，此时会用到以下技术：一是复合材料累积损伤和失效仿真技术，如 Hashin 准则、UMAT（Abaqus/Standard）和 VUMAT（Abaqus/Explicit）；二是复合材料结构黏结界面的失效仿真技术，如虚拟裂纹闭合技术（VCCT）、Cohesive 单元与 Cohesive 接触。

图 12-4　壳单元

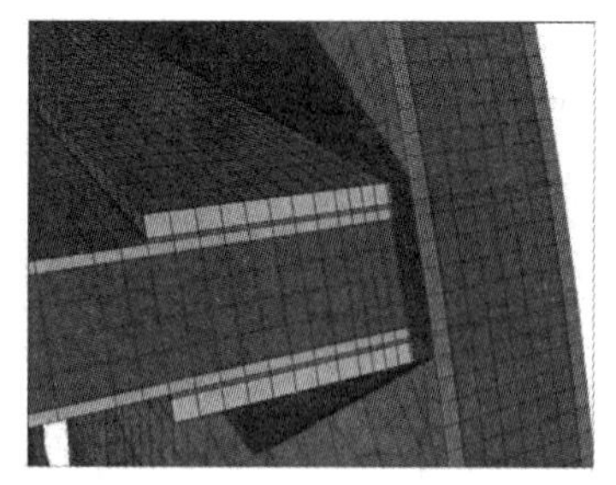
图 12-5　实体单元

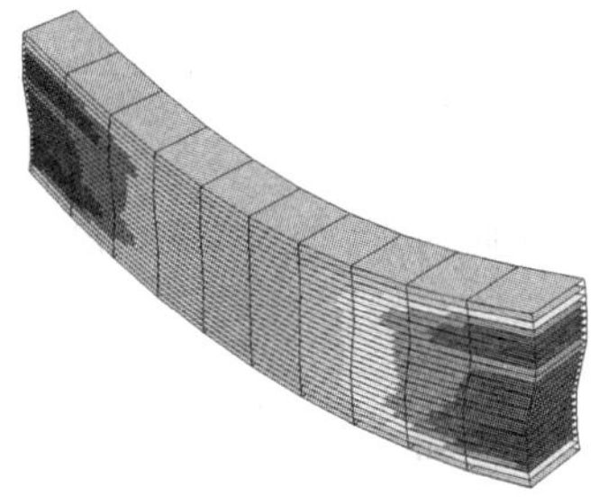
图 12-6　实体壳单元

12.2 宏观建模

采用宏观建模技术时，复合材料被视作一种单一的正交各向异性材料或者纯粹的各向异性材料，并且其一般被认为是弹性的，而 Hill 的各向异性塑性模型有时会被用于模拟非弹性变形。此时，不需要单独列出增强相和单元，其变形场通常被认为是均匀的。宏观建模分析通常用于模拟复合材料结构部件的整体性能，如弯曲刚度。

采用宏观建模方法时，一般不考虑复合材料的非线性材料性能和局部失效，同时，在进行结构失效(屈曲和崩塌)研究时，一般不考虑材料的损伤(例如分层)，通常可以采用后屈曲分析(非线性屈曲)去检验结果是否可以被接受。

12.2.1 各向异性材料的参数

对于复合材料的弹性宏观模型而言，需要准确定义复合材料的各向异性弹性参数。不正确的定义将导致错误的结果，甚至导致材料性能参数相互冲突。

在 Abaqus 中，可以对多种各向异性材料的性能(如力学、热膨胀等性能)进行模拟，对于所有的各向异性材料模型可以采用以下通用表达形式进行描述：

$$\boldsymbol{\sigma}_{ij} = \boldsymbol{D}_{ijkl}(\boldsymbol{\varepsilon}_{kl} - \boldsymbol{\varepsilon}_{kl}^{\mathrm{th}}) \quad \text{或} \quad \boldsymbol{\sigma} = \boldsymbol{D}:(\boldsymbol{\varepsilon} - \boldsymbol{\varepsilon}^{\mathrm{th}}) \tag{12-1}$$

式中：$\boldsymbol{D}$——6×6 的对称矩阵，$\boldsymbol{D}=\boldsymbol{D}(\theta, f_i)$，其中 θ 为温度，f_i 为预定义场分量；

$\boldsymbol{\varepsilon}^{\mathrm{th}}$——由热膨胀引起的应变，$\boldsymbol{\varepsilon}^{\mathrm{th}}=\boldsymbol{\varepsilon}^{\mathrm{th}}(\theta)$。

12.2.2 Abaqus 中复合材料弹性参数定义方法

在 Abaqus 中，各向异性弹性模量可通过弹性参数(Elastic)窗口进行定义，如图 12-7 所示，主要可以定义以下几种类型的弹性矩阵 $\boldsymbol{D}$：

(1) 各种材料的对称矩阵：层合板材料(Lamina)，正交各向异性材料(Orthotropic)，各向异性材料(Anisotropic)。

(2) 不同温度和场分量。

在 Abaqus 中有以下几种定义各向异性材料弹性参数的方法。

(1) 工程常数(Engineering Constants)。

此方法适用于三维应力状态下正交各向异性材料(实体结构)的定义，需要定义如下参数：

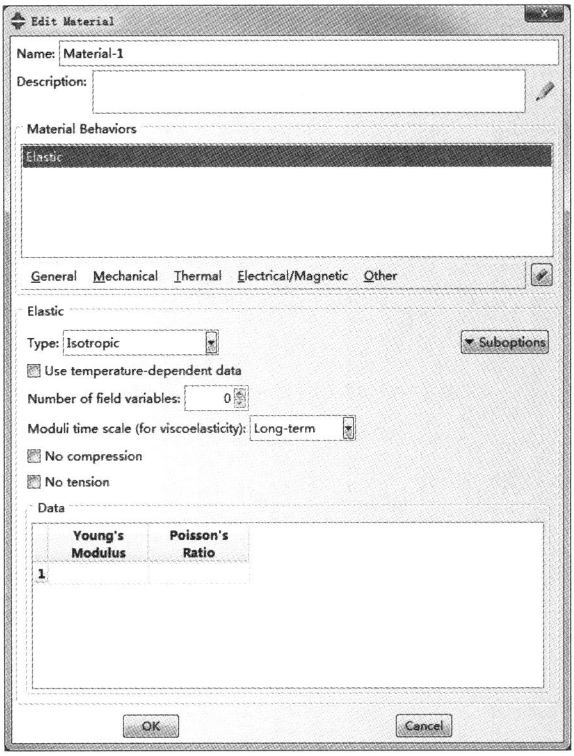

图 12-7　Abaqus 弹性材料定义窗口

E_1、E_2、E_3、ν_{12}、ν_{13}、ν_{23}、G_{12}、G_{13}、G_{23}。

正交各向异性材料工程常数定义窗口如图 12-8 所示。

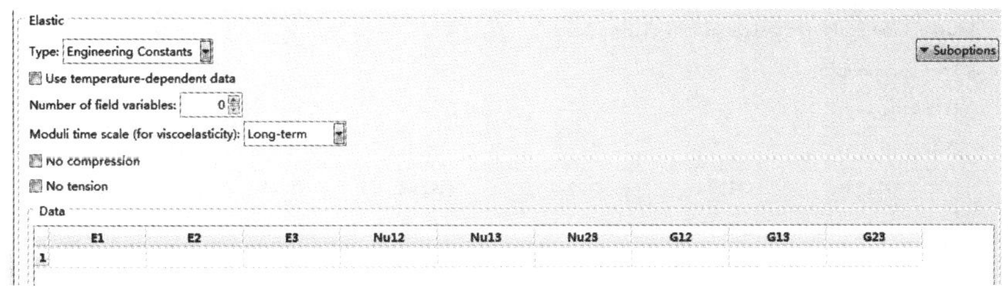

图 12-8　正交各向异性材料工程常数定义窗口

也可通过如下关键字进行定义：

＊ELASTIC，TYPE＝ENGINEERING CONSTANTS

(2) 层合板(Lamina)。

此方法只能应用于平面应力单元，例如层合壳，其定义路径与“工程常数”一致，只是需要选择 lamina 类型进行定义。需要定义如下参数：E_1、E_2、ν_{12}、G_{12}、G_{13}、G_{23}。

层合板弹性参数定义窗口如图 12-9 所示。

也可通过如下关键字进行定义：

＊ELASTIC，TYPE＝LAMINA

(3) 正交各向异性材料刚度矩阵(Orthotropic)。

此方法直接定义正交各向异性材料 **D** 矩阵中的所有非零元素，得出的材料参数与“工程

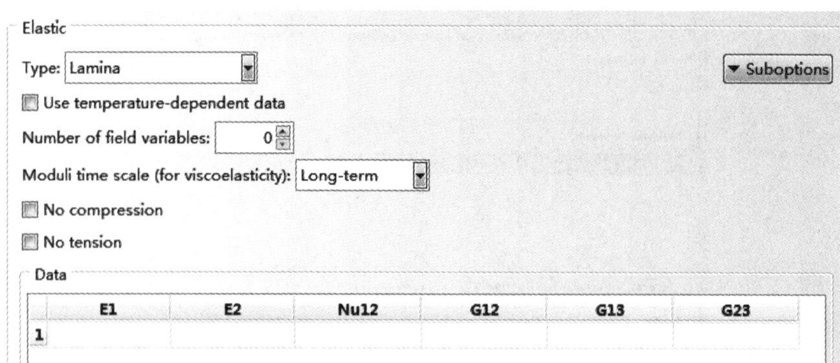

图 12-9　层合板弹性参数定义窗口

常数"的定义效果相同：

$$\begin{bmatrix} D_{1111} & D_{1122} & D_{1133} & 0 & 0 & 0 \\ & D_{2222} & D_{2233} & 0 & 0 & 0 \\ & & D_{3333} & 0 & 0 & 0 \\ & & & D_{1212} & 0 & 0 \\ & \text{sym} & & & D_{1313} & 0 \\ & & & & & D_{2323} \end{bmatrix} \tag{12-2}$$

正交各向异性材料的 **D** 矩阵定义窗口如图 12-10 所示。

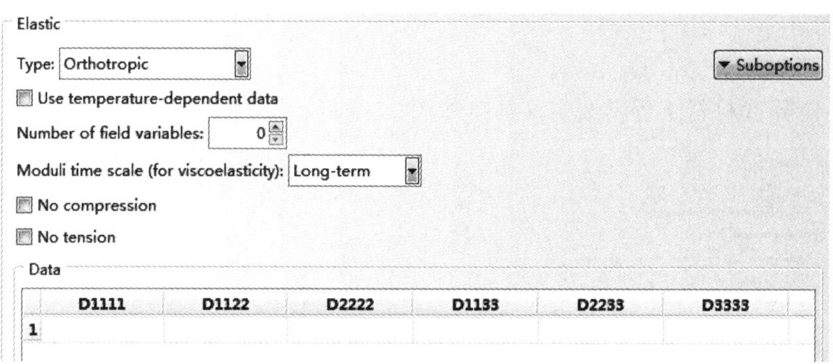

图 12-10　正交各向异性材料的 *D* 矩阵定义窗口

也可通过如下关键字进行定义：

*ELASTIC，TYPE=ORTHOTROPIC

(4) 各向异性材料刚度矩阵(Anisotropic)。

此方法直接定义完全各向异性材料的 **D** 矩阵的所有非零元素：

$$\begin{bmatrix} D_{1111} & D_{1122} & D_{1133} & D_{1112} & D_{1113} & D_{1123} \\ & D_{2222} & D_{2233} & D_{2212} & D_{2213} & D_{2223} \\ & & D_{3333} & D_{3312} & D_{3313} & D_{3323} \\ & & & D_{1212} & D_{1213} & D_{1223} \\ & \text{sym} & & & D_{1313} & D_{1323} \\ & & & & & D_{2323} \end{bmatrix} \tag{12-3}$$

各向异性材料的 ***D*** 矩阵定义窗口如图 12-11 所示。

Elastic

Type: Anisotropic　　▼ Suboptions

☐ Use temperature-dependent data

Number of field variables: 0

Moduli time scale (for viscoelasticity): Long-term

☐ No compression

☐ No tension

Data

	D1111	D1122	D2222	D1133	D2233	D3333
1						

图 12-11　各向异性材料的 *D* 矩阵定义窗口

也可通过如下关键字进行定义：

* ELASTIC，TYPE=ANISOTROPIC

12.2.3　复合材料弹性参数含义与定义时应注意的问题

1. 泊松比

对于正交各向异性材料而言，泊松比 ν_{ij} 遵循以下规律：

$$\frac{\nu_{ij}}{E_i}=\frac{\nu_{ij}}{E_j} \tag{12-4}$$

或者展开表示为

$$\frac{\nu_{12}}{E_1}=\frac{\nu_{21}}{E_2},\quad \frac{\nu_{13}}{E_1}=\frac{\nu_{31}}{E_3},\quad \frac{\nu_{23}}{E_2}=\frac{\nu_{32}}{E_3} \tag{12-5}$$

式中：

$$\nu_{ij}=-\frac{\varepsilon_j}{\varepsilon_i} \tag{12-6}$$

ν_{ij} 决定材料在 i 方向承受压应力时 j 方向的应变大小。对于 ν_{ij} 和 ν_{ji} 的区别，可见图 12-12 对 ν_{12} 和 ν_{21} 含义的解释，它们分别表示材料在 1、2 方向受力情况下泊松比的大小。

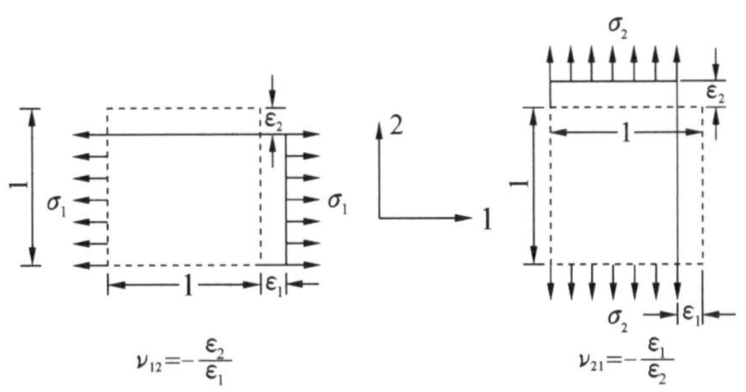

图 12-12　ν_{12} 和 ν_{21} 的含义

2. 刚度矩阵 *D* 及材料参数定义

对于正交各向异性材料，“工程常数”定义的 ***D*** 阵形式如下：

$$\begin{aligned}
D_{1111} &= E_1(1-\nu_{23}\nu_{32})\gamma \\
D_{2222} &= E_2(1-\nu_{13}\nu_{31})\gamma \\
D_{3333} &= E_3(1-\nu_{12}\nu_{21})\gamma \\
D_{1122} &= E_1(\nu_{21}+\nu_{31}\nu_{23})\gamma = E_2(\nu_{12}+\nu_{32}\nu_{13})\gamma \\
D_{1133} &= E_1(\nu_{31}+\nu_{21}\nu_{32})\gamma = E_3(\nu_{13}+\nu_{12}\nu_{23})\gamma \\
D_{2233} &= E_2(\nu_{32}+\nu_{12}\nu_{31})\gamma = E_3(\nu_{23}+\nu_{21}\nu_{13})\gamma \\
D_{1212} &= G_{12} \\
D_{1313} &= G_{13} \\
D_{2323} &= G_{23}
\end{aligned} \tag{12-7}$$

式中：

$$\gamma = \frac{1}{1-\nu_{12}\nu_{21}-\nu_{23}\nu_{32}-\nu_{31}\nu_{13}-2\nu_{21}\nu_{32}\nu_{13}} \tag{12-8}$$

为保证材料性能稳定，输入参数需满足如下条件。

(1) 正交各向异性材料、平面应力材料(Lamina)：

$$E_1, E_2, G_{12}, G_{13}, G_{23} > 0 \tag{12-9}$$

$$|\nu_{12}| < \left(\frac{E_1}{E_2}\right)^{1/2} \tag{12-10}$$

(2) 一般正交各向异性材料(Engineering Constants)：

$$E_1, E_2, E_3, G_{12}, G_{13}, G_{23} > 0 \tag{12-11}$$

$$|\nu_{12}| < \left(\frac{E_1}{E_2}\right)^{1/2}, \quad |\nu_{13}| < \left(\frac{E_1}{E_3}\right)^{1/2}, \quad |\nu_{23}| < \left(\frac{E_2}{E_3}\right)^{1/2} \tag{12-12}$$

$$1-\nu_{12}\nu_{21}-\nu_{23}\nu_{32}-\nu_{31}\nu_{13}-2\nu_{21}\nu_{32}\nu_{13} > 0 \tag{12-13}$$

(3) 正交各向异性材料(Orthotropic)：

$$\begin{cases}
D_{1111}, D_{2222}, D_{3333}, D_{1212}, D_{1313}, D_{2323} > 0 \\
|D_{1122}| < (D_{1111}D_{2222})^{1/2} \\
|D_{1133}| < (D_{1111}D_{3333})^{1/2} \\
|D_{2233}| < (D_{2222}D_{3333})^{1/2}
\end{cases} \tag{12-14}$$

(4) 各向异性材料(Anisotropic)：对于此种材料，很难用简单的关系来表达。要求 $\boldsymbol{D}$ 矩阵必须是正则矩阵，且 $\boldsymbol{D}$ 矩阵的 6 个特征值必须是正值，输入其材料参数时，一般需要提前通过数值计算得出相关元素的数值，再输入 Abaqus 中进行计算。

12.2.4 各向异性材料的热膨胀参数设置

在工程中，有时需要对复合材料(各向异性材料)在不同温度下的热应力进行仿真分析，此时就需要在 Abaqus 中定义复合材料不同方向的热膨胀系数，并且施加温度场边界条件进行计算和分析。

如图 12-13 所示，在 Abaqus 中，可以定义各向同性和各向异性热膨胀系数，对于各向异性热膨胀系数的定义主要包括两类。

(1) 正交各向异性材料(Orthotropic)。

对于正交各向异性材料，如图 12-14 所示，必须定义材料主方向的热膨胀系数 α_{11}、α_{22}、α_{33}。

也可通过如下关键字进行定义：

＊EXPANSION，TYPE＝ORTHOTROPIC

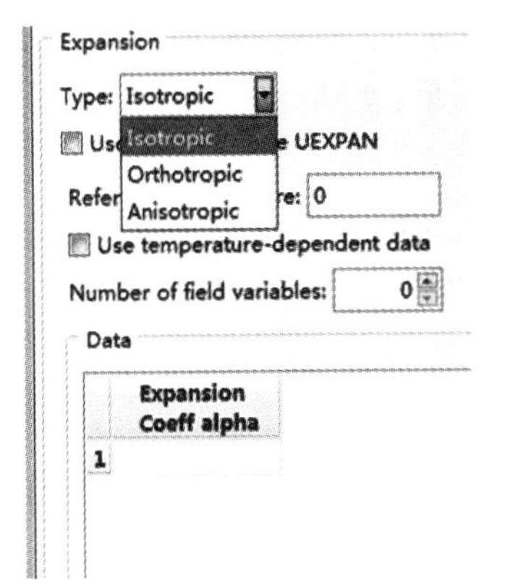

图 12-13　热膨胀系数定义窗口

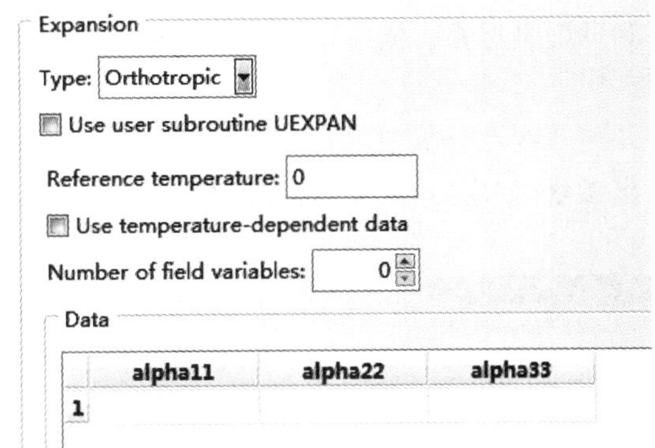

图 12-14　正交各向异性热膨胀系数定义

(2) 各向异性材料(Anisotropic)。

对于完全各向异性材料，如图 12-15 所示，需要定义其所有方向的热膨胀系数 α_{11}、α_{22}、α_{33}、α_{12}、α_{13}和 α_{23}。也可通过如下关键字进行定义：

＊EXPANSION，TYPE＝ANISOTROPIC

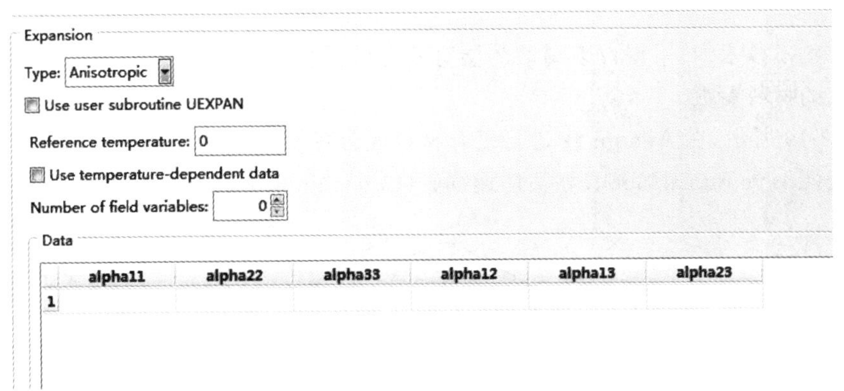

图 12-15　各向异性热膨胀系数定义

对热膨胀系数没有严格要求，允许输入负数。同时，对于平面应力单元和壳，不需要使用 α_{33}。

12.2.5　材料坐标系

由于复合材料为各向异性材料，其各个方向的材料参数均不同，结构的整体力学特性与复合材料实际的主方向相关，因此需要为复合材料定义材料主方向，以保证计算的准确性。

Abaqus 为用户提供了方便的材料坐标系选项，可以定义与全局坐标系不同的材料坐标系。

对于各向同性材料而言，一般无须定义材料局部坐标系。若为其定义了局部材料方向，那么这只会影响单元参数的输出。

对于各向异性材料而言，则需要定义局部材料方向（坐标系），否则无法进行计算和分析。定义时可以在材料属性模块（Property）中使用按钮或图 12-16 所示的菜单进行定义。如图 12-17 所示，Abaqus 提供了多种可用于定义材料方向的坐标系，主要包括：直角坐标系、圆柱坐标系和球面坐标系。同时，在定义时，还可以选择全局坐标系、新建的辅助坐标系或离散坐标系等。

在几何非线性分析中，如图 12-18 所示，材料局部坐标的方向会随着单元的旋转而旋转；单元输出参量（如应力、应变）将按照材料局部坐标系的方向输出。

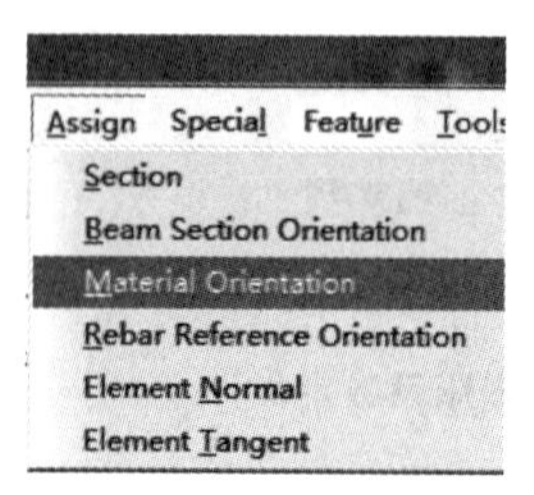

图 12-16 材料坐标设置菜单

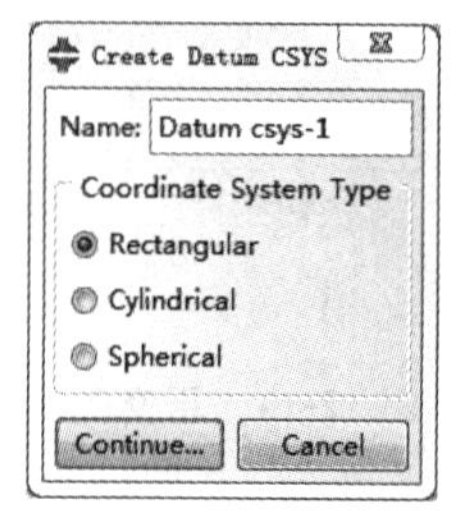

12-17 辅助坐标系的定义

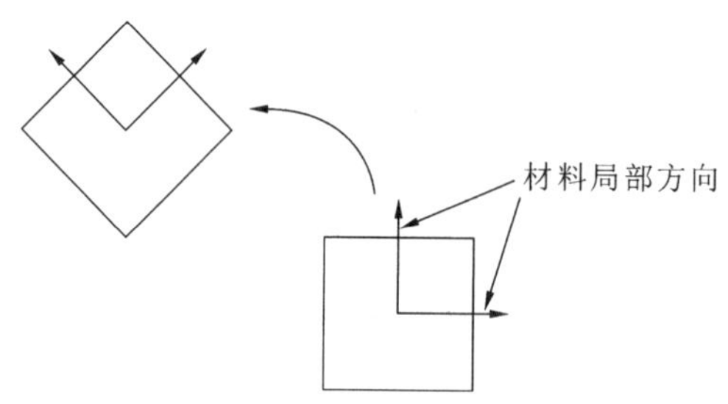

图 12-18 材料局部坐标系的旋转

12.3 混合建模

在混合建模技术中，采用许多离散的层对复合材料进行建模，每层采用正交各向异性或完全各向异性的材料参数。

如图 12-19 所示，在 Abaqus 中进行复合材料混合建模仿真时，一般采用壳单元进行模拟，包括常规壳（Conventional Shell）和实体连续壳（Continuum Shell）。

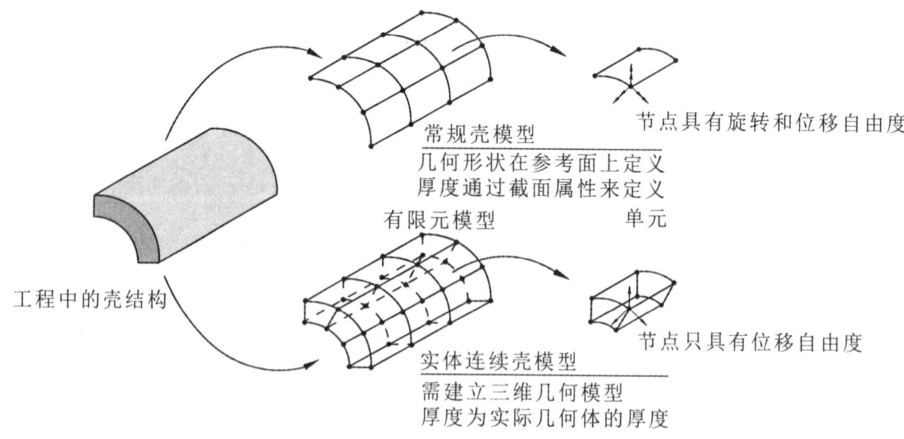

图 12-19 Abaqus 中的壳单元

同时，在 Abaqus/Standard 中，也可采用常规的实体单元，通过设置复合材料铺层（Composite）材料参数，进行复合材料结构的建模分析，其可在任何方向上定义任意数目的铺层。但由于实体单元最多只能提供二次位移插值，因此一般来说，其单元应变在任意方向基本呈线性变化。而实际上，如图 12-20 所示，对于一个复合材料层合壳，其横向剪应力在横截面上下边界处为零，但在横截面内迅速变化，因而若在结构厚度方向使用一个实体单元，将很难正确模拟横向剪应力的变化规律。如果必须考虑横向剪应力的影响，且必须采用实体单元建模，那么在厚度方向必须有足够的单元，用以描述厚度方向上的应力变化，此时建模的难度和计算工作量会大大增加。

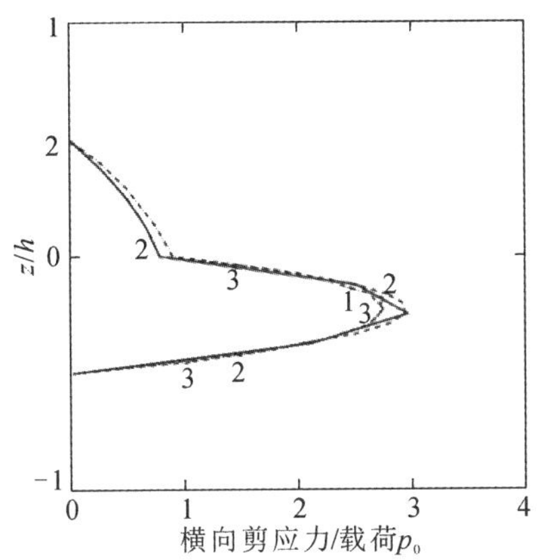

图 12-20　由两层单层板组成的层合板的横向剪应力分布

综上所述，对于复合材料的仿真，推荐采用壳单元（常规壳或实体壳）进行模拟，因而本节主要对这两种建模方法进行阐述。

12.3.1　Abaqus 中的复合材料层合壳概述

如图 12-21 所示，在 Abaqus 中，壳结构支持多层铺设，用户可根据需要定义一定数目的铺层，每一层可具有独立的材料和方向，且每一层可具有不同数目的积分点以用于辛普森插值。

Abaqus 提供了两种类型的壳单元：常规壳（仅在壳的基准/参考面离散）和连续壳（在三维空间离散，但其运动方程基于板壳理论）。两者都可以用来模拟复合材料板壳结构。此外，Abaqus 提供了可以用于模拟复合材料梁结构的梁横截面属性。

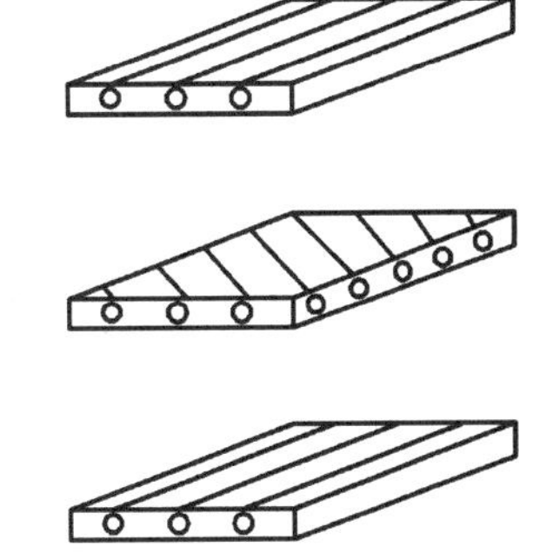

图 12-21　典型复合材料的铺层示意图

（1）材料模型。

对于复合材料层合壳而言，各向异性线弹性是最常用的材料模型（例如，可用于模拟高强度纤维在宏观上沿不同方向铺设的复合材料）。

（2）单元选择。

在选择合适的板壳单元类型时，需要重点考虑的因素是复合材料结构的横向剪切变形。对于各向同性材料板壳而言，若跨厚比足够大（即约大于 20），那么在建模时就不需要考虑剪切效应。而对于复合材料层合板壳而言，即使长度与厚度之比很大，其横向剪切效应仍然很显著；因此在建模时，仍需考虑结构的剪切柔度。对于由较硬的表层和较软的芯材组成的夹层结构壳仍然是一样的，因而选择一个合适的壳单元非常重要，薄壳单元只能在横向剪切柔度不重要的情况下使用。

Abaqus 提供了以下可供选择的壳单元。

① 薄(STRI3、S8R5 和 S9R5)和厚(S8R)常规壳单元。其中,薄壳单元一般不适用于复合材料(它们忽略横向柔度,并遵循小应变假设)。

② 常规壳单元 S4R 和 S3R。S4R 和 S3R 可以同时用于模拟薄壳和厚壳。其中,S3R 为定应变单元,因而在高应变梯度区域需要足够的网格细化。

③ 实体壳单元(SC6R 和 SC8R),可用于厚壳结构的建模。

在 Abaqus 中,壳单元厚度上假设薄膜应变呈线性变化,这可以很好地表现膜应力和弯曲性能。同时,假设横向剪切应变在壳的厚度上保持恒定,横向剪应力在壳的表面为零,另外,各层之间的横向剪应力是连续的。因此,单靠本构方程不能精确地模拟厚度方向上横向剪应力的真实变化。而在假定弹性响应的前提下,通过定义 S3R、S4R、S8R、SC6R 和 SC8R 单元中的横向剪切刚度可以有效地考虑上述这些问题。

12.3.2 实体壳单元

复合材料结构采用常规壳建模的过程与各向同性材料基本一致,这里不再赘述,本节将着重阐述实体壳单元(Continuum Shell Elements)的特性及建模过程中应注意的问题。

实体壳单元是模拟结构的一种三维应力/位移单元,它通常用于模拟薄长型结构,能够表现出壳的力学响应特性,但其拓扑结构为实体单元。

实体壳单元适用于以下情形的仿真:厚壳和薄壳的计算、线性及非线性响应(包括大变形和弹塑性材料响应)、结构厚度逐渐变小的情况及由三维单元划分的几何体。与常规壳单元相比,其可更精确地模拟接触,可有效考虑到双面接触和厚度的变化,还可更准确地计算复合材料层合结构厚度方向上的响应。

(1) 单元拓扑结构。

如图 12-22 所示,在 Abaqus 中,有两种可用的实体壳单元:SC6R(6 节点三角形单元)和 SC8R(8 节点六面体单元)。

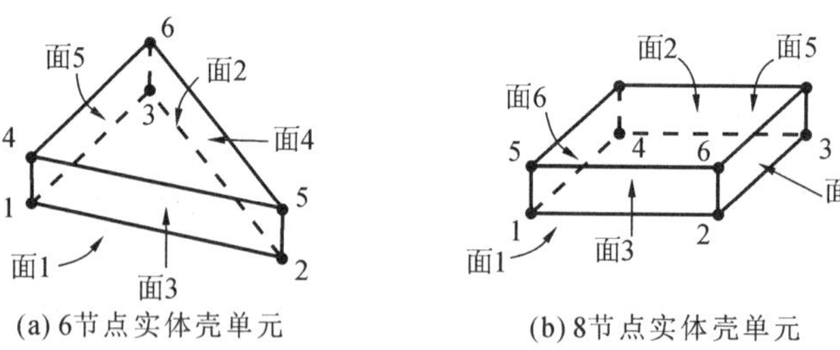

图 12-22 Abaqus 中的实体壳单元

在实体壳单元中,复合材料的堆垛沿着其单元的厚度方向上进行,因而其厚度方向上的运动方程与面内两方向是不同的,在采用实体壳单元对复合材料进行仿真时,需要用户指定其厚度方向,否则会导致计算错误。对于 SC8R 单元,其厚度方向可以任意指定:6 个面中的任意一个面都可以作为底面。两种实体壳单元根据节点确定的默认单元方向,如图 12-23 所示。

实体壳单元具有以下局限性。

① 实体壳单元不能使用超弹性和 hyperfoam 材料模型。

② 虽然实体壳单元为壳结构的计算提供了强大和准确的解决方案,但对于非常薄的壳结构而言,这些单元可能会出现收敛速度慢的问题。

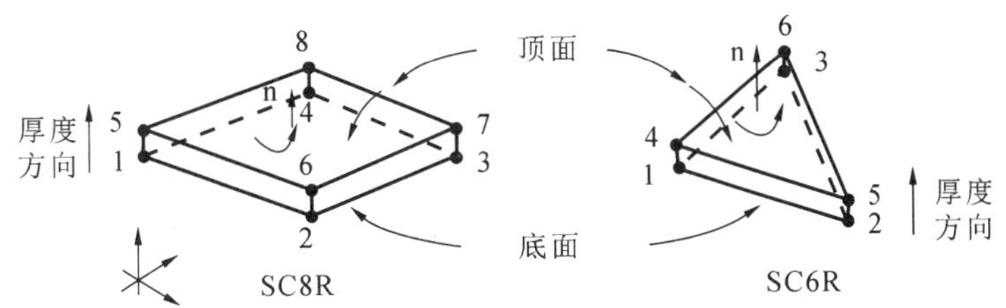

图 12-23　实体壳单元默认单元方向

③ 在 Abaqus/Explicit 中，单元的稳定时间增量步长受实体壳单元厚度的影响，因而，与常规壳单元相比，对于同样的问题，其完成分析所需的增量步数目可能会显著增加。若稳定时间增量步长较小，可通过适当降低厚度方向上的刚度进行调节。

(2) 实体壳单元的网格划分。

如图 12-24 所示，在 Abaqus/CAE 中，有许多工具可方便地创建具有默认铺设方向的实体壳网格。这些工具可以方便地实现由薄实体和常规壳转换到实体壳。

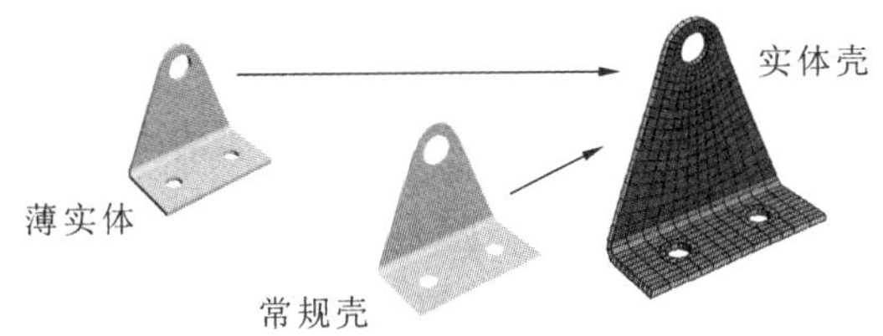

图 12-24　薄实体和常规壳转换到实体壳

在采用实体壳进行复合材料结构仿真分析时，可单击 查询实体壳网格的堆垛方向，此时单元的上下表面会以不同颜色显示(顶面为棕色、底面为紫色)，方向与其他位置不一致的单元将高亮显示，如图 12-25 所示。

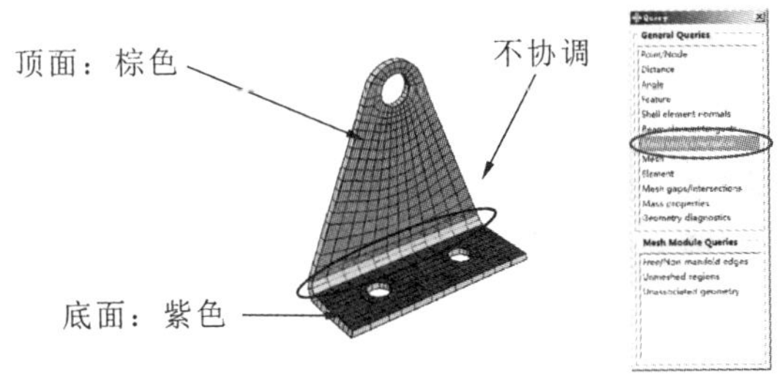

图 12-25　实体壳单元铺层方向查询

对于图 12-26 中的网格堆垛方向，可以通过单击 进行调整，只需选择合适的单元上表面来设置即可。而对于独立网格结构(即只有有限元网格、没有几何结构的模型)，如图12-27 所示，只能通过网格修改工具 来调整，此时，节点编号、单元编号和节点的坐标均不会改变。

从上文可以看出，对于实体壳有限元模型，最好的网格形式应是层状网格，即网格单元呈层状分布。但有时可能很难根据几何结构划分得到层状网格，例如，如图 12-27 所示，扫掠分网技术虽然可以划分出层状单元，而且可以通过指定扫掠方向来控制堆垛方向，但在两个区域相交的位置也会出现单元方向不一致的矛盾。

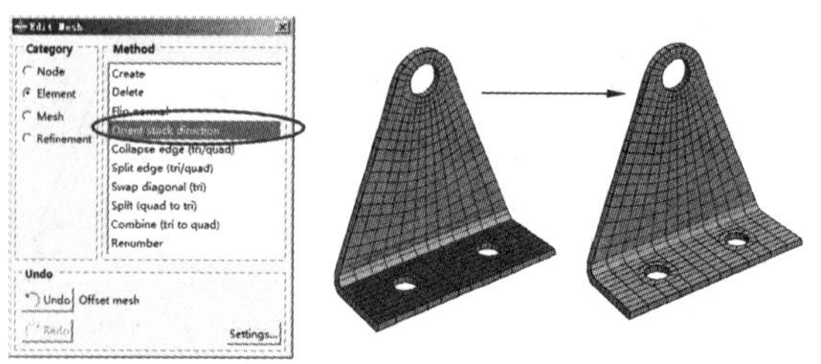

图 12-26　独立网格结构铺层堆垛方向的调整

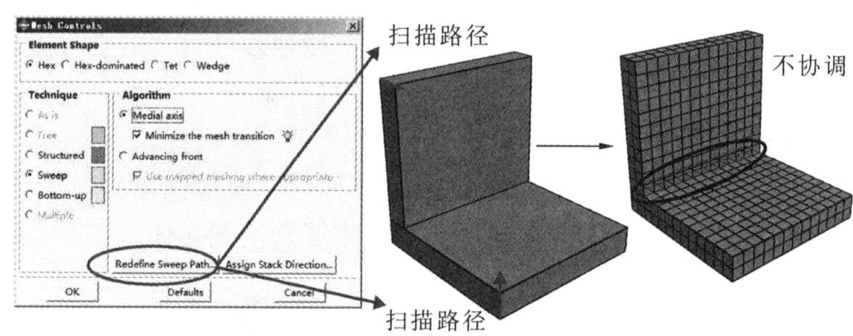

图 12-27　两个区域相交处单元方向的冲突

对于以上问题，可以通过以下方法解决：如图 12-28 所示，首先建立壳单元的独立网格结构，然后通过单元修改工具将壳单元的节点偏移至另一侧边界处，壳单元将被“加厚”，构建出法线方向指向侧的实体单元，此时将得到层状的实体壳单元，并且不会出现单元法向冲突的问题。

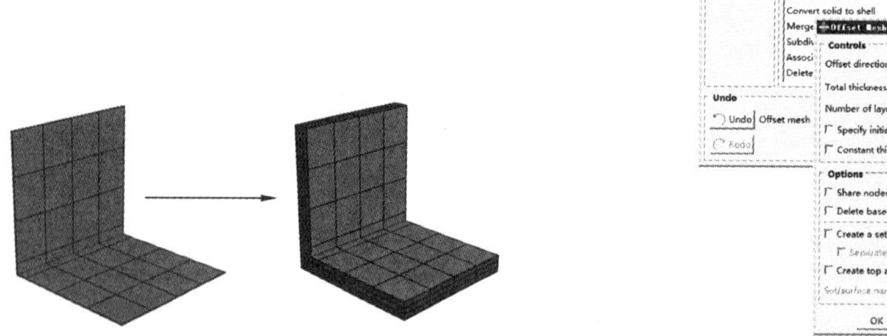

(a) 常规壳到实体壳单元　　(b) 单元修改工具——“由壳单元到层状实体壳单元”

图 12-28　由壳单元建立层状实体壳单元

12.3.3　连续实体单元

在 Abaqus/Standard 中，可以采用层状连续实体单元（采用 composite 截面属性）对复合材料结构进行建模，此时仅采用三维块状单元进行建模，所采用的实体单元只具有位移自由度，每一层单元可具有单独的材料属性，也可以在每层单元内进行铺层设计。

与复合材料壳单元相比，采用实体单元分层建模不一定能提供更准确的求解方案，采用其进行建模一般是为了建模方便。在大多数情况下，还是建议采用常规壳和实体壳单元对复合材料结构进行建模，但在以下情况下，建议使用复合材料实体截面属性进行建模：

（1）当横向剪切效应占主导地位，且正应力不可忽视时；

（2）当需要准确计算各界面层的应力时；

（3）当靠近复杂加载或几何形状的局部区域时。

当采用实体单元进行建模时，需要为每层单元输入如下参数：每个材料铺层的厚度、节点数（如图 12-29 所示，由于在堆垛方向采用辛普森插值，节点数应为奇数）、材料及材料铺层坐标系。

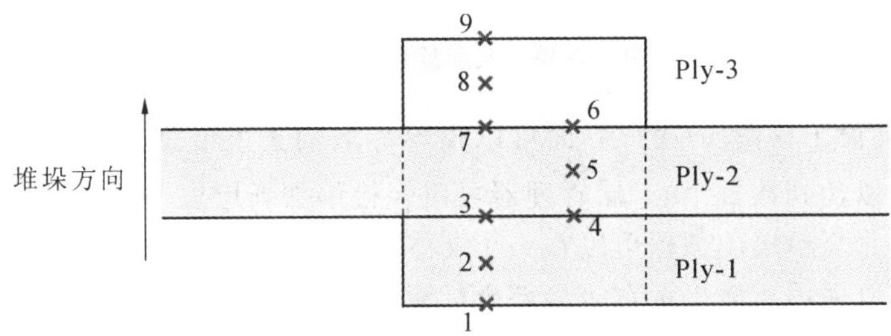

图 12-29　含有 3 层复合材料织物的实体单元截面节点的分布与命名

12.4　复合材料铺设工具

本节主要介绍如何利用 Abaqus/CAE 材料模块中的复合材料铺设工具（Composite Layup）进行复合材料结构铺层的定义。

对于实际工程中的复合材料结构，其一般包含很多的复合材料铺层（单层），在进行仿真分析时，有时需要对其中某层或某些层的应力、应变及强度进行分析，此时就需要在建模时将所需的复合材料铺层考虑进去，而采用复合材料铺设工具进行复合材料结构建模时，其可以包含很多的复合材料单层（Ply），每个单层相当于放置在一个模具中的一层材料，能够满足上述仿真要求。

复合材料铺设工具（Composite Layup）可帮助用户实现复合材料结构有限元模型中大量铺层参数的设置，并可真实反映复合材料部件建造的流程：从一个基本形状（划分成适当的区域）开始，给选择的区域添加不同材料和厚度的层，并定义每一层的特定方向。

采用复合材料铺设工具的复合材料建模和后处理都是基于层的，传统的壳单元、实体壳单元和实体单元都可使用此建模方法。其对应关系为：常规壳复合材料铺设↔常规壳单元，连续壳复合材料铺设↔实体壳单元，实体复合材料铺设↔实体单元。

采用复合材料铺层工具进行建模时，每一个单层的材料可以是正交各向异性材料，铺层方向按照实际方向，采用参考坐标系的方式设置铺层角度；同时，每层材料也可以是各向同性材料，如泡沫芯材。一般而言，复合材料的每个单层具有均匀的厚度，此数据因材料体系和制造工艺的不同而有所区别，是每个设计人员必须掌握的。通常，在进行复合材料仿真分析时，所设置的每个单层只是概念性的“层”，可以将实际工程中铺层方式和材料体系相同的几层合并为一层进行建模。

在复合材料铺层工具中，可在不同区域定义不同数目的单层，铺层区域可以是 Abaqus 中的几何体、网格或者独立网格结构。例如，图 12-30 所示的复合材料铺层中就包含了 1 层铺层区域、2 层铺层区域和 3 层铺层区域。

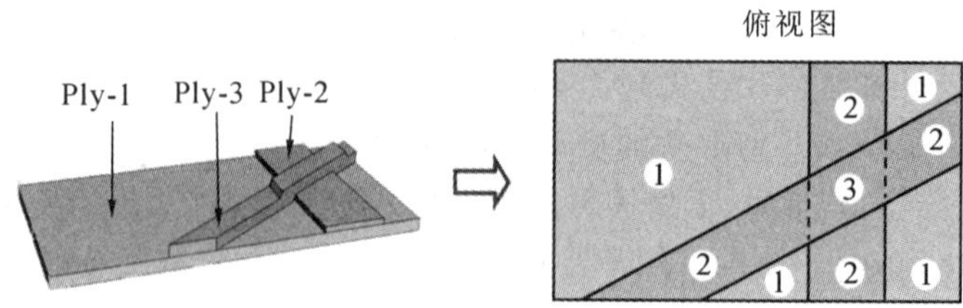

图 12-30　典型复合材料铺层

在复合材料铺设工具的用户界面可以很容易地创建大型复合材料结构的大量层以及层的数据(最多可以达到数百个)。层管理器可以轻松添加新层以及删除、压缩、重新定位或修改现有层。同时,每个单层的数据可以在一个文本文件(.txt)中进行读取/写入。在设置复合材料的铺层时,可以采用离散坐标系等局部坐标系,同时可以对壳单元的偏移量与壳的厚度进行设置。

在设置分析步的输出时,可以对每个复合材料铺层的应力、应变及强度等参量进行输出。用户指定的每个层的名称都可以在 ODB 和 Abaqus /Viewer 中显示,以便于用户跟踪和在后处理中操作。

复合材料铺设工具的功能也具有一定的局限性,例如,在采用实体壳单元和实体单元建模时,若厚度方向上存在多个单元,使用复合材料铺设工具对该区域进行材料属性定义后,此区域中的每个单元将包含铺层表中定义的所有铺层,这样得出的模型和分析结果将和实际情况有很大差别。

12.4.1　复合材料铺设工具简介

如图 12-31 所示,用户可以通过 3 种方式进入复合材料铺设工具(Composite Layup)编辑界面:目录树、工具栏下拉列表和工具区。

如图 12-32 所示,采用复合材料铺设工具,可以创建常规壳、实体壳和实体单元铺层截面属性。

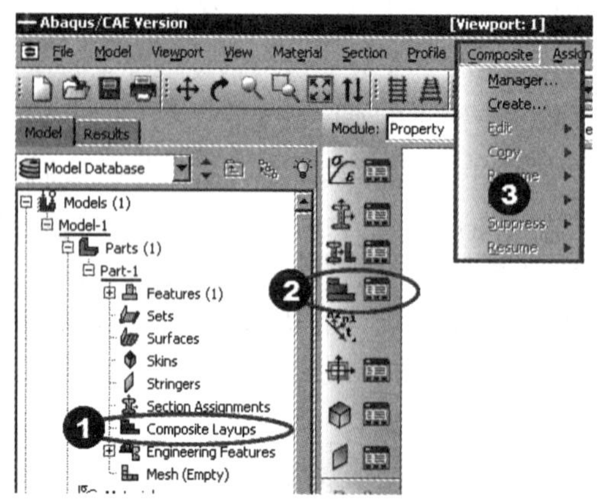

图 12-31　进入复合材料铺设工具的方法

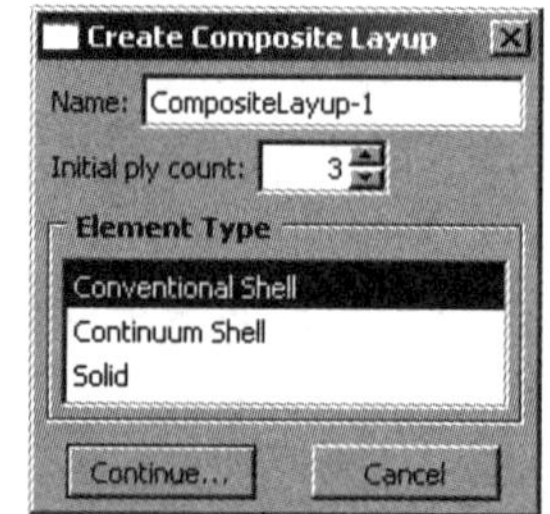

图 12-32　复合材料铺设工具单元类型选择界面

在复合材料铺设工具编辑器的铺层表格中，如图 12-33 所示，可以对铺层名称、区域、厚度、材料、相对坐标和积分点的数目进行定义。按照顺序将各层铺设于设定区域中，需要注意的是，如图 12-34 所示，铺层表中的第一层表示其将出现在复合材料结构的底部。

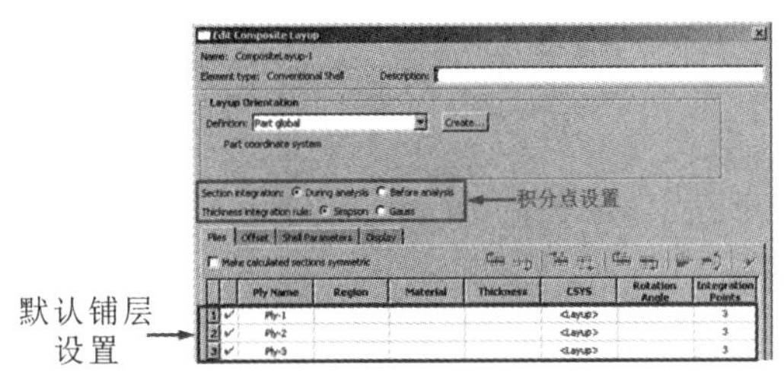

图 12-33　复合材料铺设工具编辑截面

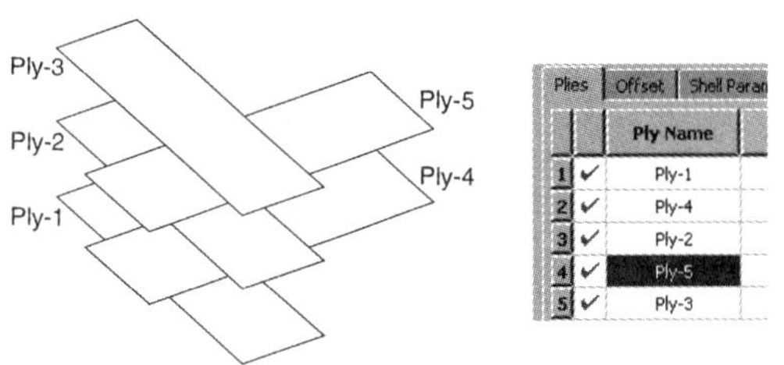

图 12-34　复合材料铺设工具铺层的顺序

12.4.2　复合材料铺设工具中的参数设置

本节以图 12-30 所示的典型复合材料结构为例，对采用复合材料铺设工具(Composite Layup)的基本过程与参数设置进行讲解。

(1) 几何区域分割。

如图 12-35 所示，采用常规壳单元进行整体建模，在创建铺层和定义层之前，按照即将赋予的铺层区域对结构模型进行分割。

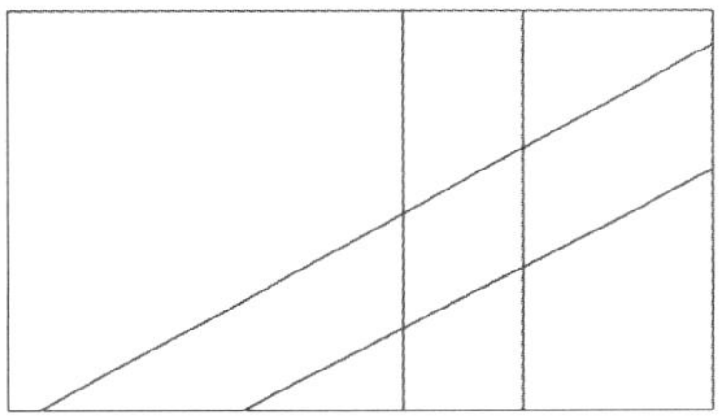

(2) 选择铺层属性赋予区域。

如图 12-36 所示，选择每个铺层的区域，这个区域可以在视窗中直接选择，或者从预先定义好的 Set 中选择。

图 12-35　在 Abaqus/CAE 中进行几何结构的分割

(3) 铺层材料属性和厚度的参数设置。

为每个铺层定义材料属性时，通过双击材料属性表格，选择需要铺设的材料；如图 12-37 所示，若每层的材料相同，也可在表头行单击右键，一次性为所有层定义材料属性。同时，在厚度数据列输入每层的实际厚度。

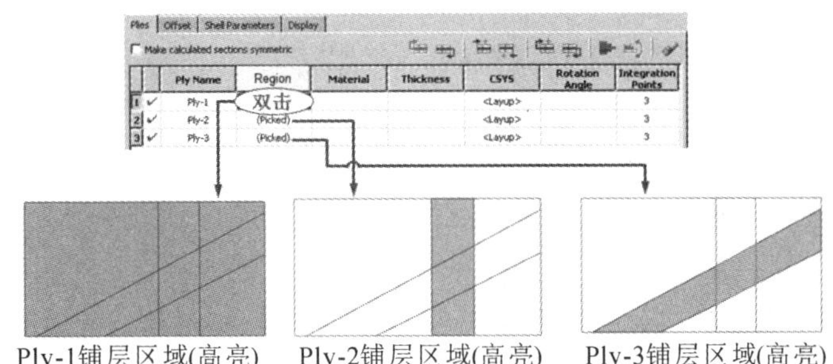

图 12-36　铺层属性的设置。

(4) 铺层方向的设置。

由于复合材料为各向异性材料，需要设置每个铺层的方向(即材料主方向)。在对每个铺层角度进行设置时，首先需要选择或建立复合材料的铺设坐标系(Layup Orientation)以作为

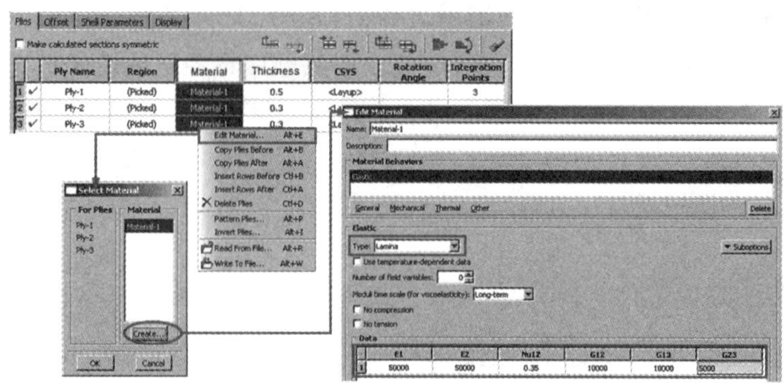

图 12-37　铺层材料属性的设置

基础坐标系，进而可按照图 12-38 所示的方法，设置每一铺层材料主方向 1 与铺设坐标系之间的角度(Rotation Angle)。铺层坐标系的定义方法将在下一小节阐述。

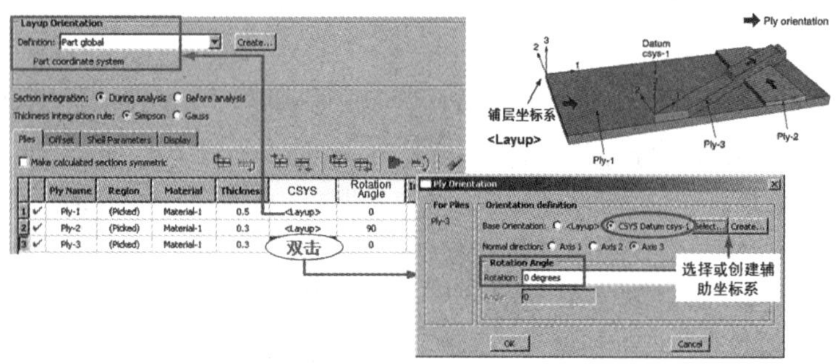

图 12-38　铺层角度参数的设置

(5) 积分点的设置。

如图 12-39 所示，节点(Section points)是单元厚度方向上的积分点，且可以作为计算结果输出的位置。默认情况下，采用壳单元(包括常规壳和实体壳)建模时，复合材料层合板壳的每个单层的厚度上有 3 个积分点，而采用实体单元的复合材料层合板壳的每个单层厚度上只有 1 个积分点。对于在分析中进行刚度积分计算的层合壳，可以对每层的积分点的数目进行定义。对于分析前进行积分的层合壳，每层有 3 个积分点。

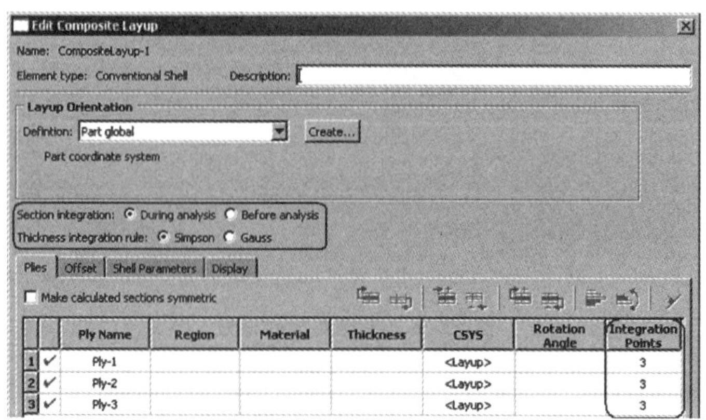

图 12-39　厚度方向上积分点设置

以包含 3 层材料的复合材料铺层为例，在其每个单层厚度方向上积分点的分布位置如图 12-40 所示。节点的排列顺序为从每个铺层的底部到每个铺层的顶部，底部层 Ply-1 实际是铺设的第一层，其底部节点就是结构的最底侧的节点，顶部层 Ply-3 实际是铺设的最后一层，其上部的节点就是结构最顶层的节点。

（6）铺层组的管理工具。

① 对称选项。

如图 12-41 所示，对称选项会简化具有对称铺层的复合材料结构铺层方案的定义过程。用户只需在复合材料铺设工具中指定一半的铺层（底部层在第一行，且在中央层结束）。Abaqus 将会自动以相反的顺序重复所有已指定的铺层（包括中心层）。

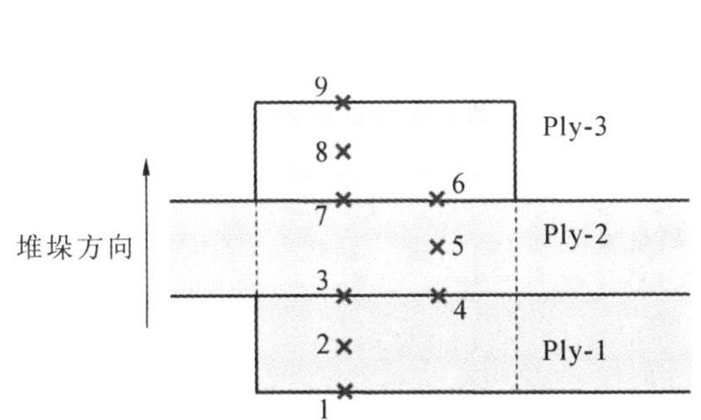

图 12-40　铺层厚度方向上积分点的分布与命名规则

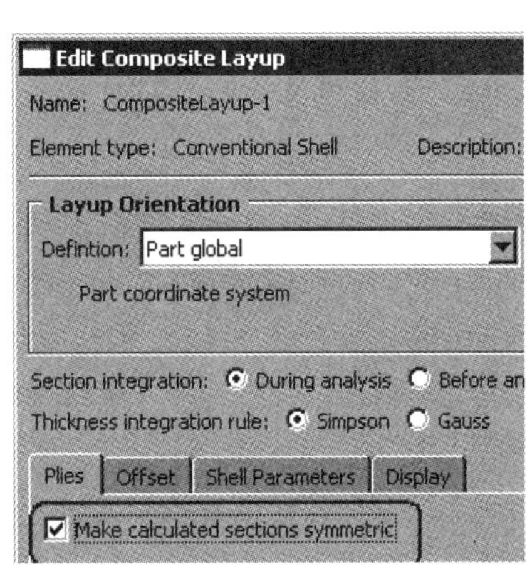

图 12-41　对称选项

② 铺层管理工具。

如图 12-42 所示，复合材料铺设工具中的铺层管理工具可以非常方便地实现以下功能：移动层、复制层、删除层、反转层、定义层、创建对称铺层、多次复制层，并可从文件中读取或写入铺层方案。其中，最后一项功能通过在铺层表格中单击右键来激活，其他功能通过上部的按键即可实现。

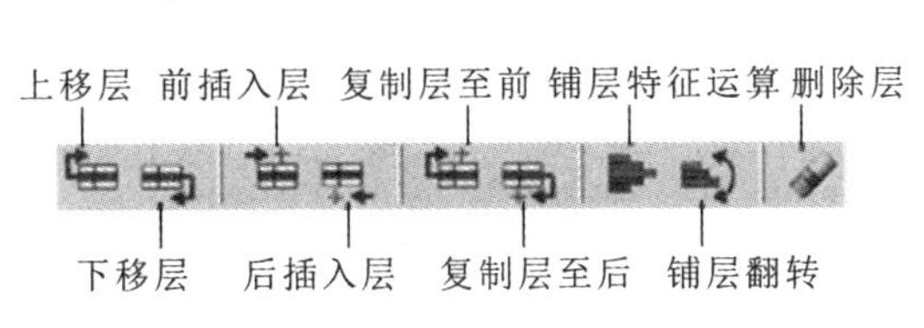

Move Plies Down　Alt+D
Copy Plies Before　Alt+B
Copy Plies After　Alt+A
Insert Rows Before　Ctl+B
Insert Rows After　Ctl+A
Delete Plies　Ctl+D
Pattern Plies...　Alt+P
Read From File...　Alt+R
Write To File...　Alt+W

图 12-42　铺层管理工具

其中，使用对称选项生成的层不能在铺层编辑器中查看。然而，采用对称特征产生的铺层可以在复合材料铺设编辑器中查看，并且在此操作后，针对原始层的操作不会传递到对称层。对称选项和对称特征的组合，可以显著简化定义复合材料对称铺层的设置过程。例如，定义一个 8 层的、具有[(−45°,45°)$_S$]$_S$ 的铺层：首先添加对称特征，然后采用对称选项计算截面属性。

(7) 铺层堆垛显示。

在 Abaqus CAE 的 Property 或 Visualization 模块中，可以利用查询工具对复合材料模型中所选取区域的铺层堆垛形式进行查询和图形显示，如图 12-43 所示。

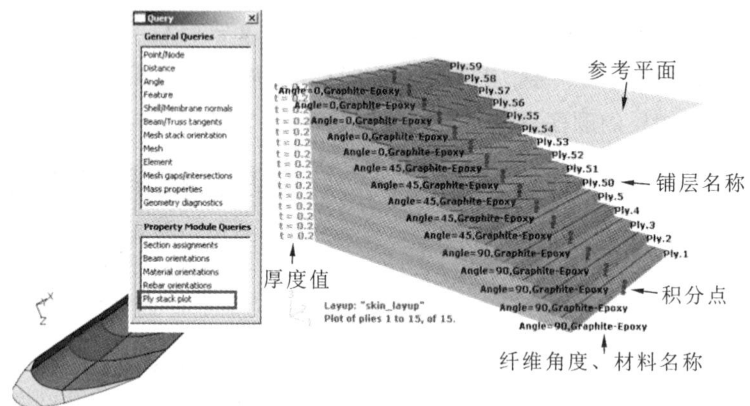

图 12-43　铺层堆垛显示

12.4.3　复合材料铺设方向的定义

对于复合材料结构而言，其每层的纤维方向对整个模型的物理性能起着重要的作用，如图 12-44 所示，复合材料铺设工具通过以下三个相互关联的参数来定义复合材料的纤维铺设方向：整体铺设坐标系(Layup Orientation)；单层铺设坐标系(Ply Orientation)；相对转角(Additional rotation)。

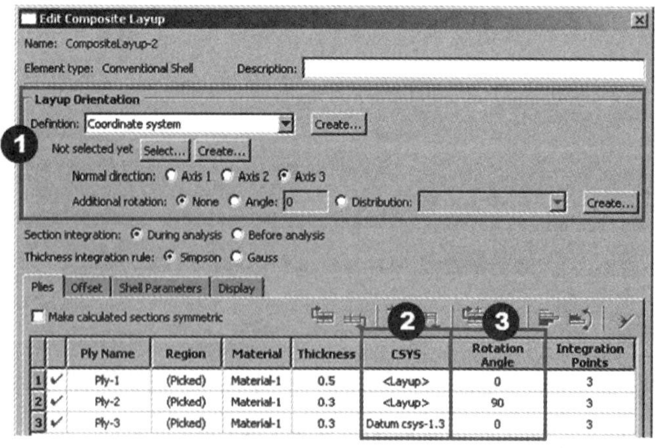

		Ply Name	Region	Material	Thickness	CSYS	Rotation Angle	Integration Points
1	✔	Ply-1	(Picked)	Material-1	0.5	<Layup>	0	3
2	✔	Ply-2	(Picked)	Material-1	0.3	<Layup>	90	3
3	✔	Ply-3	(Picked)	Material-1	0.3	Datum csys-1.3	0	3

图 12-44　复合材料纤维铺设角度的定义方法

默认情况下，每层复合材料纤维的铺设角度均通过单层铺设坐标系(Ply Orientation)来设置。若用户未指定坐标系，Abaqus 将默认使用复合材料整体铺设坐标系(Layup Orientation)，就如同部件的坐标采用全局坐标系一样。

(1) 整体铺设坐标系(Layup Orientation)。

复合材料整体铺设坐标系用于指定整个复合材料结构铺设时的参考坐标系、层合板法线方向(Normal direction)、整体铺层的旋转角度。它为整个铺层方案提供一个基本的参考坐标系,如图 12-45 所示,在复合材料铺设工具中可以采用如下方法定义铺设坐标系。

① 部件全局坐标系;

② 辅助坐标系;

③ 离散坐标系;

④ 用户子程序自定义坐标系(仅适用于 Abaqus/Standard)。

(a) 部件全局坐标系　(b) 辅助坐标系

(c) 离散坐标系　(d) 用户子程序自定义坐标系

图 12-45　复合材料整体铺设坐标系的定义类型

同时,如图 12-46 所示,对于采用实体壳单元和实体单元建模的复合材料结构,可以直接指定复合材料的堆垛方向。

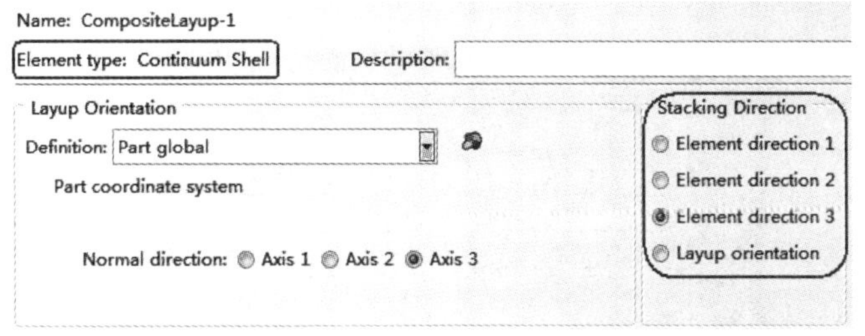

图 12-46　实体壳中堆垛方向的定义

(2) 单层铺设坐标系(Ply Orientation)。

通过定义单层铺设坐标系和相对转角,可以定义每个单层的纤维铺设方向,如图 12-47 所示,其可以通过如下方式进行定义:

① 由基本方向〈layup〉选择 0°、+45°/−45°或 90°;

② 由基本方向〈layup〉输入−90°到+90°之间的数值;

③ 单独选择一个辅助坐标系和设置一个旋转角度。

对于第③种情况,在不使用复合材料整体铺设坐标系来设置纤维铺设角度时,用户可通过定义单独的局部辅助坐标系十分方便地定义纤维铺设角度。例如,如图 12-48 所示,通过定义局部辅助坐标系,可以很方便地定义铺层组 3 的铺层方向。

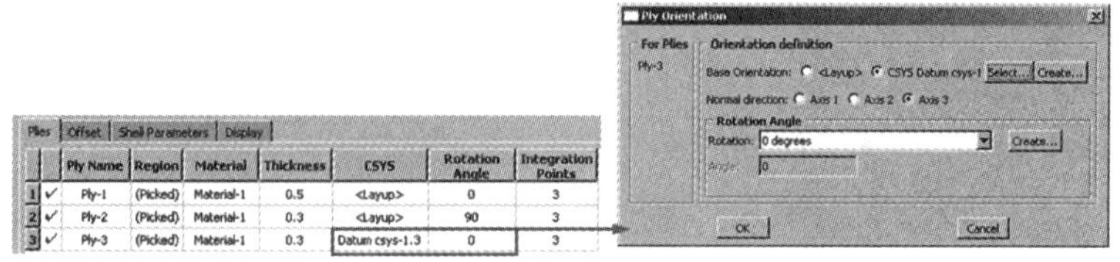

图 12-47　单层铺设方向的定义

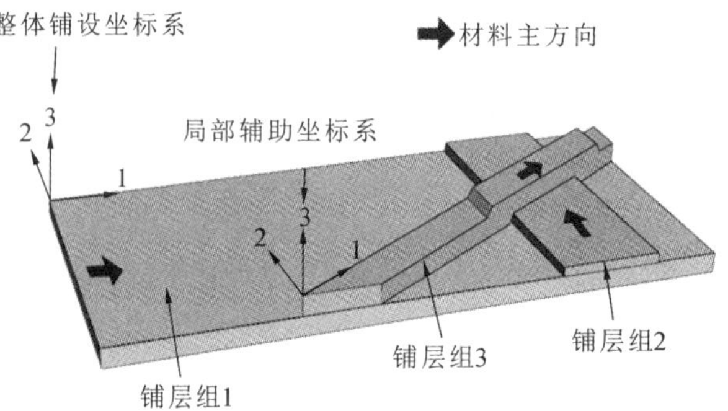

图 12-48　利用局部辅助坐标系定义复合材料铺层方向

12.4.4　基于复合材料铺层的输出设置

Abaqus 在输出计算结果场时，默认仅输出复合材料常规壳和连续壳上下表层节点处的数据。若要输出其他层或节点处的数据，如图 12-49 所示，可针对材料模块中建立的复合材料铺层组(Composite layup)创建场输出(Field Output)或者历史输出(History Output)，在选择节点输出位置时，可以选择上部、中间、下部或者全部位置进行输出。

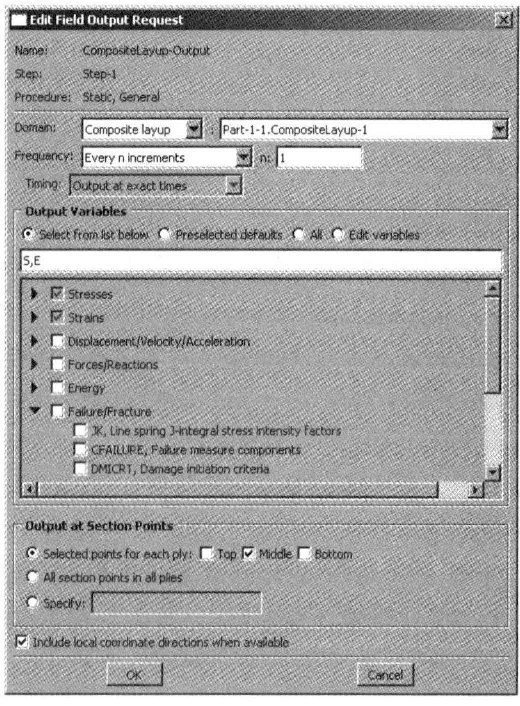

图 12-49　基于复合材料铺层的输出设置

12.5　实例——复合材料夹层板弯曲分析

12.5.1　问题描述

本节研究的复合材料夹层板结构由上下表层复合材料蒙皮和中间浮力芯材组成。复合材料夹层板长宽尺寸均为 1000 mm，总厚度为 16 mm，其中，上下表层复合材料蒙皮厚度均为 2 mm，上下表层复合材料铺层顺序一致，均为$[-45°/45°/(0°/90°)_6/45°/-45°]_s$(共 10 层，对称铺层)，中间浮力芯材厚度为 12 mm，弹性模量 E=520 MPa，泊松比 μ=0.375。复合材料夹层板四边简支，单侧承受 100 kPa 均布载荷。

本节应用 Abaqus/CAE 对其进行线性静态分析，表层玻璃钢利用 3D-Continuum-Shell 建模技术，芯材采用 3D-Solid 实体，复合材料参数见表 12-1。

表 12-1　复合材料参数表

E_1/GPa	E_2/GPa	E_3/GPa	μ_{12}	μ_{13}	μ_{23}	G_{12}/GPa	G_{13}/GPa	G_{23}/GPa
22.2	22.2	6	0.06	0.30	0.30	6.75	3.0	3.0

单位制：mm、kg、s。

12.5.2　创建几何部件

打开 Abaqus/CAE 启动界面，成功启动 Abaqus 后，界面中出现 Abaqus 的第一个功能模块——Part(部件)模块，创建部件的工具栏。

Step1：进入 Part 模块，单击工具区 Create Part ，进入图 12-50 所示界面，选择“Modeling Space：3D”→“Type：Deformable”→“Base Feature：Shape：Solid”→“Type：Extrusion”。在“Name”栏内输入“Part-1”，在“Approximate size”栏内输入“2000”。

单击“Continue...”按钮，进入草图绘制界面，如图 12-51 所示。

Step2：单击绘图工具条中的 Create lines：Rectangle(4 lines) ，输入(−500，500)和(500，−500)，即可在草图中完成 1000 mm×1000 mm 四边形的创建，单击“Done”按钮以完成草图，在图 12-52所示的界面，在“Depth”栏内输入“16”(复合材料夹层板总厚度为 16 mm)，生成模型，如图 12-53 所示。

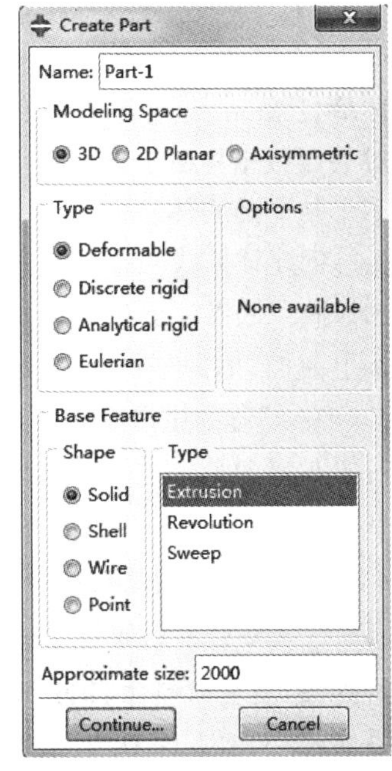

图 12-50　“Create Part”对话框

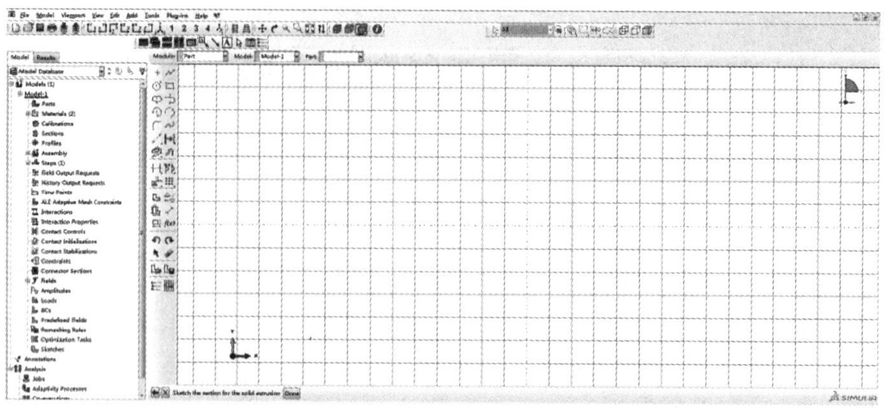

图 12-51　草图绘制界面

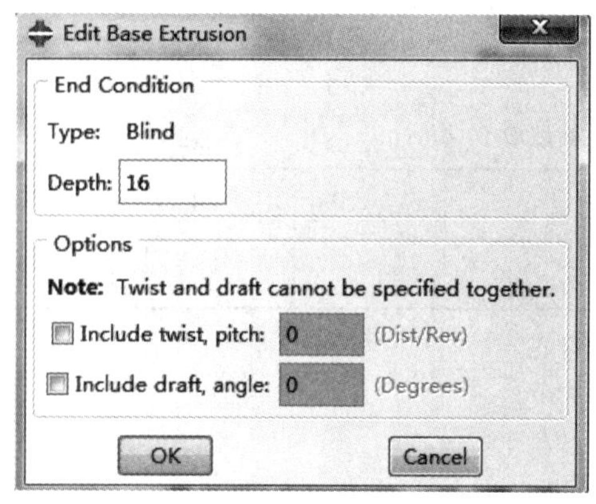

图 12-52　拉伸尺寸设置界面

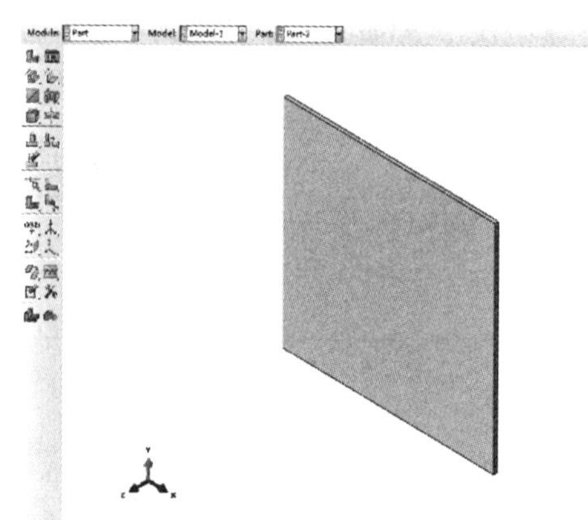

图 12-53　复合材料夹层板模型

12.5.3　定义材料属性和铺层查询

在环境栏 Module 后面选择 Property，进入 Property 模块。

在对夹层板结构赋予材料属性之前，首先要对板体进行分割，从而将上下蒙皮和中间芯材分割成三个独立的实体。

Step1：创建辅助线来分割实体，即在厚度方向针对三维模型创建具有相应厚度的复合材料蒙皮和芯材。长按工具区的 Creste Datum Plane ，选择“Offset From Plane”命令按钮，选中板体上表面，单击“Enter Value”按钮，在“Offset”命令栏内输入“2”。同理，创建第二条辅助线，在“Offset”命令栏内输入“14”。所创建的辅助线如图 12-54 所示。

长按工具区的 Partition Cell ，选择“Use Datum Plane”命令按钮，选中上方一条辅助线，单击“Create Partition”按钮，完成板体上表层复合材料蒙皮的分割。同理，选中下方辅助线，完成下表层复合材料蒙皮的分割，中间部位即芯材部分，如图 12-55 所示。

Step2：定义复合材料属性。进入 Property 模块，单击工具区的 Create Material ，进入材料编辑界面，复合材料命名为“Material-grfp”，选择“Mechanical：Elastic”，进入材料弹性参数设置界面，“Type”栏选择“Engineering Constants”，设置表 12-1 中材料参数，如图 12-56 所示，单击“OK”按钮完成。

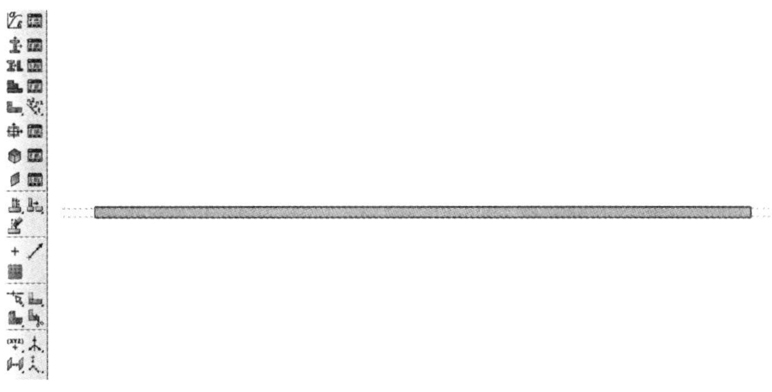

图 12-54　创建辅助线

图 12-55　三维模型分割

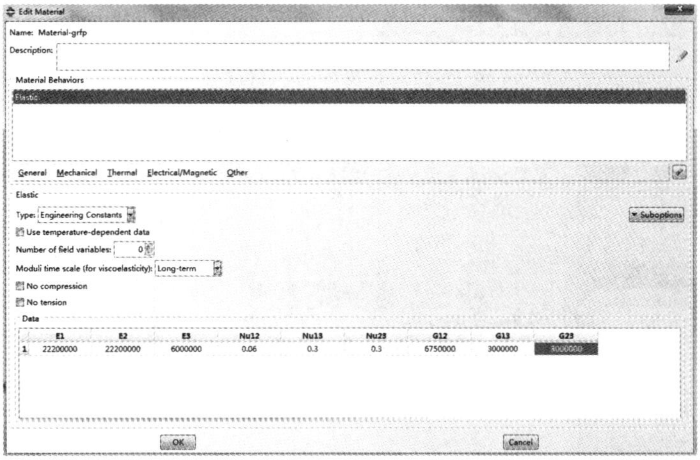

图 12-56　定义复合材料属性

定义浮力芯材属性。单击工具区的 Create Material ，材料属性命名为“material-cor”，进入材料编辑界面，选择“Mechanical：Elastic”，进入材料弹性参数设置界面，“Type”栏选择“Isotropic”，设置杨氏模量和泊松比，如图 12-57 所示，单击“OK”按钮完成。

Step3：创建浮力芯材截面属性。单击工具区的 Create Section ，在“Name”栏内输入“Section-cor”，选择截面类型，如图 12-58 所示。单击“Continue...”按钮，得到图 12-59 所示创建截面属性界面，选择“material-cor”，单击“OK”按钮完成。

Step4：赋予浮力芯材属性。单击工具区的 Assign Section ，选中模型中间芯材部分，单击鼠标中键，弹出图 12-60 所示窗口，“Section”选择“Section-cor”，单击“OK”按钮完成属性设置。

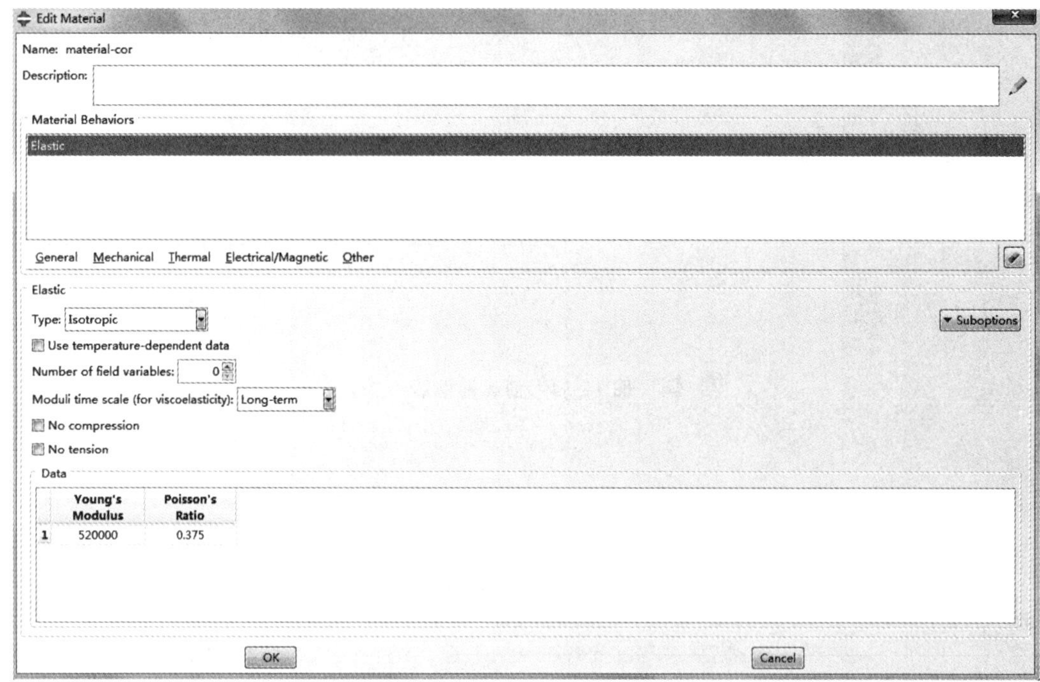

图 12-57 定义浮力芯材属性

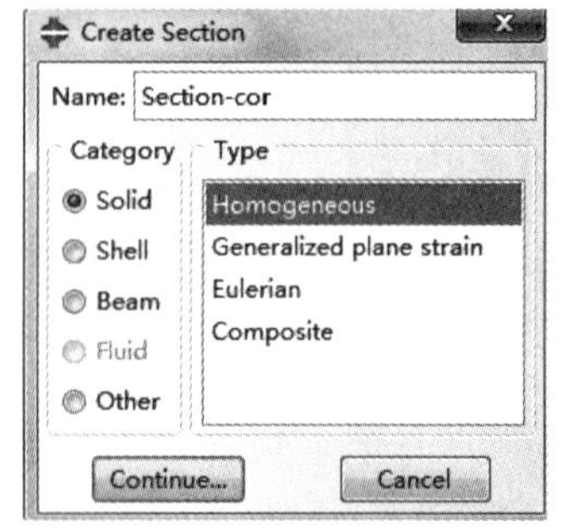

图 12-58 选择截面类型

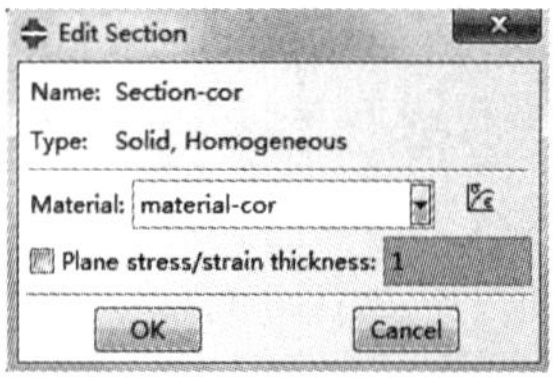

图 12-59 创建截面属性

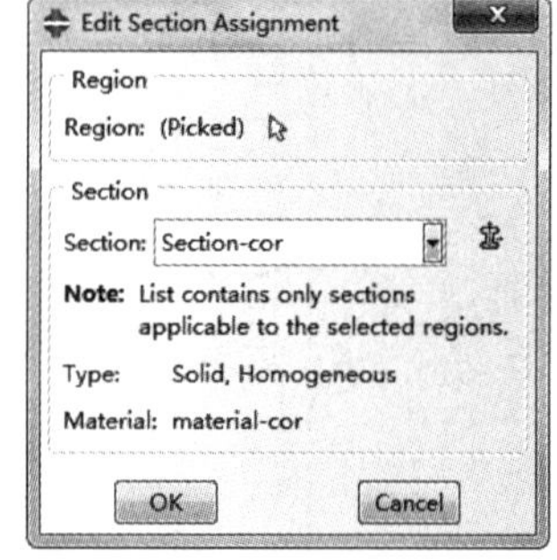

图 12-60 浮力芯材截面属性赋予界面

赋予复合材料蒙皮属性。单击工具区的 Create Composite Layup ，在“Name”栏内输入“CompositeLayup-gfrp”，在“Initial ply count”栏内输入“5”，“Element Type”选择“Continuum Shell”，如图 12-61 所示；单击“Continue...”按钮，在“Edit Composite Layup”对话框中，在“Plies”选项卡中勾选“Make calculated sections symmetric”复选框，双击“Regions”，在视图区选取模型后单击鼠标中键。按照上述操作，选择材料“Material-gfrp”，设置“Element Relative Thickness”为“0.2”，“Ration Angle”依次为－45°、45°、0°、90°、0°。其余采用默认设置，单击“OK”按钮，如图 12-62 所示。

Step5：查看铺层。单击工具区的 Query information ，在“Query”对话框中的“Property Module Queries”栏内单击“Ply stack plot”按钮，在视图区单击部件，在新窗口中显示铺层，如图 12-63 所示。

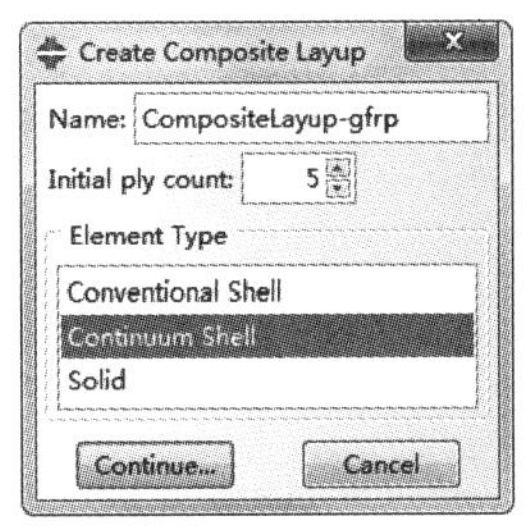

图 12-61　创建复合材料属性

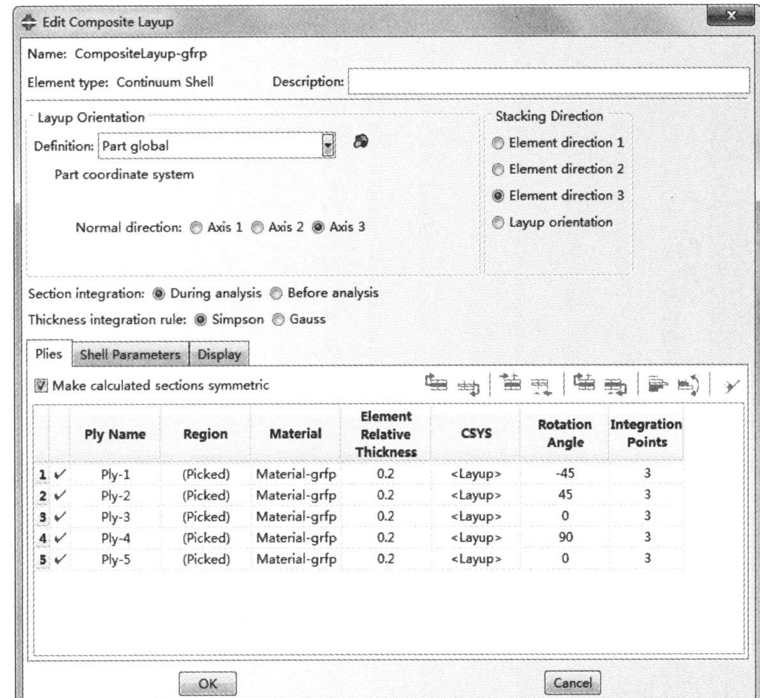

图 12-62　定义复合材料属性

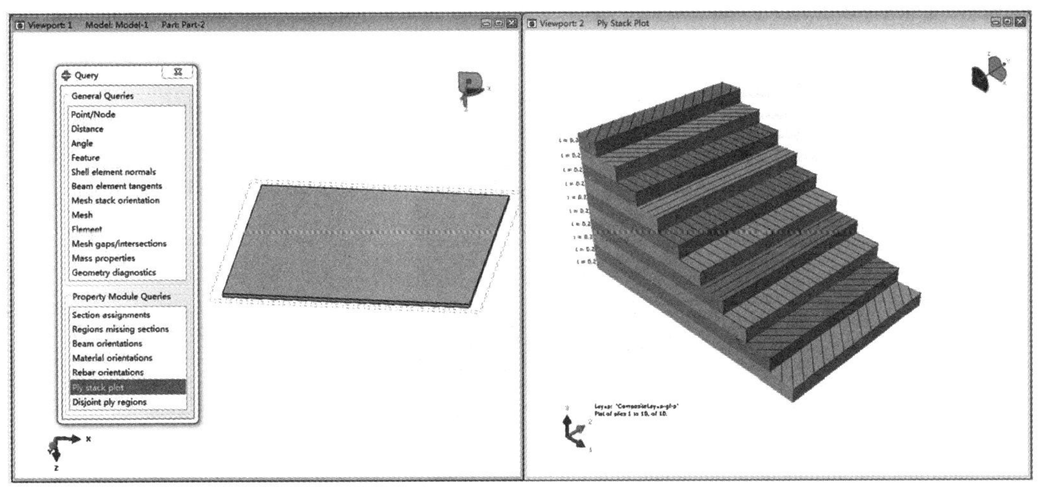

图 12-63　复合材料铺层可视化界面

12.5.4　定义装配

在环境栏 Module 后面选择 Assembly，进入 Assembly 模块。单击工具区中的 Create Instance ，弹出对话框如图 12-64 所示。在该对话框中选择“Parts：Part-plane”，单击“OK”按钮完成。

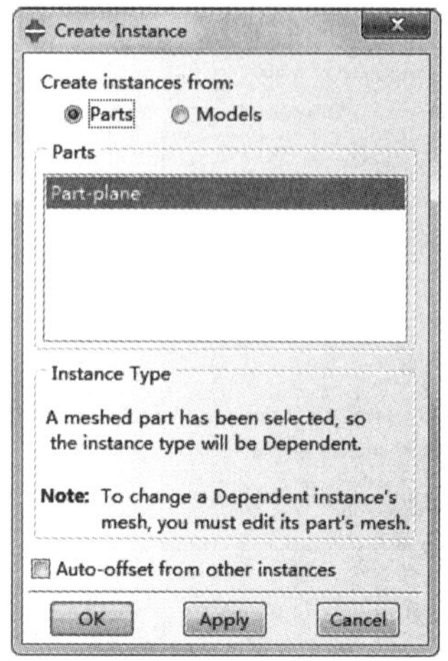

图 12-64　模型装配

12.5.5　创建分析步、设置输出变量

在环境栏 Module 后面选择 Step，进入 Step 模块。

Step1：创建分析步。单击工具区中的 Create Step ，弹出对话框如图 12-65 所示。在该对话框中，“Name”栏名称默认不变，Initial 分析步选择“Stastic，General”，单击“Continue...”按钮。在弹出的“Edit Step”对话框中，使用默认设置，单击“OK”按钮完成。

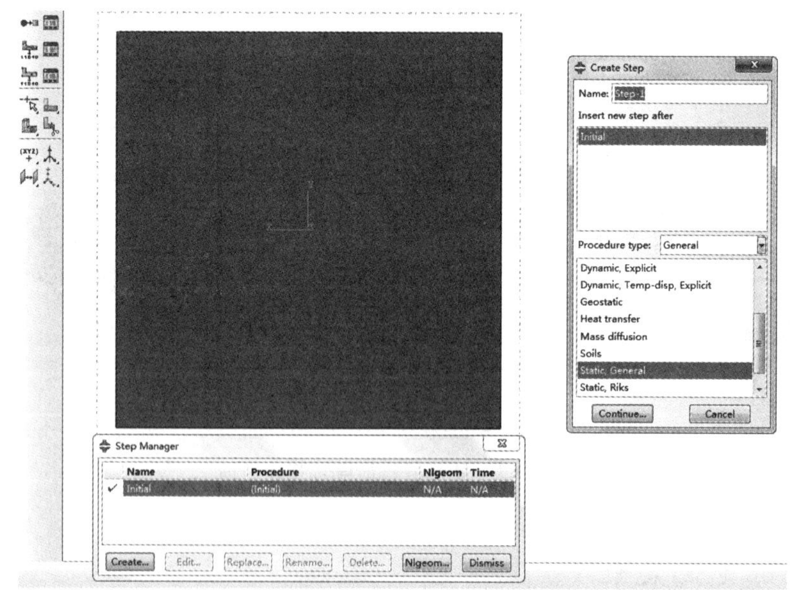

图 12-65　创建分析步

Step2：设置输出变量。单击工具区中 Field Output Manager ，在该对话框中，选中“F-Output-1”，单击“Edit”按钮；在“Edit Field Request”对话框中，采用默认设置。单击“Edit

Field Requests Manager"对话框中"Create"按钮，单击"Edit Field"对话框中的"Continue..."按钮，在"Edit Field Output Request"对话框中，按图 12-66 和图 12-67 进行设置，单击"OK"按钮完成。

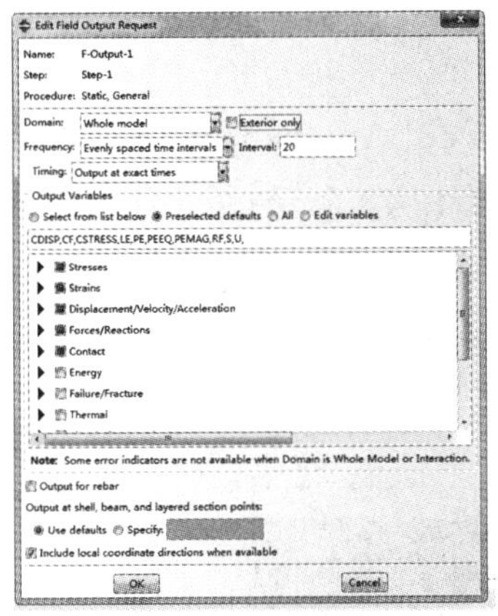

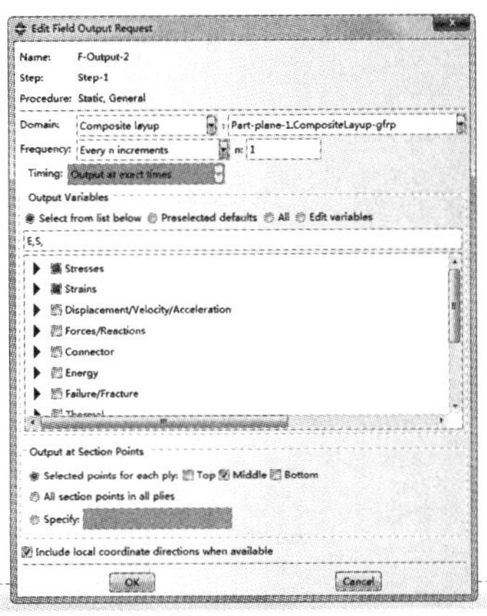

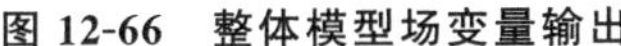

图 12-66　整体模型场变量输出　　　　**图 12-67　复合材料场变量输出**

12.5.6　创建边界条件及加载

在环境栏 Module 后面选择 Load，进入 Load 模块。

Step1：创建边界条件。单击工具区中 Create Boundary Condition ，在该对话框中的"Name"栏内输入"BC-ifixed"，"Step"选择"Initial"，"Category"选择"Mechanical"，"Types for Selected Step"选择"Symmetry/Antisymmetry/Encastre"，单击"Continue..."按钮，在视图区选择部件边界侧面区域，单击鼠标中键，在弹出的"Edit Boundary Condition"对话框中选择"PINNED(U1=U2=U3=0)"，单击"OK"按钮完成，如图 12-68 所示。

Step2：施加载荷。单击工具区中 Create Load ，在该对话框中的"Name"栏内输入"Load-2"，"Step"选择"Step-1"，"Category"选择"Mechanical"，"Types for Selected Step"选择"Pressure"，单击"Continue..."按钮，在视图区选择部件上表面，单击鼠标中键，在弹出的"Edit Load"对话框中的"Magnitued"栏内输入"100"，单击"OK"按钮完成，如图 12-69 所示。

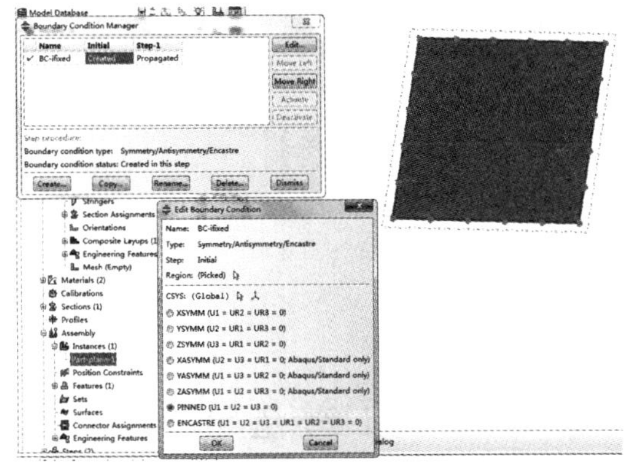

图 12-68　创建边界条件

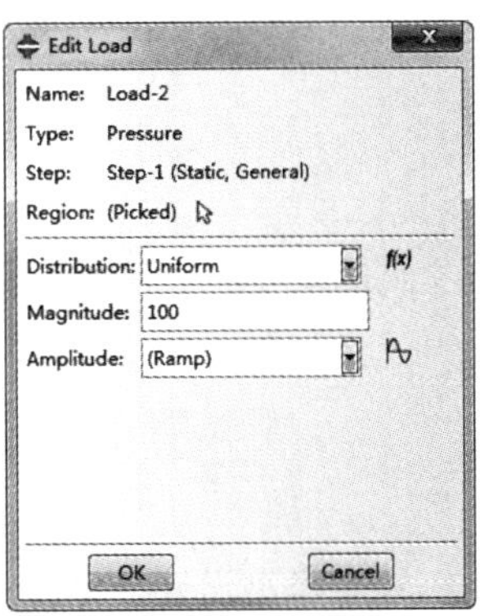

图 12-69　创建载荷条件

12.5.7　划分网格

在环境栏 Module 后面选择 Mesh，进入 Mesh 模块。环境栏中“Object”选择“Part：Part-plane”。

Step1：布置种子。单击工具区中 Seed Part ，在“Approximate global size”栏内输入“20”，单击“OK”按钮，完成全局网格种子布置，如图 12-70 所示；单击工具区中 Seed Edges ，选择视图区模型厚度方向边线，在“Basic”选项卡中，“Method”选择“By number”，“Sizing Controls”下的“Number of elements”栏内输入“3”，单击“OK”按钮，完成局部网格种子布置，如图 12-71 所示。

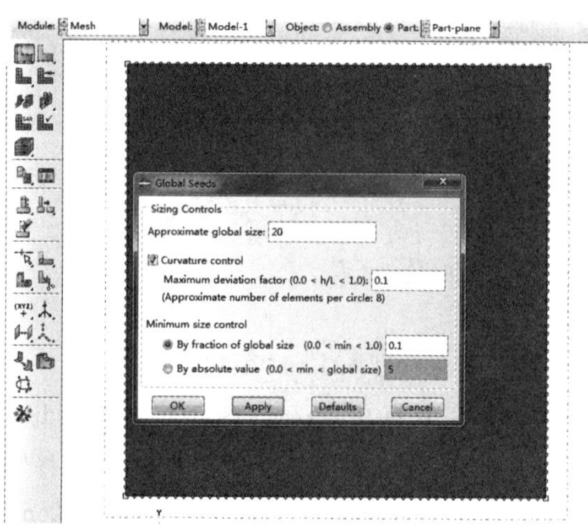

图 12-70　模型全局网格种子布置

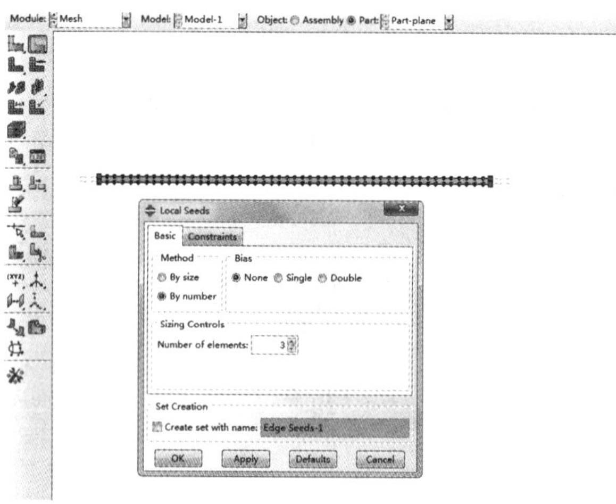

图 12-71　模型局部网格种子布置

Step2：网格类型设置。单击工具区中 Assign Mesh Controls ，选中视图区中模型，单击鼠标中键，弹出“Mesh Controls”对话框，“Element shape”选择“Hex”，“Technique”选择“Sweep”，在“Algorithm”选项卡中选择“Medial axis”，单击“OK”按钮，完成局部网格类型布置。

Step3：划分网格。单击工具区中 Mesh part ，单击鼠标中键，完成模型网格划分；单击工具区中 Assign Element Type ，选择视图区中模型上下表层蒙皮区域，单击鼠标中键，弹出“Element Type”对话框，“Element Library”选择“Standard”，“Geometric Order”选择“Linear”，在“Famliy”选项卡中选择“Continuum Shell”，单击“OK”按钮，完成局部网格单元类型设置，如图 12-72 所示。

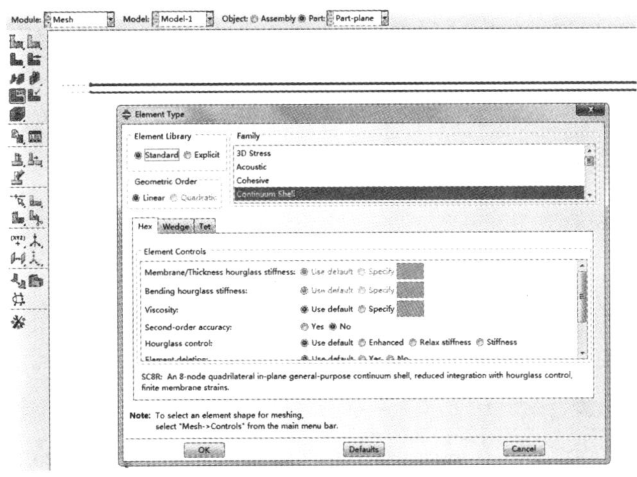

图 12-72　复合材料部件及单元类型划分

Step4：复合材料堆垛。单击 Remove Selected ，选择视图区中模型芯材区域，将其隐藏；单击工具区中 Assign Stack Direction ，选择视图区中复合材料部件，选择上表层上表面，单击鼠标中键，完成复合材料网格单元堆垛，如图 12-73 所示。

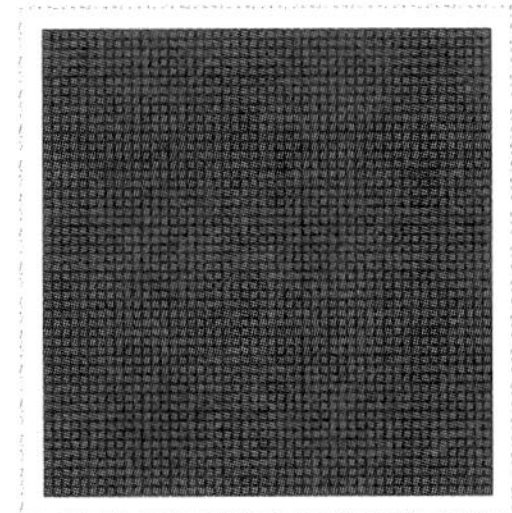

图 12-73　复合材料网格单元堆垛

12.5.8　创建分析作业并提交

在环境栏 Module 后面选择 Job，进入 Job 模块。

单击工具区中的“Creat Job”，弹出“Create Job”对话框，如图 12-74 所示；在“Name”栏内输入“Job-100KPa”，“Source”选择“Model-1”，单击“Continue...”按钮；在弹出的“Edit Job”对话框中单击“OK”按钮完成。

如图 12-75 所示，在“Job Manager”对话框中，选中“Job-100KPa”分析作业，单击“Submit”

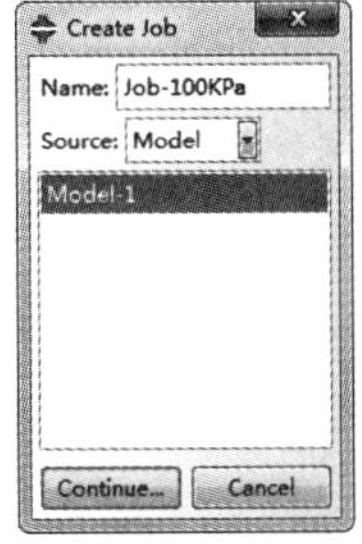

图 12-74　创建分析步

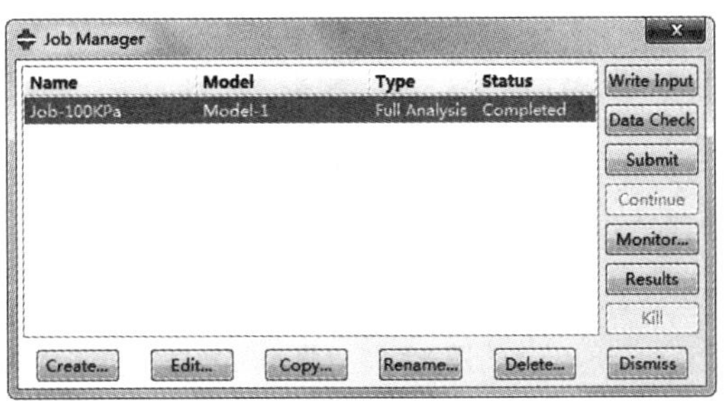

图 12-75　提交作业

按钮，提交计算；当“Job-100KPa”状态由“Running”变为“Completed”时，计算完成，保存模型计算结果，单击“Results”按钮，进入可视化后处理模块。

12.5.9 可视化后处理

Step1：复合材料应力云图显示。单击工具区中的 Plot Contours On Deformed Shape ，可在视图区显示复合材料结构应力云图。通过菜单栏选择“Result”→“Field Output”，在弹出的“Field Output”对话框中选择输出 S11；单击“Section Points”按钮，在弹出的“Section Points”对话框中，如图 12-76 所示，根据需要选择显示任意一个铺层的应力云图。图 12-77 显示了复合材料表层 4 个铺层的 S11 方向应力云图。

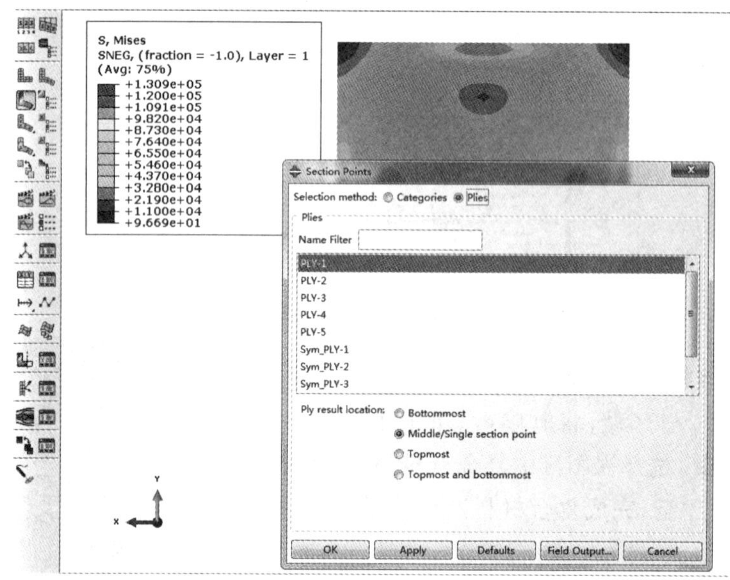

图 12-76 “Section Points”对话框

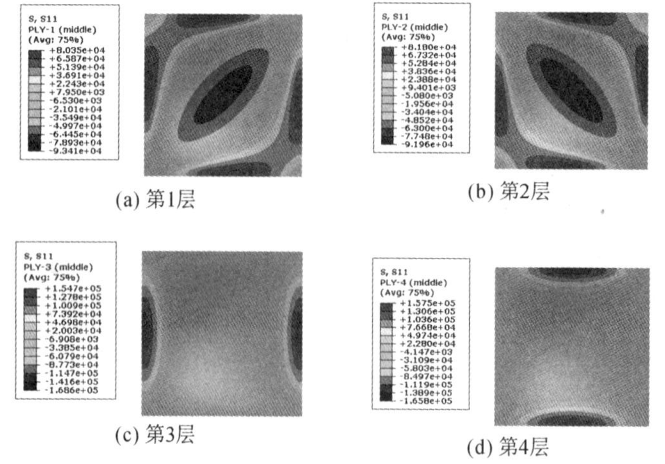

(a) 第1层　(b) 第2层

(c) 第3层　(d) 第4层

图 12-77 复合材料各层的 S11 方向应力云图

Step2：浮力芯材位移云图显示。在 Field Output Dialog 栏内选择"Primary"→"U"→"U3"；显示结构沿着 z 轴正方向的位移云图。单击 Create Display Group ，如图 12-78 所示，"Item"选择"Elements"，"Method"选择"Material assignment"，单击"Replace"命令按钮，显示浮力芯材部分的位移云图，如图 12-79 所示。

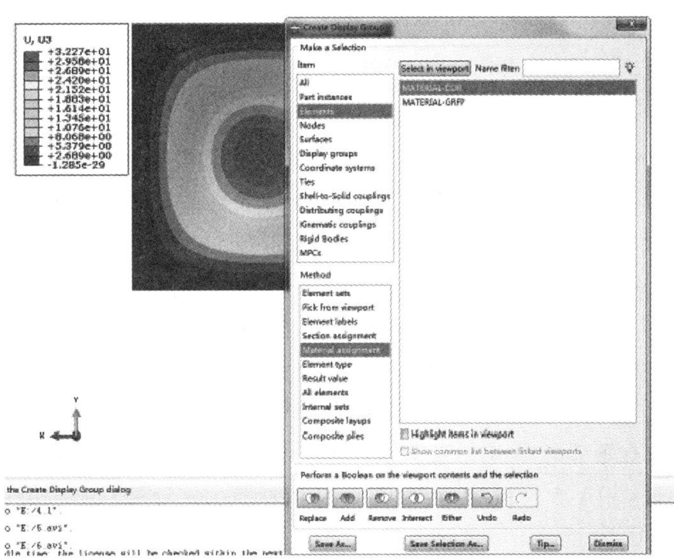

图 12-78　浮力芯材部分显示

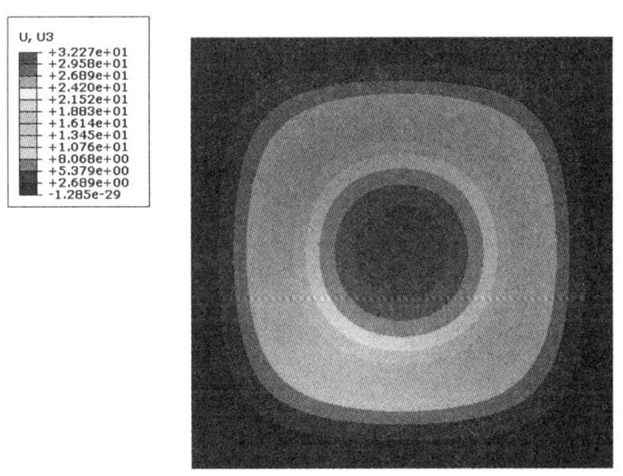

图 12-79　浮力芯材 3 方向变形云图

思 考 题

1. 什么是复合材料？与单一的均质各向同性材料相比，复合材料具有哪些优势？
2. 复合材料的典型有限元建模方法有哪几类？分别适用于求解哪些问题？
3. 若求解复合材料层合板壳的弯曲问题，可以采用的建模方法有哪些？
4. 复合材料力学参数有哪些？在 Abaqus 中如何定义复合材料的力学参数？
5. 为什么要定义复合材料的材料坐标系？在 Abaqus 中如何定义材料坐标系？
6. Abaqus 复合材料铺设工具(Composite Layup)的主要功能有哪些？

参考文献

[1] 孙丽萍. 船舶结构有限元分析[M]. 哈尔滨:哈尔滨工程大学出版社,2013.

[2] 熊志鑫. 船体结构有限元建模与分析[M]. 上海:上海交通大学出版社,2014.

[3] 中国船级社. 散货船结构直接计算分析指南[M]. 北京:人民交通出版社,2003.

[4] 中国船级社. 油船结构强度直接计算指南[M]. 北京:人民交通出版社,2003.

[5] 中国船舶工业总公司. 船舶设计实用手册:结构分册[M]. 北京:国防工业出版社,2000.

[6] 石亦平,周玉蓉. ABAQUS 有限元分析实例详解[M]. 北京:机械工业出版社,2006.

[7] 赵腾伦,ABAQUS 6.6 在机械工程中的应用[M]. 北京:中国水利水电出版社,2007.

[8] 庄茁. ABAQUS 有限元软件 6.4 版入门指南[M]. 北京:清华大学出版社,2004.

[9] 曾洪江,黄聪. CATIA V5 机械设计从入门到精通:进阶篇[M]. 北京:中国青年出版社,2004.

[10] 吴梵,等. 船舶结构力学[M]. 2 版. 北京:国防工业出版社,2016.

后　　记

本书系统地介绍了有限元法的基本原理和船舶结构的模型化方法，重点阐述了如何利用大型商用有限元软件Abaqus解决船舶结构力学问题，如结构弯曲、稳定性、固有频率、水下振动、振动响应和优化设计等问题，并且书中给出了大量的应用实例。

本书主要用作高等院校船舶与海洋工程专业本科生和研究生的教材，同时可供高等院校、科研院所相关专业的工程技术人员和科研工作者参考。